정치 · 경제

뉴스를 살피면

미래가 보인다

정치 · 경제

뉴스를 살피면
미래가 보인다

편 저 자 | 이원태
펴 낸 이 | 김원중

편 집 주 간 | 김무정
기   획 | 허석기
편   집 | 김주화
디 자 인 | 옥미향
제   작 | 박준열
관   리 | 차정심, 정혜진
마 케 팅 | 박혜경

초 판 인 쇄 | 2021년 6월 20일
초 판 발 행 | 2021년 6월 25일

출 판 등 록 | 제313-2007-000172(2007.08.29)

펴 낸 곳 | 도서출판 상상나무
          상상바이오(주)
주   소 | 경기도 고양시 덕양구 고양대로 1393 상상빌딩 7층
전   화 | (031) 973-5191
팩   스 | (031) 973-5020
홈 페 이 지 | http://smbooks.com
E - m a i l | ssyc973@hanmail.net

ISBN 979-11-86172-68-1(03300)
값 15,000원

정치 · 경제

뉴스를 살피면
미래가 보인다

| 이원태 편저

2010~2020

세계의 흐름과 전문용어 해설, 경제변동 및 정치사를
한 눈에 볼 수 있는 정보 백과사전

상상나무

현대인의 응용능력을 크게 키워줄
빅데이터가 되길

공직에서 물러나 시간적 여유가 생겨 신문을 더 열심히 읽게 되었다. 그리고 학교 동기들이 운영하는 카페에 글을 올려 토론도 하고 논쟁을 벌이곤 했다. 이 과정에서 우발적이고 단발적인 사건들을 제외하고 사회적으로 영향을 미칠 주요 보도 내용을 나름대로 추려서 기록하기 시작했다. 기사의 요점과 각종 통계자료, 핵심 키워드를 나만의 비망록에 적은 것인데 나름대로 후일 이것이 필요하다고 느꼈던 것이다. 저명한 경제 전문가가 한 말씀을 한번 읽어보고 그냥 버려져서는 안된다는 생각에서였다.

그런데 이것이 10여년이 흘렀고 지난 기록들을 읽다 보니 나만 보기에 너무 아깝다는 생각이 들었다. 그래서 2020년, '정치 경제 10년사'라는 자료 책자로 만들어 이 내용이 필요할 것 같은 국회의원들에게 제공하고 친구들과도 나누었다.

그런데 책의 내용에 상당한 호응이 있었다. 중요한 뉴스의 핵심포인트를 일목요연하고 쉽게 정리해 시사감각과 정보축척에 큰 도움이 되었다는 평이었다. 자신감을 얻은 나는 여기에다 1년분 정치 경제 주요기사를 더 추가해 국회의원 뿐만 아니라 일반인에게도 이 자료를 제공했으면 좋겠다는 욕심이 생겼다.

역사도 고대사보다 근 현대사가 현안문제 해결에 가장 도움이 될 것 같다는 생각이 들어 출판에 대한 강한 의욕이 생긴 것이다. 그 내용에서도 정치, 경제 뿐만 아니라 언론에 보도된 과학, 역사, 문화 등 흥미로운 기사들을 수록하여 지루하지 않고, 시간 가는 줄 모르게 읽을 수 있도록 신경을 썼다.

정치 경제를 전공하는 학생뿐 아니라 모든 대학생이나 일반인도 이 책을 3번 정도만 읽으면 세상사에 확 트인 사회인이 될 것이라고 확신한다, 특히 경제학도에게는 교과서에서 배운 이론이 실제 경제정책에 어떻게 활용되는지를 알려줘 응용능력을 크게 키워줄 종합적인 경제 교과서 역할을 해줄 것으로 믿는다,

그리고 제2부에서는 지난 11년간 필자가 자주 가는 동기생 카페에 올린 200여개의 칼럼 중에서 일반론적 성격을 지닌 30여개를 골라 읽어볼 수 있게 하였다. 필자의 생각을 펼친 것으로 큰 부담 없이 읽을 수 있는 내용들이다.

이 책 출판이 가능할지 조심스럽게 출판사문을 두드렸는데 상상나무 김

원중 사장께서 쾌히 허락을 해 주어 매우 고맙게 여긴다. 사실 책으로 출판을 하려고 준비하니 나 혼자만 보려고 쓴 내용이라 일부 독창적인 보도 내용은 출처를 정확하게 밝히지 못한 것이 많아 아쉽다. 기사 원문을 그대로 쓴 것이 아니고 요약, 발췌한 것이라 언론사나 필자도 이해해 주시리라 믿는다.

따라서 일단 기록한 대로 출판을 하고 다시 내용의 출처가 밝혀질 기회가 있다면 추가로 표시하고자 한다.

모쪼록 이 책이 지난 11년간의 정치 경제 시사 등 주요 보도 내용을 간편하게 볼 수 있어 시간을 절약해 주는 효율적인 자료집이 되었으면 한다. 동일한 사건을 시간의 흐름에 따라 연속적으로 볼 수 있는 빅데이터의 역할로 인해 독자들이 여러 현안문제들에 대해 정확한 이해와 판단을 하고 도움을 받을 수 있는 참고서가 된다면 저자로서는 이 책을 정리하고 집필한 보람을 느낄 것이다.

책 발간에 도움을 주신 상상나무 사장님과 편집진께 두루 고마움을 전하고 싶다.

2021년 6월 이원태

목 차

제 1 부

2010년 1월부터 2020년 말까지 각종 언론보도와 인터넷 뉴스 등에 보도된 내용 중 기억할 가치가 있다고 판단한 보도자료를 요약한 『정치경제 11년사』 이다. 개인의 생각이 아닌 각종 보도자료를 요약한 비망록이다. 체계적인 기록이라기 보다는 기사를 기록한 사실 요약이라는 점에서 시대의 흐름, 경제의 변천과 현대 정치사를 읽을 수 있는 바로미터가 되어 줄 것이라 믿는다.

01_ 2010~2012년   11
02_ 2013~2015년   69
03_ 2016~2018년   97
04_ 2019~2020년   153

제 2 부 / 시사컬럼 모음

01_ 미·중 통화전쟁, 우리는 어느 편에 서야 하나?   212
02_ 한국인이 행복해지기 위한 조건   215
03_ 한국조세구조의 문제점과 복지 ?   218
04_ 복지정책 토론에서 잘못된 편견들   221
05_ 돈만 있으면 우리나라가 가장 살기좋은 나라다   224
06_ 빨갱이에 대한 잣대의 변화   227

07_ 이번 총선의 승패기준은 각당의 당선된 국회의원수가 아니라 시대정신이다 229

08_ 한국경제, 복지주장은 표퓰리즘이 아니고 필수다 232

09_ 내가 대통령을 선택하는 기준 235

10_ 이제 북한을 다루는 방법도 달라져야 할 것 같다 239

11_ 남북한 당국의 개성공단 협상재개를 환영한다 241

12_ 규제냐 방임이냐 경제사이야기 244

13_ 나는 이런 사람이 총리가 되었으면 좋겠다. 248

14_ 현대판 빨갱이 피게티의 출연 251

15_ 복지와 증세문제 논쟁의 대상이 아니다 254

16_ 금년도 노벨 경제학상 수상자와 우리 경제 257

17_ 노년의 지혜 260

18_ 내가 본 미국 경제체제와 유럽경제체제의 차이점 264

19_ 기본소득 보장제에 대한 스위스의 국민투표를 보면서 267

20_ 경제깡패 트럼프를 굴복시키는 방법 271

21_ 사드배치를 주저하는 지도자에게 함부로 욕하지 마라 274

22_ 자본주의 변화를 읽는 방법 277

23_ 한국 부동산 가격의 문제점과 해결책 280

24_ 대한항공 회장의 부인과 딸들을 저렇게까지 해야 하나 283

25_ 내가 생각하는 미중경제전쟁 286

26_ 한반도 정세의 경제사적 고찰 289

27_ 문제인 정부의 경제청문회 292

28_ 아베의 교활함을 바로 보자 295

29_ 일본은 왜 한국에 대해 경제보복을 하려고 하나 298

30_ 소연방 해체의 역사적 의의를 잘 살펴보자 301

제 1 부

2010
~
2012

자본주의의 변화

경쟁, 성장, 효율성의 가치만을 강조해온 과거의 자본주의 프레임에서 이제 연대, 분배, 형평성을 중시하는 새로운 경향이 곳곳에서 진행되고 있는 경제사회이다. 따라서 이젠 우리도 미국만 쳐다볼게 아니라 유럽사회를 보아야 한다. 즉, 유럽의 합의체 민주주의와 조정시장경제가 어떻게 그곳 시민들의 삶을 그토록 느긋하고 여유롭게 만들었는지 자세히 살펴볼 필요가 있다.

자본주의경제, 규제냐? 방임이냐?

1929년 대공황을 계기로 Keynes(1883-1946)는 정부가 적극적으로 경제에 개입하여 소비와 투자를 자극해야 한다고 했다. 그러나 Hayek(1899-1992)는 Keynes 이전의 이론인 정부의 개입을 금지하고 시장의 자동회복기능을 더 강조하여 능률과 효율을 강화해야 한다고 했다. 미국은 Keynes 이론에 따라 뉴딜정책으로 공황에서 경제를 회복시켰고 영국 대처는 경제의 효율성을 높이는 정책을 써서 경제를 회복시켰다. 그러나 2008년 금융위기 이후 과도한 자유화, 자유방임주의가 금융위기를 초래하면서 다시 세계는 효율과 능률이 모든 경제문제의 해결책이 될 수 없다는 반성에서 정부가 시장에 적극적으로 개입하는 Keynes의 이론에서 해법을 찾는 경향이다.

- 시장만능과 극한 경쟁의 승자독식 자본주의는 설 땅이 없어지고 있다.
- 자본주의 4.0 저자 "칼레츠키" 하버드대 교수는 앞으로 자본주의가 따뜻한 자본주의로 가야한다 했다.
- 자본주의 2대 개혁은 세제를 통한 경제개혁과 공교육강화를 통한 개혁

이 2대과제다.

- 각국 정부는 과감하게 시장에 개입하고 있다. 왜냐하면 훗날 사회적 비용을 줄일 수 있기 때문이다. 정부의 대대적인 시장개입이 있어야 자본주의의 위기를 극복할 수 있다.

- 자본주의는 階層間 이동성, 유동성이 크고 사회계층간 이동이 활발해야 진정한 자본주의이다.

- 우리나라는 성장 만능주의에 빠져 OECD 국가 중 복지관련 지표가 최하위 수준이다.

- 강력한 국가개입형인 중국식 국가자본주의는 따라 잡는데는 능숙하지만 새로운 시스템을 창출하기는 어려운 체제이다.

- 자본주의 체제는 완벽하지는 않지만   자본주의 경제체제 보다 더 나은 경제체제는 없었다. 그래서 보완해야 하지 폐지해서는 안 된다.

- 앞으로는 자본 대신 사람이 기업의 핵심요소가 된다.

- 기업의 소비자인 서민에게 지원을 반대하면 세계 경제는 더 추락할 것이다.

- 자본주의 각국은 교육을 강화해 새로운 기술변화에 적응할 수 있게 해야 한다.

- 기업들의 단기 실적주의를 타파할 법을 제정해야 한다.

- 한국 등 아시아의 외환위기 때는 이자율을 높이고 재정 흑자를 유도했으나 서방국가가 비슷한 위기가 있을 때는 돈 풀고 금리내리는 반대정책을 썼다.

ECB(European central bank)는 유럽재정위기에 왜 적극 개입하지 않나?

유럽 재정위기를 진화하기 위해서는 ECB가 미국연준처럼 유로존 위기 국가의 국채를 더욱 적극적으로 매입함으로써 시중에 돈을 공급해야 하나 이를 할 수 없는 구조이다. 미연준은 물가안정, 고용안전 등 여러 경제 목표들을 수행하는데 ECB는 오로지 물가 안정 목표만 수행한다.

미연준은 재무부와 협력하도록 하고 있어 재무부가 발행한 국채를 사고 팔 수 있어 재정수입과 지출을 할 수 있으나 ECB는 국채를 사고 파는 기능이 없다. 미연준은 은행에 대한 규제와 감독권이 있으나 ECB는 은행에 대한 규제와 감독권이 없고 각국의 은행감독 기구에 분산되어있다. ECB는 시중은행에 대한 대부자 기능이 없다.

필요성을 입증 못하는 규제는 모두 해제되어야 한다.

그러나 규제완화는 결국 효율화, 能率化의 추구로 인력을 줄이고 자동화 수준을 높여 고용없는 성장을 부추기게 된다.

- 꼭 필요한 사람을 위한 맞춤형 복지로의 구조개혁이 중요하며 보편복지는 사회적부담능력이 생기는 후세로 미루는 게 좋다.
- 미국 미래전략연구소장 프리드먼은 중국의 한반도 진입을 막을 나라는 미국밖에 없다고 했다.
- 하바드대 퍼그션 교수는 한국은 미국과 중국 사이에서 균형자 역할을 해야 한다고 했다.
- 북한 1인당 GDP=720달러 정도 이다. (2013년)

지니계수

모든 사람의 소득이 동등하면 지니계수는 0 이고 한 사람에게 모든 소득이 집중되어 있으면 지니계수는 1 이다 .

- $0 \leq$ Gini index ≤ 1

- 아무리 자본주의 사회지만 재산을 물려주는 것은 보장이 되어야 하지만 기업경영권을 물려줘서는 안 된다.
- 성장과 복지는 서로 모순되지 않는다.
- 소비력보다 생산력이 더큰 사회는 복지확대가 성장을 촉진한다.
- 이념이란 가치의 우선순위를 매기는 표준이다.
- 콜 수상이 밝힌 "독일통일을 위한 10개요점"은 ① 동서독간의 여행증진 ② 동독과의 기술 협력 증진 ③동독에 대한 경제 지원 강화 ④ 동서독 사이의 협정공동체 설립 등이다.
- 공산주의 붕괴 이후 20년 동안 자본주의는 경쟁자없이 오만과 오류에 빠져 시장만능주의의 오만과 오류에 빠져 시장만능주의가 되었다. 시장만능주의를 버리고 시장역할과 정부역할의 균형점을 찾아야 한다. 경제민주화는 시장을 공정한 시장으로 공정한 경쟁체제로 개선하고 분배를 공정하게 하는데 역점을 둬야 한다.
- 유엔이 국가보안법을 폐지하라는 권고를 하고 있는데 인권탄압의 우려 때문이다.
- 성장이 필요없다는 뜻이 아니고 국민후생과 관계없는 성장이 필요없다. 경제성장의 궁극적 목표는 국민후생의 극대화이기 때문이다.
- 한국은 수출과 내수의 균형이 최적점에 이르는 성장구조를 구축하는데 한국의 미래가 달려있다.
- 워싱턴포스트지 – MB대북정책에 고통받는 남한기업들이 개성공단 이외 지역에서 북한과 교역하거나 북한 내에서 영업 중인 남측기업을 2008년에 399개, 2010년에는 171개로 줄고 2007년 교역액이 약 8억 달러였으나 2011년에는 400만 달러로 줄었다. 이것이 이명박의 5.24 조치 결과다.

- 공자는 70세를 두고 종심(從心)이라고 했다. 마음 내키는대로 행동해도 어긋남이 없는 성숙한 나이라는 뜻이다.
- 일본GDP의 수출의존도는 10% 정도이다. 한국은 GDP의 추출의존도가 40%이다. 한국은 인구 고령화와 감소보다 수출이 집값에 결정적 영향을 미친다.
- 동서독 분단 시절 서독 정치인은 동독의 인권문제를 거론하지 않았다. 서로의 다른 체제를 인정하고 적대감을 없애는 일만 했다. 그래서 통일이 빨리 왔다.

세계 4 대 미녀도시

1위 : 우크라이나 키에프
2위 : 스웨덴 스톡홀름
3위 : 뉴욕
4위 : 서울

- 북한은 성격상 경직된 사회일 수밖에 없다. 경제력, 국력 등 월등한 남한이 먼저 아량을 보여야 한다.
- 국민소득은 소비+투자+정부지출+순수출(무역흑자) 위 4개 항목으로 구성된다.
- 한국은 OECD 국가중 노동시간이 가장 길고 저임금 근로자 비중이 가장 높은 국가이다.
- 북한협동농장은 김정은 집권이후 생산 목표량이 없어지고 무조건 생산량의 30%를 주민이 자체적으로 처분할 수 있게 해서 과거 목표량을 초과하는 생산량만 가져갈 수 있게 한 것과는 큰 차이가 있다.
- 중국이 북한의 나진, 선봉을 개발하여 향후 50년간 개발운영권을 갖게 했다.

간디가 말한 7대 사회악

① 원칙 없는 정치 ② 노동 없는 부

③ 양심 없는 쾌락 ④ 인격 없는 지식

⑤ 도덕성 없는 상거래 ⑥ 인간성 없는 과학

⑦ 희생 없는 신앙

북한핵을 한국이 폐기시키려 해서는 안된다.

남북한이 교류와 협력을 통하여 평화를 유지하면서 북한 사회를 변화시켜야 한다. 북한주민이 눈을 뜨게 해야 한다. 미중과는 미국에 약간 더 기울어진 등거리 외교여야 한다.

– 우리나라는 사용자와 보수언론은 노조천국이라 주장하고 있으나 노조조직율은 10.1%로 OECD 국가중 꼴찌에서 3번째다.

– 북한에 매장된 지하자원 가치는 약 9조 7574억 달러 우리돈 1경 1천 26조원으로 남한 지하자원 4563억 불의 약 21배이다.

2012년 재래식 무기수출

1위: 미국 663억불 2위: 러시아 48억불 3위: 프랑스 44억불

4위: 중국 21억불 5위 한국 15억불

잃어버린 20년의 일본대책

•1단계: 일본 중앙은행이 Zero 금리선언

•2단계: 소비자 물가상승율이 프러스로 돌아설 때까지 Zero금리 유지

•3단계: 일본 중앙은행이 장기국채를 무제한 매입 (시중에 돈을 무제한

푼다. 2008년 후 미국과 비슷)
- 한국 간접세 비중이 2012년 53%로 OECD 최고수준이고 간접세 비중
  이 높다는 건 應能 부담의 원칙이 훼손되고 있다는 이야기다.
- 남덕우 전 경제부총리는 박정희 정권이 토지정책을 수립하지 않고 개발
  을 추진하여 토지투기를 부추기고 빈부격차를 확대시켰다고 했다. 토
  지의 소유권은 인정하되 이용권은 사회화하는 토지 정책을 수립한 후
  개발했어야 한다고 했다.
- 경제를 부흥시키는 것은 소비와 투자이다. 특히 투자이다. 투자는 잠재
  성장율을 높이는 기능이 있다. 그래서 외환 보유고가 아무리 많아도 외
  국인의 국내 투자 유치가 필요하다.
- 2008년 금융위기 후 한국정부는 R&D 투자 지원을 확대한 게 불황에
  서도 건재할 수 있었다.
- 좌우가 만나면 정책에 대한 공격이 아니고 인격에 대한 공격을 하다가
  공부가 깊어지면서 대립이 완화되는데 꼴통이 되는 이유는 공부를 안했
  기 때문이다.
- 중국이 위안화도 기축통화로 만들려는 노력을 하는데 그럴려면 중국이
  자본시장을 개방하고 자유변동환율제도를 시행해야 한다.
- 통화가치는 최소한 강하거나 안정적으로 유지되어야 한다. 많은 나라
  가 오랫동안 금과옥조로 여겨온 원칙이다. 강한 통화는 국가 신인도
  의 표상이었다. 그러나 2008년 이후 인프레이션보다 디프레이션이 더
  무서운 상황이 되면서 강한 통화가치는 수출을 저해하고 디프레이션
  을 초래하므로 각국이 경쟁적으로 통화가치를 떨어뜨리는 통화전쟁이
  일어나게 되었다. 무역전쟁에는 관세를 이용하거나 환율을 올리는건데
  후자는 통화가치를 떨어뜨리는 정책이다.

- 중국은 국유기업이 고비용 저효율의 원흉이다. 이 국유기업을 경쟁체제로 개혁을 해야 중국경제를 고비용 저효율에서 탈출시킬 수 있는데 중국 권력층의 자녀들이 국유기업을 지배하고 있어 개혁이 어렵다.
- 오늘날 미중 관계는 어느 한나라가 쓰러지면 둘 다 쓰러지는 관계다. 상호협력하지 않을 수 없는 상황이다. 한국은 미중사이에서 미중이 우호관계가 되도록 노력해야 한다. 표면적으로는 한미동맹을 우선시하면서 실질적으로는 국익을 추구하는 정책을 써야 한다. 패권 경쟁은 미중 모두에게 안 좋다고 설득해야 한다.
- 공산주의(빨갱이)로 몰려 죽은 조봉암이 우리나라 공산화를 막은 사람이다. 조봉암이 토지개혁을 했기 때문에 공산주의자들이 소작농을 선동해도 먹혀들지 않아 남한의 공산화를 막았다.
- 경제 민주화는 곽승준 교수가 MB 당선 직후 MB에게 경제 민주화 방안을 보고 하니 MB가 그렇게 마음에 들지 않아 하면서 강만수에게 검토보고를 지시했다. 재무부 출신인 강만수는 이명박에게 경제 민주화 하다가는 이건희 황제외에 10여 명의 황제가 있어 대통령 못해 먹는다고 보고 했다. 그래서 MB가 경제 민주화를 포기하고 곽승준 등 개혁파를 추방했다.
- 영국이 조사한 해외조세피난처로 피신시킨 자산이 세계 1위 중국이 약 42조 원, 2위 러시아 28조 원, 3위 한국이 27조 8,000억 원 정도라고 발표했다.
- 삼성, 현대차, LG, SK 4대 기업의 매출액이 GDP의 약 63%이다.
- 박근혜의 '줄푸세'는 세금을 줄이고 규제는 풀고 법질서는 세운다는 뜻이다.
- 오스트리아 지하경제 연구소에 따르면 한국 지하경제 규모는 GDP의

27.6%로 미국의 7.9%, 영국 10.3%, 일본 8.8%에 비해 매우 높다.이를 시정하기 위해서는 우리 세제가 실물거래 중심의 과세 인프라 체제인데 이를 금융거래과세 인프라 체제로 바꿔야 한다. 그래야 차명계좌, 차명주식 거래 등이 없어질 수 있다. 금융거래정보를 과세에 활용하면 조세피난처로 조세회피도 막을 수 있다.

- 말을 하지 않아 이득이 된 경우는 많아도 말을 하여 이득이 된 경우는 그리 많지 않다. 말하지 않은 것은 언젠가 말할 수 있지만 일단 말한 것은 다시는 뒤돌릴 수 없다.

IMF구제금융의 영향

김영삼 정권이 OECD 가입을 위해 충분한 안전장치 없이 자본주의 시장을 급속히 개방하면서 외환위기가 왔고 김대중 정권이 외환위기를 극복한다고 IMF 처방에 따라 금융, 산업, 증권, 상품시장을 다 개방하였다. 이렇게 한국은 벌거벗은 나라가 되었다. 김대중은 강도 높은 금융, 기업, 노동, 공공 4대 부문의 구조조정으로 2년만에 IMF 구제금융을 졸업했다. 그러나 그 결과 우리가 겪고 있는 사회 경제적 양극화의 피해를 생각하면 IMF식, 신자유주의식 발전 노선과 방식에 기본적인 결함이 있다는 것을 반성할 필요가 있다. 한국이 IMF에 직면하면서 기존의 국가주도형 경제성장 모델의 포기를 강요당하고 결국 경제의 글로벌화로 인해 신자유주의적 방향으로 경제정책이 전환되었다. 이게 IMF 개혁이다. 또 감세와 규제완화 등이 신자유주의식 경제정책이 본격화 하면서 비정규직이 양산되기 시작하고 경제적 격차가 확대되기 시작했다. 경제성장을 유지하려면 신자유주의적 경제정책이 계속 유지되어야 하고 그러면 경제격차는 점점 더 확대된다. IMF의 신자유주의적 구조조정으로 잃는 것이 더 많게 되었다. 한국이 배워야 할 것은 규제도 적고 세금도 적은 미국방식이 아니라 그반대의 이해관계자들이 서로 타협하는 유럽 방식이다.

- 세상에서 가장 부자가 많은 미국에서 아동 5명중 1명이 굶주리는 아이라고 한다. 미국의료보험 미가입자가 6명중 1명이다. 병들고 돈 없으면 죽어야 하는 아이들이다. 히말리아 산속의 자본주의가 전혀 오염 안된 사람들의 행복한 삶, 결혼식, 돌날, 모두 음식을 가져와서 나눠먹는다. 300년 자본주의 역사가 왜 이렇게 되었는가? 솔로몬제도, 파푸아뉴기니 등 자본주의에 물들지 않는 지역은 밝고 즐겁고 행복한 삶을 사는데 자본주의에 물든 사회는 한결같이 어둡고 우울하고 불행한 삶이다. 상호 협력이라야 공존이 가능하고 경쟁은 공멸을 초래한다.
- 화의 본질은 솔직함이 아니고 분별이 없는 행위다. 화를 내는 근본원인은 나한테는 잘못이 없다는 것이다.
- 우리의 북한에 대한 비대칭무기는 북한 민주화 폭탄이다. 북한의 핵미사일로는 발밑에서 솟아오르는 민주화 폭탄을 막을 수는 없다.
- 정부가 추정하는 북한의 장거리미사일 개발에는 5-6억불이 핵개발에는 8-9억불의 자금이 투입된 것으로 추정된다.
- 신자유주의가 시장만능주의에 빠지면서 2008년 금융위기가 왔다. 그래서 정부역할과 시장역할이 균형점을 찾아야 한다는 반성이 나와 그것이 경제 민주화이다. 이는 공정한 시장, 공정한 경제체제, 공정한 분배에 역점을 둔다.
- 미국 과학자 연맹 자료에 의하면 북한의 우라늄 매장량 2600만t으로 북한을 제외한 세계우라늄 매장량 474만t의 6배이다. 북한의 우라늄 매장량 2600만t중 400만t이 가채 매장량이다.

- 미국은 빈민이 공화당을 지지하는 이유는 부자들이 규율을 잘 터득해서 잘 지켜서 그 댓가로 많은 돈을 소유할 자격이 있다고 생각하여 빈민이 보수당을 지지한다. 한국은 미국과 달리 한국의 보수당은 진보세력의 한반도 평화전략을 종북으로 매도하여 그것이 먹혀들고 있다. 따라서 진보세력도 북한을 욕할 것은 욕해야 한다.
- 유럽은 (복지국가) 시장과 정부, 자유와 평등 간에 균형이 잘 유지 되어온 전통이 있으나 우리는 시장과 자유가 지나치게 강조되고 정부역할과 평등의 가치가 너무 과소평가되어 균형추가 오른쪽으로 치우쳐 있다. 우리는 복지비 지출액이 GDP의 9.3% (2013년)인데 OECD 평균이 21.7%이다.
- 미국은 확정적인 통화정책을 써서 부동산 시장이 회복되면서 경제가 회복되고 있는데 EU는 재정위기를 벗어나기 위해 긴축정책을 쓰고 있다. 또 EU 중앙은행은 확장적인 금융정책을 쓸 수 없는 형편이지만 그러나 우리나라는 확장적인 금융정책이 필요한 상황이다.우리는 재정은 복지정책을 통하여 소비를 확대하고 전반적인 경기회복정책은 금융이 확장정책을 과감하게 추진할 때인데 머뭇거리고 있다.

아베총리의 임금정책
① 일본경제를 살리려면 기업들이 임금을 올려야 한다.
② 정규직과 비정규직 사이에 준정규직을 두어야 한다.
③ 준정규직은 승진에 대한 제한을 두나 비정규직보다 임금이 높다.

환율전쟁의 승자와 패자
수출을 확대하기 위하여 자국의 통화가치를 경쟁적으로 하락시키는 환율

전쟁 역사는 적극적으로 통화가치를 떨어뜨린 국가가 승자가 되고 통화가치 상승을 방관한 쪽이 패자가 되어온 역사이다. 통화가치 상승을 방관한 국가는 통화가치 상승이 가져온 악영향을 과소평가하거나 오판한 것이다. 일본도 엔화가치 상승을 방관한 이유가 통화가치 상승이 내수에는 유리했기 때문이었다. 내수의 비중이 높은 경제구조를 과신했기 때문이다. 한국도 지금 경상수지가 흑자라고 통화가치 상승을 방관해서는 안된다.

- 일본의 엔저정책아베노믹스는 엔화의 대량공급으로 일본물가를 올리고 대외적으로는 엔저를 유도하고 있다. 다행히 미국금리가 오르면서 달러가치가 올라가고 상대적으로 엔저효과가 나타나고 있다.

원고현상이 나타날 때 우리가 취할 길은?
① R&D(연구개발) 개발과 혁신이 강력히 요구된다.
② 원화가치가 높아졌을 때 우리보다 앞선 기술을 가진 기업을 M&A(인수합병)을 적극적으로 한다.
③ 이를 위해 산학연계를 강화하여 기술거래시장 활성화와 M&A시장 활성화정책이 필요하다.

- 김대중 정부때 미국이 우리에게 MD에 가입하라고 했으나 당시 천용택 국방장관이 우리 남북관계 잘 개선해서 북한이 우리에게 미사일이나 핵무기를 안 쓰게 할테니 MD에 가입하라고 하지 말라고 했다. 이것이 정답이다. 평화협정 해결되면 주한미군이 철수되어야 한다고 생각하는데 그렇지 않다. 북한 김용순 비서도 북미관계가 개선되어도 미군이 남한에 남아있는 것을 용인하겠다고 했다.

- 1990년대 중반 김영삼 정부때 세계화가 시작되면서 소득의 불평등이 심화되기 시작했다. GDP에서 임금이 차지하는 비중이 거의 100년간 일정하다가 2001년 49%에서 2012년 43.5%로 최저 수준이 되었다.
- 외환위기 당시 일본정부는 막판에 220억 달러의 단기 자금은 일시에 회수함으로써 한국을 IMF외환위기에 몰아넣었다.

개성공단의 탄생

2000년 김대중과 김정일이 합의하여 개성공단이 생겼다. 김정일은 남한의 기술과 자본으로 중국의 도움없이 중국보다 더 빨리 경제를 회복시킬 수 있다고 생각했다. 그래서 노무현 정부의 개성공단에 근로자 숙소를 짓자고 해서 남한이 자재를 북한이 인력과 부지를 조달하기로 했으나 이명박이 비핵개방 3000불을 내걸면서 개성공단은 한 걸음도 나아갈 수 없게 되었다. 개성공단은 전체가 2000만평인데 그중 1단계 개발면적 100만평중 40%만 입주하고 60%는 빈공간으로 남아있다.

- 원화와 엔화는 직접 화폐를 교환하는 거래시장이 없다. 원화와 엔화의 교환비율(환율)은 원화와 엔화의 달러 대비 환율에 따라 자동적으로 정해진다. 원화 대비 엔화의 비율은 직접 전해지는 시장이 없으니 정부의 직접개입이 불가능하다. 그러나 다행인 것은 최근 달러 대비 원화와 엔저가 와도 원저도 따라 움직이니 엔저의 피해가 적다는 점이다.

선진국이 푼 돈이 우리에게 위험한 이유

금융위기 이후 미국, 유럽, 일본이 초저금리 경쟁을 하고 있다. 제일 먼저 금융완화를 시작한 나라가 미국인데 주식 값과 부동산 가격이 오르면서 실물 경제가 회복되기 시작했다. EU는 일사분란한 대책이 어려워 큰 효과를 못봤다. 미국 EU 다음 금융완화를 시작한 나라가 일본인데 이러한 금융완화가 금융완화를 안한 나라 예컨대 신흥국의 통화가치를 상대적으로 끌어올려 신흥국도 금리인하와 금융완화 경쟁이 붙었다. 경제가 회복한 미국 등이 이젠 금리상승세로 돌아서면 신흥국에 투자되었던 달러가 미국으로 귀국하면서 신흥국이 달러 부족으로 외환위기에 빠지는 위험이 온다.

- 우리나라는 좌파세력을 규제하는 광범위한 법제를 가지고 있으나 극우세력을 규제할 법체제는 찾아볼 수 없다. 그래서 좌파는 절대적으로 극우세력보다 불리한 입장에 있다. 이를 균형을 맞추는 법적 작업이 필요하다.

- 금융위기 이후 일본이 금리를 내리고 돈을 풀면서 아베가 엔저현상을 유발해도 우리 수출이 타격을 입을 지경이 되었는데도 한국은 북한의 도발로 원화가치가 약세를 나타 내면서 엔저피해를 덜 입었다. 북한의 도발이 엔저피해를 막아준 것이다.

미국이 엔저를 용인하는 이유?

엔저로 일본경제가 회복되면 세계경제와 미국경제가 회복되고 엔저를 통해 미국이 일본에서 수입하는 자동차, 전자 등의 가격이 싸져 미국 소비자가 덕을 보기 때문이다.

- 한국은 중간재(철강, 화학, 기계등) 강국이고 소비재는 약소국이다. 중국이 투자를 늘리고 고성장 할 때 한국은 중간재 수출로 큰이익을 챙겼다. 이제 중국이 중간재 시장에서 소비재 시장으로 넘어가면서 소비재를 가지고 중국시장에 진출할 브랜드가 없는 게 문제다.

- 이제까지 한국은 성장동력을 수출에서 찾았지만 이젠 내수시장 활성화에서 성장동력을 찾아야 한다.
- 사회가 건강하려면 보수와 진보라는 2개의 날개로 날라가야 한다. 두 입장 모두 우리 사회를 지탱하는 소중한 두축이라는 사실을 외면하고 어느 한쪽으로 치우쳐서는 안된다.
- 금리가 오르면 국채가격은 하락한다.
- 2분법적 사고는 나쁜 것이다. 좌파, 우파만 있는가? 아랫파, 윗파, 앞파, 뒷파도 있다.
- 중국이 진정 북한에 대한 입장은 북한이 붕괴하든가 하는 것이 아니고 핵없이 북한이 생존하는 것이다. 이를 잘 이해해야 대중정책이 실패가 없다.

메이지 유신

막부체제를 유지하려다가 미국에 의해 문호개방 압력에 굴하여 개국을 하면서 일본은 대혼란에 빠졌다. 시대의 흐름을 바로 읽고 새로운 나라를 건국하려는 세력과 기득권을 지키려는 낡은 도쿠가와 지배 세력간에 내전을 치렀으나 새로운 일본을 건설하려는 세력이 승리했다. 이것이 메이지 유신이다.

아베노믹스는

① 금리를 내리고 돈을 풀어
② 경제구조개혁을 하여 장기침체를 극복한다는 경제정책이다.

중국이 세계경제를 이끌어 가다가 퇴조하는데 일본이라도 그 역할을 했으면 하는게 미국 입장이었다. 그러나 스탠포드대 교수 등 경제전문가는 일본부채가 GDP의 2.5배 규모나 되고 극심한 인프레이션과 금융위기가 발생하여 일본경제가 7-10년 이내에 위기가 올 가능성이 크다고 경고했다.

전작권 환수연기

전작권이 미국에 계속 남아있는 한 평화협정 논의는 시작조차 하기 어렵게 되며 북한도 6자회담에 응할 가능성이 희박하다. 전작권 회수 연기론이 한국에서 먼저 나온 것은 미국입장에서 보면 호박이 넝쿨째 굴러 떨어진 것이다. 방위비 분담 비율을 한국에 높일 수 있고 MD가입과 차세대 전투기 판매등에 유리한 고지를 점할 수 있기 때문이다. 전작권 환수는 한반도 냉전구조 해체작업이 되는 것이다.

마르크스의 자본론에 대한 이해

동아대 강신준 교수는 봉건제의 가난과 자본주의의 가난은 그 원인이 다르다고 설명한다. 봉건제 하의 가난의 원인은 경제구조 외부의문제이고 (영주의 경제외적 강제 등), 자본주의 하의 가난은 경제구조 내부에 원인이 있다고 했다. (교환관계를 이용한 노동력의 수탈 등) 그래서 전자는 영주를 처단하면 된다. 그러나 후자는 자본가를 처단하거나 기업을 해체한다고 해결되는 문제가 아니다. 경제구조 자체를 개혁해야 한다. 마르크스는 자본주의의 모순을 먼저 교환이라고 설명한 다음, 실은 이 교환의 배후에 숨겨진 생산관계의 모순이 본질이라 했다. 가치를 설명하는 곳에서 마르크스는 교환만을 설명했다. 이후 교환의 수수께끼(교환을 통하여 가치가 늘어나는)를 제기한 다음, 그 수수께끼를 푸는 과정에서 비로소 교환의 배후에 생산관계가 숨겨져 있다는 것을 밝힌다. 마르크스 자본론은 노동운동의 긍정적 이해에 도움을 준다.

- 미 출구전략 시행기준은 ① 물가상승율 2% ② 실업율 6.5% 이하 2가
  지이다.
- 1948년 12월 국가보안법이 탄생했다. 그 다음해 국가보안법 위반 혐의
  로 검거 투옥된 사람이 11만8,600명이었다. 교도소가 만원이 되어 그
  해에 교도소 2곳을 증설했다.
- 미국이 양적완화를 축소하면 돈이 귀해져 금리와 국채금리가 올라가고
  국채금리가 올라가면 국채 가격은 떨어진다. 글로발 투자자들은 미국
  국채를 사기 위해 신흥국의 국채를 팔고 달러를 회수해 간다.

남북관계가 나아가야 할 길

① 한반도의 평화를 위협하는 군사적 도발과 긴장고조는 가능한 억제되
  어야 한다.
② 서로를 존중하고 인정해야 한다.
③ 중년의 남북관계는 어떤 일이 있어도 이혼이나 가정을 깨는 일이 없어
  야 한다.

- 2015년 현재 한국은 외채가 4,100억 달러이고 주식등 외국인 투자자
  금이 3,400억 불 들어와 있어 외국인이 지배하는 돈은 4,100억+3,400
  억 불= 7,500억 불이 된다. 외국인이 지배하는 돈을 제어할 수 있는 외
  환 보유고가 되어야 안전하다.

메카시즘

반공주의 성향이 강한 집단에서 정치적 반대자를 공산주의자로 매도하는
태도를 말한다. 미국 공화당 상원의원 메카시가 국무부의 진보적 인사들을

공산주의자로 본 사례에서 유래된 용어이다.

- 개성공단과 금강산 관광을 통해 북한에 들어갈 돈은 1년에 개성공단 약 9,000만 달러 금강산관광으로 약 4,000만 달러 정도이다.
- 천안함 문제는 폭침이 맞냐 틀리냐의 문제보다 합리적 의심을 거부하는 우리 사회의 소통문화가 문제다.
- 냉전체제는 미국과 소련이 이데올로기 양극화로 1947년부터 시작되어 1989년 자본주의가 공산주의에 승리함으로서 냉전이 종식되어 1990. 11. 21 유럽지도자들이 파리에 모여 냉전종식을 선언했다. 냉전기간중 전쟁으로 인한 사상자수가 4,000만 명이라고 한다.
- 금융위기는 감염성이 강하다는 특징을 안고 있고 금융위기는 GDP를 약 30% 정도 끌어내린 후 끝난다는 법칙성이 있다.
- 세계경제는 누가 뭐래도 어김없이 공황과 불황 경기회복과 번영, 그리고 또 공황으로 경제가 순환된다. 이 순환은 자본주의 200년의 역사에서 실증적으로 확인된 사실이고 마르크스경제학을 통해 이론적으로 확인된 사실이다. 불황과 공황 뒤에는 언제나 회복과 번영이 오게 되어 있다.

2008년 미국금융위기의 극복

2008년 미국금융위기로 부동산 버블 붕괴로 미국은행이 줄도산을 맞게 되자 미국 중앙은행은 3조 달러의 돈을 찍어내 금융시스템의 붕괴를 막았다. 미국이 이렇게 하고도 멀쩡하게 살아난 이유는 미국이 기축통화라는 지위를 갖고 있기 때문이다. 미국돈 100달러 짜리를 찍어낼 때 종이값, 인쇄비 등 제조원가가 1달러 든다면 1달러 들여 찍어낸 돈이 100달러에 팔리니 99달러의 주조차익이 생긴다. 이런 주조차익 때문에 미국은 부도를 맞지 않고 재기할 수 있었다.

중국경제 개관

1. 중국경제의 3대 뇌관

부동산버블, 그림자금융(규제없는 제2금융권), 지방정부 부채

2. 중국내부문제

과잉생산문제가 심각하다. 지방정부가 과잉생산을 부추겨 지방정부관리가 한건해서 중앙정부 진출하려고 투자를 유치하여 과잉생산 중복투자를 유발한다. 두 번째는 부정부패가 만연되어 있다.

- 북한이 지금 주장하는 연방제는 과거 1960년대에 주장한 연방제와는 달리 꼭 공산화 통일 방안이라고 할 수 없다. 이젠 반대로 북한이 남한에 흡수될까 하는 두려움 때문에 과거와는 달리 느슨한 연방제를 주장하고 있어 연방제 통일이 공산화 통일방안과는 거리가 멀다.
- 북한이 개혁개방을 하라면 미국과 북한이 평화협정을 맺고 수교를 해야만 개혁개방할거다. IBRD나 ADB의 자금이 북한에게도 차관을 공여할 수 있게 최대 지분을 가진 미국이 해줘야 경제적 개방이 가능하다. 중국도 개혁·개방을 할 때 중국이 미국과 수교를 하고 미국이 중국을 침략하지 않을 것이라는 확신이 간후 개혁개방이 시작되었다.베트남의 개혁개방도 미국과 상당히 우호관계가 되면서 시작되었다.
- 이순신 장군은 若無湖南是無國家라고 했다. 현대 한국사는 若無湖南是無民主主義라 해도 과언이 아니다.
- 정치란 "한정된 자원의 정의로운 배분이다." 상대의 무릎을 꿇히는게

정치가 아니다.

- 민주적 기본질서에 위반하지 않으면 정당설립은 자유다(헌법제8조) 여기 민주적 기본질서는 자유민주주의뿐만 아니라 사회민주주의도 포함된다.
- 금융위기 이후 한국의 지니계수(완전평등 0, 한사람 0, 다 가질래 1)가 미국과 비슷한 수준이 되었다. 이런 소득 불평등에 대한 처방은 경제 민주화와 보편적 복지이다.
- 교황은 규제없는 자본주의는 돈에 의한 하나의 독재라고 했다. 경제가 성장하면 가난한 사람에게도 흘러간다는 낙수효과는 잘못된 이론이라 했다.
- 장병의 목숨을 지키지 못한 지휘관의 책임을 물어야 하는데 대표적인 사건이 천안함과 연평도 사건이다. 그러나 북한의 소행이라 하면 모든 책임이 면제되고 금융기관의 전산망사고까지도 북한 소행이라 하면 모든 책임에서 벗어나는 희한한 일이 벌어지고 있다.

美中 사이에서 우리가 나아가야 할 길은?

누구도 이의를 제기할 수 없는 국제규범과 원칙에 맞는 입장을 고수해 나가야 한다.

- 원효대사는 말을 할수 있음에도 하지 않는 것이 대인의 마음이고 참기 힘든 것을 참는 것이 보살의 길이라고 했다.
- 집값은 폭락해야 하나. 주택산업은 가계부채와 금융산업과 밀접히 결부되어 있다. 집값이 폭락하면 가계부채와 금융산업이 직격탄을 맞는다. 집값은 서서히 떨어져야 한다. 집값이 폭락하면 좋다는 주장은 치

명적인 위험성과 무지가 도사리고 있다.

- 100명의 사람들 중 90명이 짜고 누구나 알 수 있는 틀린 사실을 맞다고 할 때 나머지 10명은 어떻게 답할까? 남은 사람중 75%가 분명히 틀린 사실을 맞다고 답한다는 것이 진화심리학자의 연구결과라고 한다. 대세에 순응하는 것이 이익이라는 걸 경험적으로 알기 때문에 복종 본능과 순응이 생긴다는 것이다.

- 영국의 평화지수연구기관에서의 평화지수가 노무현 대통령때 32위, 박근혜 시대에는 47위다.

- 국제철도 연맹의 통계에 따르면 한국철도의 노동생산성은 세계 5위인데 임금은 27개 공기업중 25위의 열악한 수준인데 한국 철도노조를 귀족노동자로 규탄하고 있으니 만만한게 노동자다.

- 미 일 EU가 돈을 풀고 있다. 그 방법을 시중은행이 갖고 있는 국채를 사들이는 방법이다. 중국은 무역흑자로 얻은 달러를 미국 국채를 사들여 위안화의 가파른 절상을 막았고 미국은 이자율을 떨어뜨릴 수 있었다. 그러나 중국도 이젠 수출주도 성장이 불가능하다고 생각하여 내수 진작 쪽으로 바뀌고 있다.

- 영리의료법인이 출현하면 건강보험의 비급여 부분이 급속히 늘어나 건강보험이 무력화되리라 판단된다.

- 2014년 동아시아 경제 상황미국이 재정난으로 아시아에서 제 역할을 못하니까 미국이 일본을 통하여 아세아에서 영향력을 유지하려고 하고 있다. 일본이 엔저로 경제를 회복시키려고 돈을 풀고 있는데 미국이 이를 도와주고 있다. 이 엔저가 지속될 경우 한국은 큰 피해를 입을 수밖에 없다. 그간 한국은 일본과 산업구조가 비슷한데 그간 엔고로 반도체, 전자, 자동차, 조선이 어부지리를 봐 성장할 수 있었다. 80년대 중

반 엔고를 만들어 일본을 죽인 것이 미국과 유럽인데 이젠 엔저가 미국과 일본의 합작물이다. 미국의 재정적자가 지속하는 한 미국은 엔저를 묵인하여 일본을 통하여 아시아에서의 영향력을 유지하려 할 것이다.

– 철도 산업에서 규모의 경제가 되려면 최소한 4,500km가 되어야 한다. 우리 철도 총연장은 3,600km이다. 이를 자회사로 나누면 규모의 경제에서 더 멀어진다.

르네상스의 시작

재정난에 시달리던 교황이 평신도라도 돈만 내면 수도원 지하에 묻힐 수 있고 수도원과 성당을 그림으로 장식하면 천국으로 갈 수 있다고 하자 천국에 갈 수 없다고 믿고 있던 고리대금업자가 여기에 호응하고 후원하면서 르네상스가 시작되었다.

흡수통일은 쪽박이다.

동서독 통일시 서독은 1인당 GDP가 2만 달러이고 동독은 9000달러 였다. 약 2.2배 차이였다. 그런데 독일 통일비용은 1,800조 원이었다. 지금 북한 GDP는 남한의 40분의 1, 국방비는 남한의 10분의 1이다. 흡수통일이 되면 한반도에서의 미중 충돌이 일어나기 쉽고 평화통일보다 7배 통일비용이 더 든다는 연구가 있다.

그랜드 웰 저 "다윗과 골리앗"

약자가 기존의 법칙을 거부하고 창조적인 전략을 구사하면 얼마든지 승리할 수 있다는 법칙을 설명한 책이다. 골리앗과 맞선 다윗은 이길 가망이 없는 근접 건투를 거부하고 작은 키와 민첩성을 무기로 치고 빠지는 전략으로 골리앗의 허점을 공략했다. 이 경우 혁신의 원천은 다윗의 작은 키였다. 룰은 강자가 만든 것이고 강자의 룰에 따르면 약자는 언제나 지게 되어 있다. 19C 프랑스에서는 '살롱'은 화가들의 로망이었다. 까다로운 심사를 거쳐 살롱 전시회에 출품해야 비로소 전문화가가 되는 것이다. 모네, 드가, 세잔 등 인상파 화가들은 번번이 살롱심사단의 퇴짜를 맞아 살롱전시회에 참가할 수 없었다. 결국 질서를 박차고 나와 독자적인 전시회를 열고 대중의 이목을 끌었다. 살롱이란 큰 연못의 잔챙이가 되기보다 작은 연못의 대어가 되는 길을 택했다.

골리앗을 이기는 다윗의 전략은 다음과 같다.

① 자신의 약점을 인정하고 창조적 전략을 써라. 약점이 오히려 혁신의 원천이다. ② 기존 규칙은 왕자가 만든 것이다. 기존 규칙의 약점을 노려라. ③ 제도의 틀을 벗어나 생각하고 터무니 없는 행동 같아도 과감히 실행하라. ④ 한 곳에 너무 오래 머물지 마라. 기득권이 되면 창의력을 잃는다. ⑤ 작은 연못에 가서 큰 물고기가 되라

극우와 극좌 강경

극단 세력은 체제간 긴장을 고조시킴으로서 그들의 세력기반을 더욱 강화시키려 한다. 즉 겉으로는 서로 미워하고 악마화 하면서 결과적으로는 양체제의 극단 세력은 서로 도와주고 있는 기막힌 역설과 위선을 확인하게 된다.

– 중앙은행 총재의 역할이 달라졌다. 2008년 금융위기 이후 중앙은행의 역할은 인프레를 억제하고 자국통화 가치를 지키는 역할에서 경제를 희

생시키는 역할로 확장되었다.

임마누엘 칸트의 순수이성 비판 요약
① 에피쿠르스 학파 – 우리의 감각으로 느낄 수 있는 것만이 현실이다.
② 지성주의 – 오로지 지성만이 참된 것을 인식한다. (대표자: 플라톤)
③ 경험주의 – 모든 지식의 근원은 경험이다. (대표자: 베이컨)
④ 합리주의 – 이성적, 논리적, 필연적인 것만이 중시되어야 한다.
　칸트는 인간의 인식에는 2가지 줄기가 있다 했다. 그 하나는 감성이고 다른 하나는 오성(지성)이라고 했다. 감성 없이는 어떤 대상도 받아들일 수 없고 지성 없이는 이를 이해하고 개념화 할 수 없다고 했다. 감성이 무분별하게 수용한 정보를 지성이 판단하고 추론하는 범주에 맞게 인식하는 것이다.

– 구약성서 39권과 신약성서 27권, 모두 66권으로 정리된 것이 성서다. 성서는 여러 나라언어로 번역되면서 오류가 생겼고 성서에도 오류가 있다. 4대 복음서인 마태복음, 마가복음, 누가복음, 요한복음에도 예수에 대해 다르게 기술된 부분이 많다. 대부분의 미국 선교사들은 일제의 조선강점을 돕는 것이 개신교 선교에 유리하다는 판단을 했고 일부는 그렇게 활동했다. 이런 상황으로 개신교는 한국사회에서 불신을 받는 면도 있다.
– 미국은 금융위기 이후 부동산 가격이 35% 이상 떨어졌다. 선진국 정부가 경기침체를 뚫는 돌파구로 부동산을 생각하여 정교한 부동산 회복책을 써서 세계 주요국 23개 국가중 18개국이 부동산 가격이 급등했다. 그러나 우리나라는 가계자산에서 부동산이 차지하는 비중이 75%

로 미국의 31%보다 훨씬 높고 부동산 관련 산업의 종사자가 전체 산업의 종사자의 약 8%인데도 부동산 경기회복을 등한시 한 결과 이런 상황이 되어있다.

- 북한 붕괴론은 모두 5차례 있었다. 소연방 해체, 김일성 사망, 김정일 사망, 1990년대 대량탈북사태, 장성택 사형사건이다. 그러나 붕괴는 되지 않았다.

세계 7위 외환보유고라고 안전한 것 아니다.

① 거시적 푼다멘탈이 탄탄하다고 외부충격을 더 잘 견디는 것이 아니다.

② 규모가 크고 유동성이 풍부한 금융시장을 갖춘 신흥국일수록 자본유출 압력이 컸다.

③ 환율조작이나 자본통재 등 외부충격에 대한 직접적인 대응조치도 별 효과가 없었다는 경험이 있다.

④ 그보다는 국내의 버블 또는 부실을 걷어내는 안정화 조치가 더 중요하다는 점을 강조하고 싶다. 한국은 OECD 가입을 위한 무리한 외환시장 개방과 IMF에서 벗어나기 위한 IMF지시이행 등으로 한국은 돈빼내 가기에 딱 알맞은 신흥국이라는 사실이 이미 입증된 바가 있다.

- 정의롭지 못한 상황을 보고 너무 많이 흥분하면 동물에 가까워지기 쉽고 너무 적게 흥분하면 속물이 되기 쉽다.

- 미국의 국채를 중국이 가지고 있는 국채는 1조 3000억달러어치에 이른바 중국이 이 미국 국채를 내다팔고 미국이 이 국채를 매입하면 달러가치가 폭락한다. 그러면 금값은 폭등한다.

- 만주라고 부르는 동북3성은 요령성, 흑룡강성, 길림성으로 일본이 이

곳에 만주국을 세워 중공업이 발전하였으나 등소평 개혁, 개방 이후 낙후되기 시작했다. 러시아는 1860년 베이징조약에 의해 연해주를 중국으로부터 빼앗았다. 중국의 동북3성과 연해주는 북한에 막혀있어 경제적으로 낙후되어 있다. 북한은 이와 같이 동북아의 최고요지에 위치하고 있어 개혁, 개방만 하면 비약적 발전이 가능한 위치에 있어 통일비용은 기우에 지나지 않는 면이 있다. 그러나 북한과 경제적 격차가 줄어든 후 통일해야 한다.

노태우 전 대통령에게 한 수 배워야 할 사실

노태우는 미국 부시 대통령과 협의하여 팀스피리트 훈련을 중단키로 하고 이를 가지고 대북협상을 했다. 즉 팀스피리트 훈련을 중단할테니 남북기본합의서와 비핵화 공동선언 및 IAEA 협정에 동시가입을 요구하여 북한도 이에 응하게 되었다. 그러나 1992년 대신을 앞두고 김영삼 후보 진영과 정부내 강경파들이 팀스피리트 훈련을 재개할 것을 주장했다. 북풍조성이 김영삼 후보에게 유리하다는 판단 때문이었다. 그래서 대선을 바로 코앞에 둔 시점에서 팀스피리트 훈련이 재개되고 북한이 반발하면서 남북한 관계가 파탄나고 북한도 IAEA에서 탈퇴하면서 남북한 관계가 갈라졌다. 어떤 정책이 남북 관계를 파탄내는가 살펴봐야 한다.

- 한번 확장된 복지를 축소하기도 어렵지만 한번 망가진 복지정책을 뒤돌리기가 얼마나 어려운지 대처 이후의 영국사회가 보여주고 있다. 대처는 복지정책을 파괴하는데 이용한 정책이 민영화 정책이다.
- 의료민영화는 의료가 돈벌이의 수단이 되어 의료비가 오르고 돈 없는 사람은 치료도 받지 못하는 세상이 올까 걱정한다. 미국도 영리법인이

치료효과가 나쁘고 가격도 높은 것으로 나타나고 있다.

경제민주화의 현실

우리 헌법 제 119조에 "균형있는 국민경제의 성장 및 안정" "적절한 소득분배의 유지" "시장의 지배와 경제력 남용의 방지"등이 규정되어 있다. 역대 정권이 이런 헌법정신을 망각하고 균형있는 경제발전을 위해 존속해야 할 규제까지 허물어 경제적 약자를 보호하는데 소홀했다. 재벌기업의 비대화와 경제력 집중과 중소기업과의 양극화, 수도권 이상 팽창에 의한 비수도권의 피폐화, 공교육 피폐화에 의한 사교육 번창, 노동시간 유연화를 내세운 혹사, 비정규직 양산으로 임금격차를 확대시켜 양극화 사회를 만들었다.

박근혜의 드레스텐 구상

① 비핵화와 교류협력을 동시에 추진한다. 이명박의 선비핵화, 후 교류협력과 다르다.

② 천안함 사과를 전제하지 않는 교류협력을 추진한다. 이는 5.24조치의 완화를 예고하고 있다.

③ 북한의 급변사태에 의한 전격적인 통일이 아닌 장기적이고 점진적인 통일 프로세스가 되어야 한다. 그러나 남북한이 이런 과정을 밟으려면 북미관계가 개선되어야 한다. 또 북미관계 개선을 한국이 주도해야 한다.

금융위기 이후 아베의 엔저가 한국수출에 타격을 안준 이유

① 금융위기 이후 한국제조업(자동차, 스마트폰 등)이 생산기지를 해외로 이전한 사유 ② 한국주력수출품은 메모리칩, LCD가 주력 수출품이고 일

본은 시스템칩, 게임관련 제품이 주력품이었다. ③ 한국의 일부 업종은 일본산 부품의존도가 높은데 엔화 약세로 부품수입 비용 절감, 원가절감 이익이 컸다.

- 전복은 안질환에 좋은 음식이다. 전복은 간의 열을 내리면서 간을 보호하는 최고의 식품이다. 눈은 간의 거울이다.

교황과 IMF가 동시에 경고한 빈부격차

자본주의 파수꾼 IMF는 "재분배 정책이 성장을 더 지속하게 한다"며 IMF는 부유층에 대해 재산세와 소득세를 더 늘리라고 충고하고 있다. 한국은 소득재분배 지수에서 OECD 꼴찌다. 미국이나 일본은 정부가 기업에 압박을 가하여 근로자의 월급을 올려주라고 하고 있다.

- 생전 김대중 대통령은 과거 자신이 민주화운동 동지들을 만날 때마다 자기의 임기중에 출범시킨 3개의 국가기구에 자부심을 느낀다고 했다.
  ① 대통령 직속 – 의문사진상규명위원회
  ② 국무총리실 소속 – 민주화운동 관련자 명예회복 및 보상심의위원회
  ③ 국가인권위원회

지킬 박사와 하이드

평소 온순한 사람이 운전대만 잡으면 난폭한 성역이 나온다는 이야기가 있다. 이처럼 사람한테는 상반된 모습이 공존하는 존재다. 이런 이중성은 양의 탈을 쓴 늑대 두 얼굴의 사람이란 말을 쓴다. 이런 이중적인 모습을 지킬박사와 하이드에 빗대기도 한다. 지킬박사와 하이드는 1886년 영국의

자허 · 토르테

자허는 비엔나커피를 처음 시작한 카페 이름이고 토르테는 카페에서 비엔나 커피와 함께 먹는 빵이다.

로버트 스티븐슨이 쓴 소설이다. 그리스 철학자 플라톤은 인간의 마음을 '두 마리 말이 끄는 마차'라고 했다. 두 마리중 한 마리는 혈통이 좋고 행동도 바른 말이고 다른 한 마리는 혈통이 좋지 않고 마부의 지시를 잘 안 따르는 말이다. 그래서 마부는 이성이 고삐를 쥐고 두 마리 말을 잘 통제해야 한다. 여기 다루기 어려운 말은 욕망을 추구하는 충동적인 감성을 표현한다. 능숙한 마부가 서로 다른 말을 원하는 방향으로 끌고 가듯 사람도 이성과 감성의 결정 속에서 합리적인 판단을 내리고자 늘 노력해야 한다. 플라톤은 인간의 감성이 이성에 의해 잘 통제될 때 인간이 행복하다고 했다.

Keynes와 Hayek

1929년 대공황이 발생하자 Keynes는 공황의 원인이 과잉생산이 아니라 유효수요의 부족이라 진단했다. 그래서 정부가 경제에 개입해야 한다고 하여 공공투자와 토목사업으로 미국 경제가 부활하였다. 그러나 1970년 오일쇼크가 일어나 물가상승과 실업이 동시에 일어나는 스태그플레이션이 나타나면서 전후 호황기는 종식을 맞게 되고 Keynes 주의로 쇠퇴하게 되었다. 여기에 평생의 숙적이든 오스트리아 출신 Hayek가 신자유주의 시대를 열었다.

- 대처리즘주요내용을 복지삭감과 세금인하, 국영기업의 민영화, 노동조합의 활동규제, 기업에 대한 정부의 간섭최소화 등이다. 대처리즘 초기에는 잠깐 산업 생산력이 올라가는 듯 했으나 곧 산업생산력이 떨어지고 실업이 급속히 늘어나고 영국사회를 분열과 불화와 인간의 탐욕과

이기심이 증폭된 문화를 남기고 대립과 분열 비인간화의 사회를 불러왔다.

- 의료법 시행령 제20조에 의료기관은 영리를 추구해서는 안된다고 규정하고 있다.

Hayek (1899-1992)

신자유주의는 특정한 한 사람의 머리속에서 만들어진 것이 아니고 경제학자, 기업가, 관료, 언론인 등 복합적인 네트워크를 통해 형성되고 확산된 이념이다. Hayek는 계획경제에 대해 반감을 가지고 있었고 결과나 조건의 평등을 추구하면 시장을 왜곡하고 자유를 침해하므로 사회정의란 무의미하다고 일축했다. 고전자유주의가 경제적 자유를 위해 국가에 의한 감시를 전제했다면 신자유주의는 시장의 감시 아래 있는 국가를 만들려고 했다.

- 미국은 군사비에 대한 자동예산 삭감제도 때문에 앞으로 10년간 국방비를 줄여나가야 한다. 미국이 그런 상황에서 동아시아에서 계속 패권을 유지하기 위해서는 중국 견제에 일본과 한국이 미국의 신형무기를 계속 사줘야 한다. 그런데 북핵문제가 완전히 해결돼 버리면 미국은 동북아에서 무기를 팔아먹을 수 없다. 이런 미국의 생각이 잘못되면 북한을 핵보유국으로 만들어줄 위험성이 있다. 과거 미국은 9.19 공동성명 직후 합의문을 멋지게 만들어놓고 바로 금융제재를 가해서 북한이 도저히 그 약속을 이행못하게 한 후 합의 파기의 책임을 북한에 뒤집어씌우는 일도 있었다.

토마 피게티(piketty)의 '21C자본'

지니계수는 0에 가까울수록 소득이 평등하고 1에 가까울수록 불평등 하다고 했으나 피게티는 '상위1%'라는 개념을 도입했다. 그의 저서 '21C자본'에서 미국은 상위 1%가 전체 국민소득의 20%를 가지고 간다고 했다. 그는 자본의 투자수익율이 경제성장을 보다 높아 부자는 더욱 부자가 되고 그 부를 물려주니 빈부격차가 점차 확대된다고 했다. 그래서 부자에게는 높은 소득세를 부과해야 한다고 했다.

自知는 晩知고 補知는 무知라.

김삿갓 시다 . 혼자 알려고 하면 늦게 깨우칠 것이고 남의 도움을 받아 알려면 빨리 알게 될 것이다 .

– 노무현의 성품은 비주류의 대변자였다. 못가진 사람, 힘없는 사람의 편이었다. 바보 소리를 들을 정도로 우직한 사람이었다. 착한 사람에게는 한없는 애정을 표현했으나 권력으로 짓밟고 이웃의 아픔을 무시하는 못된 사람에게는 끝없는 분노를 느꼈다.

시진핑과 푸틴의 악수

이제까지 러시아는 한국, 일본과 협력해 중국을 견제하려고 하는 성향이 있었다. 그러나 미국이 일본과 손잡고 동아시아에서 적극 개입하면서 러시아는 중국과 손잡고 미국을 견제하기 시작했다.

– 한국경제는 대체로 4분의 3이 시장이고 4분의1이 재정 및 공공부문이다. 재정이 아무리 잘해도 4분의 1밖에 기여 못한다. 시장의 역할이 중요하다.

한미관계와 한중관계

서로 차원이 다른 관계이다. 한미동맹 관계는 자유민주주의의 가치를 공유하는 정치적 관계이고 한중관계는 정치적 공감대가 아닌 경제협력의 전략적 동반자 관계라는 점에서 전혀 다른 관계이다. 미국이 이런관계에 대한 확신을 가질 때 미국도 한중관계 발전을 환영하게 될 것이다. 또 역사관계로 한중이 일본에 대립하는 구조는 미국의 지지를 받기 어렵다. 한국이 역사문제와 안보문제를 구분하는 냉철함을 보여줄 때 한국의 전략적 가치가 올라가고 존재감이 커질 수 있다.

- 조선건국의 아버지 三峯 정도전은 역성혁명에 이어 수도한양건설, 토지개혁, 중앙정부 군사력 강화, 능력 중심의 관료제 등 조선의 뼈대를 만들었으나 나라를 만든 정도전은 나중에 나라를 지키는 자 이방원에게 기습을 당하여 살해되었다.

- IMF총재 크리스틴 리가르드는 2008년 금융위가 오고난후 금융에 대한 규제를 강화하지 않으면 곧 또 금융위기가 올 수 있다고 했다. 금융위기를 피하려면 은행에 대한 규제와 감독을 강화하는 게 꼭 필요하다 했다. 또 경제적 불평등을 해소하기 위해선 진보적 과세체제 도입과 재산세 확대가 필수적이라고 했다. 지금 세계 인구의 1%가 가진 재산이 나머지 99%가 가진 재산보다 더 많다고 했다.

북한의 5대 부동산 투기 지역
① 해산 – 백두산 관광 ② 개성 – 공업, 관광지
③ 평양 – 서울면적의 4배. 특히 용흥동, 모란봉 구역.

④ 신의주 – 물류 창고
⑤ 나진, 선봉 – 무역 중심지

경제위기 해결책과 비판

① 신고전주의 학파 (알프레드 마샬) 약점– 인간은 이기적이고 합리적이라고 지나치게 가정했다.
② 마르크스 학파 (마르크스) 약점– 자본주의는 마르크스가 예견한 것보다 훨씬 자기수정능력이 뛰어났다.
③ 오스트리아 학파 (Hayek) 약점– 시장이 자생적이라기보다 누군가가 구축한 질서라는 걸 인정하지 않는다.
④ 케인즈 학파 (Keynes) 약점– 단기처방에 집착해 기술발전, 제도변화 등 장기문제해결 못한다.

– 1945, 8월 김일성이 조선땅을 밟기 전에 미국이 먼저 38선으로 국토를 갈라놓았다. 러시아의 남진을 막기 위해서다.
– 세계경제는 1990년대를 고비로 금융이 실물경제를 뒷받침하던 시대에서 금융이 실물경제를 지배하는 구조로 바꿨다. 즉 금융자본주의 시대가 도래했다.

일본같은 장기침체를 피하려면

① 부동산 시장의 정상화를 통하여 자산 가격을 회복시켜야 한다.
② 재정정책과 금융정책이 공조를 해야 한다. 선재적 금리인하가 필요하다. 일본은 초기에 재정정책만 동원되어 재정적자만 키우고 금융이 역할을 하지 않았다.

③ 기업의 구조조정과 금융의 선진화가 필요하다. 경쟁력이 없는 기업은 과감하게 도태시키고 경쟁력이 있는 기업에 자금이 흘러가게 한다.

④ 기업이 외국으로 나가지 않게 하고 규제 완화와 노동력시장의 유연화가 필요함

한반도 통일이 왜 어려운가?

1. 분단과 전쟁을 거치면서 원한과 적대감이 커져 서로 증오하고 화해와 협력을 거부한다. (동서독은 전쟁이 없었다)

2. 세계 초강대국이고 동맹국인 미국에게 한반도 분단이 이익이 되는 구조이다.

3. 독재국가나 극우정권에는 분단은 그들의 집권 및 통제에 이익이 되는 구조가 되어 있다.

4. 남한은 자본주의 북한은 사회주의를 고집한다.

5. 북한의 연방제, 남한의 국가연합 서로 거부한다.

- 2002, 7월 부시정부는 플로토늄 핵활동은 중단했지만 고농축 우라늄 프로그램을 가진 것 같다는 추측정보를 가지고 북한과 논쟁을 하다가 2003, 1월 경수로 건설과 중유지원을 중단하면서 제네바 합의를 파기했다.

- 피게티 방한 연설에서 소득불평등을 개선하려면 저소득층에 대한 무상교육이 가장 효과적이라고 했다. 대학교육까지 무상교육이면 좋다고 했다. 엘리트 교육은 소득불평등을 심화시키므로 좋지 않다고 했다. 미국은 50년 동안 상속세 세율이 80% 정도였지만 미국 자본주의는 망가지지 않았다고 했다.

- 만약 북한이 개혁개방을 추진하게 되면 중국, 일본, 러시아와 심지어 미국까지도 우리와 치열한 경쟁상대자가 된다. 특히 북한 지하자원과 인프라건설이 경쟁대상이다. 북한과 빨리 대화를 시작해야 한다.
- 우리경제가 경상수지 흑자가 계속되는데도 원화 강세가 안되고 있다. 그 이유는 경상수지 흑자가 느는 만큼 자본수출도 늘어나 환율이 안정적으로 유지되고 있다. 이젠 해외금융투자 우수금융기관에 대해 표창을 해야 할 것이다.
- 일본 아베가 통화를 무제한 풀고 있어 엔저 현상이 올까봐 걱정된다. 일본과 한국의 상위수출품 100개 중 55개가 겹치고 있다. 엔저가 되면 치명적이다. 그래서 강력한 내수진작을 통해 경상수지 흑자를 줄이든가 자본수출을 늘려야 한다.
- 이명박 정부 5년간 연간 평균 인도적 북한 지원액이 151억 원이었는데 박근혜 정부 처음 1년간 (2013) 지원액이 25억 원으로 더욱더 인색해졌다.
- 헌법 전문에 명시되어있는 것은 평화적 통일이지 흡수통일이 아니다. 극우들은 이점을 상기해야 한다.
- 미국이 금리를 인상하여 달러 강세로 원화와 엔화 모두 가치가 하락하고 있다. 일본이 돈을 풀고 금리를 내리고 있어 원화보다 엔화가 더 가치가 떨어지고 있으나 우리 수출이 타격을 받지 않는 이유는 일본기업의 수익률을 높이는데 역점을 두고 있어 엔저에도 수출가격을 내리지 않고 고가정책을 쓰고 있기 때문이다. 만약 일본기업이 수익률보다 점유율에 중점을 두면 한국은 수출품시장을 잃을 수 있다.

피게티의 21C 자본

'자본 수익률이 경제성장율보다 높으면 소득불평등이 심화된다. 역사상 소득불평등이 가장 높았던 때가 1928년과 2007년이었다. 그 다음해인 1929년에 대공황, 2008년에 금융위기가 왔다. 소득의 평등도가 너무 높으면 혁신의 동기가 없어지고 소득의 불평등도가 너무 높으면 소비할 사람이 없어진다.

- 중국에 부품이나 소재 같은 중간재를 수출하여 호황을 누렸던 한국은 제조업에서 서비스로 바꾸는 중국에 더 이상 중간재 수출이 호황을 누릴 수 없을 것이다. 한국도 중간재에만 매달리지 말고 세계적인 소비재 브랜드를 키워내야 한다.

- 미국은 양적완화를 종료하면서 강달러 현상을 최소화하는 정책이 나올 것이다.

- 일본은 공업화에 150년의 역사를 갖고 있고 한국은 60년의 역사를 갖고 있으며 중국은 30년의 역사를 갖고 있다.

- 영국과 프랑스는 주택소유자에게 세를 물리는게 아니고 거주자에게 세를 물린다. 그러나 우리나라는 주택소유자에게 재산세를 물리면서 임차인 보호를 위해 월세의 소득공제까지 해 준다. 그래서 한국은 집을 안 사게 하고 있다.

- 이명박 정부의 대표적인 대북실패정책이 5.24 조치이다. 5.24 조치로 북한에 고통을 준 것 못지 않게 우리도 교역과 위탁가공 등 경제적 손실이 매우 컸고 남북관계를 파탄냈다.

- R&D투자 현황에서 우리나라는 GDP 대비 R&D 투자비율이 4.15%로 세계최고수준이다. 2위는 이스라엘 3.93%, 3위 일본 3.35%이다.

- 1985년 프라자 합의로 달러가치가 하락하고 엔고가 시작되어 1991

년 부동산 가격 폭락과 함께 일본의 장기불황이 시작되었다. 최근 일본의 인위적인 엔저에 대응해서 우리도 금리를 낮추는 등 엔저에 대처해야 한다. 엔저와 원고가 계속되면 기업을 해외로 이전해야 한다.

- EU는 경제통합을 먼저 이룬 후 정치통합을 이루는 경로를 밟았다. 남북한도 정치보다 경제를 먼저 선통합한 후 정치를 이루는 순서로 가야 한다.

한반도 유사시 중국의 한반도 계획

북한 유사시 줄줄이 한반도에 개입하기 위해 북한 남포와 원산을 잇는 대동강 이북 지역을 점령해 북한을 통제하기 위해 2조 5,000억 원을 들여 중국에서 북한으로 진입하는 도로를 건설했다 한다. 이는 중국이 한반도를 핵심이익으로 인식하고 있다는 분명한 증거이다.

- 미국이 금리를 올리면 세계에 나가 있던 달러가 미국으로 급속히 회수되면서 다른 나라들은 달러 부족으로 외환위기가 온다. 중국이나 러시아를 디폴트에 몰아넣으려면 미국이 금리만 올리면 된다.
- 제프리 삭스 콜럼비아대 교수는 자본주의 목표는 지속가능목표이며 이는 경제성장이 사회적 책임과 환경 보전까지 포괄하는 개념이라 했다. 만약 지구온난화를 막지 못하면 양극대륙의 메탄까스가 방출되어 농경지 오염과 바닷물 산성화로 지구 경제 자체가 소멸될 수 있다.
- 김영삼 정부 때 지미 카터 전 미국 대통령이 김일성을 만났을 때
  1. 남북정상회담 2. 제네바 비핵화 협상 복귀
  3. 영변 핵시설에 대한 IAEA 사찰 수락 등 3가지를 하겠다고 했다. 그러나 남북정상회담(7.25)을 앞두고 7.8일 김일성이 사망했다.

–통일준비위원회가 마련한 통일헌장 작업내용은

  1. 공영통일 2. 평화통일 3. 열린통일이 3대기조를 이루고 있다.

  여기 '열린'은 한 국가 안에 자치적인 지방정부가 있듯이 통일개념도 1국가 1체제가 아닌 다양한 형태의 통일도 가능하다는 의미에서 열린통일이라고 한다.

노벨경제학상 수상자 스티 글리치

  2015년 세계경제를 위협할 최대변수는 EU경제의 침체라고 했다. EU국가들은 재정, 통화, 환율 어느 하나도 국가별로 자율적으로 움직일 수 없는 실패가 검증된 유로존이다고 했다. 미국경제는 양적완화에도 유가가 떨어져 물가가 오르지 않아 저금리를 유지할 수 있어서 회복의 기회를 잡았다. 운이 좋았다고 했다. 유로존도 위기를 탈출하려면 긴축정책을 버리고 과감한 경기부양책을 써야 한다고 했다. 중국도 큰 위기는 없을 것 같다. 왜냐하면 막대한 달러 보유로 경기회복에 사용할 수 있기 때문이다. 스티 글리치는 keynes 학파의 대표적 석학이다.

  – 2016년은 미국이 금리를 계속 인상할 것으로 보여 원화약세로 우리 수출에 큰 도움이 될 것이다.

  – 피게티는 자본수익율이 경제성장율보다 1%만 높아도 장기적으로 누적적으로 빈부격차를 키운다고 했다. 왜냐하면 돈의 힘으로 음식과 의류만 사는 게 아니고 권력과 영향력을 사들여 경제적 불평등이 정치적 사회적 불균형을 키우기 때문이라고 했다.

  – 뇌도 휴식을 취해야 사이코패스(반사회적성격)를 피할 수 있다. 뇌가 좋아하는 에너지원은 자연과 문화이다.

– 年月日時 旣有定인데 浮生이 空自忙이다. 연월일시는 사주를 의미한다. 팔자가 이미 정해져 있는데 뜬구름 같은 인생들이 그것도 모르고 공연히 바쁘다고 한다. 김종필 씨의 어록이다.

4대강과 해외자원개발사업

4대강 사업비는 22조 원이고 유지비는 년간 5,800억 원이다. 또 MB의 해외자원개발사업은 투자금액이 26조 원이다. 이미 투자지분을 처분하여 회수율이 5%도 안되는 것이 있다.

부(富)도 진화한다.

전통경제학이 기반한 '균형이론'은 핵심전제로 인간의 이기심과 합리성을 들었다. 이기심에 따라 합리적인 행동을 한다고 보았다. 전통 경제학은 부가 자원과 노동력에 의해 생산된다고 주장했다. 그러나 최근에는 부의 원천은 지식과 진화라는 주장이 나왔다. 예일대 실러 교수는 집값 하락 위험을 담보하는 보험이 부의 원천이 될 것이라고 했다. 어떤 경제학자는 제약회사 주식이 유망하다고 했다.

– 세계는 1929년 대공황 이후 저금리와 고환율(통화 가치 하락)로 가고 있는데 우리나라만 고금리, 저환율(원고)로 가고 있다.

– "천하의 가련한 멕시코여! 하느님은 멀리 계시고 지척에는 미국이 있으니"라고 했는데 우리는 미, 중, 일, 소 4대 강국에 둘러쌓여 있다.

자본주의 생존을 위한 의식주

1. 사람이 살 수 있는 집을 부수고 재개발을 한다.
2. 전세계 음식물의 3분의 1이 폐기처분 되고 있다.

유통기간을 짧게 하여 멀쩡한 음식물을 폐기처분한다.

3. 유행이란 이름으로 멀쩡한 옷을 폐기처분한다.

위 의식주에서 모두 소비를 촉진하여 자본주의를 유지하기 위해서 하는 것들이다.경제학은 현실을 반영못하고 있다. 경제학은 인간의 욕망과 뒤엉켜 자연현상과는 확실히 다른데 자연과학적 연구방법을 적용하고 있어 현실을 제대로 반영 못하고 있다. 따라서 현실을 제대로 반영할 수 있는 경제연구를 해야 하는 과제가 있다.

환관 만드는 법

환관 희망자에게 "절대 후회하지 않겠느냐?"고 질문한 뒤 날카로운 칼로 성기와 음낭을 잘라낸다. 그리고 나서 나무못을 요도에 삽입하고 3일간 물을 못 마시게 한 후 3일후 나무못을 빼는데 그때 오줌이 쏟아져 나오면 성공이고 그렇지 못하면 죽게 된다고 한다. 그후 2-3개월이 지나면 수염이 없어지고 얼굴도 반들반들 해지고 목소리도 여성 목소리도 변한다.

- 한국사회가 많은 문제점을 안고도 사회통합을 유지하면서 발전할 수 있었던 것은 1. 출발의 평등과 2. 계층이동의 유연성 2가지다. 이 두 가지가 빠르게 허물어지고 있다. 가난한 아빠한테 태어난 아이는 물려받은 재산도 없고 교육도 잘 받지 못해 부자아빠한테 태어난 아이와 너무 다른 환경이 된다. 그래서 자산과 불노소득에 과감한 증세가 요구되고 교육과 의료에 과감한 재정투입이 필요하다.
- 중국은 국가자본주의이다. 정부가 직접 투자를 하고 보조금을 지급하니 어떤 기업도 중국기업을 이길 수 없다.
- 피게티는 확대되는 소득불평등의 원인은 자본수익율 〉 경제성장율 때

문이라고 했다. 또 한 가지 더 추가하면 CEO와 일반 근로자와 임금격차가 점점 더 커져온 것도 원인이라 했다.

– 사드는 지금 미 본토와 괌에 배치되어있다. 레이다 탐지 범위가 2,000km이기 때문에 사드가 한국에 배치되면 중국의 동북아3성과 러시아의 극동지역까지 감시가 가능해진다.

환율전쟁

IMF체제에서는 직접적인 환율조작을 못하게 금지하고 있어 간접적인 방법인 통화완화조치와 금리인하를 통해 자국의 통화가치를 하락시키고 있다. 환율전쟁은 제로섬게임으로 다른 국가는 더 나빠지게 한다. 지금 미국은 2008년 금융위기 이후 6년여 동안 약 5조 달러 상당의 국채 등 자산을 쌓아놓고 있는데 이 국채를 팔아 축소시켜야 정상적인 통화정책이 가능하다.

천안함의 진실이 안 밝혀지는 이유

1. 사고 당시 발생 시점에 대한 공중음파(폭발소리 등) 주요 자료들이 하나도 공개되지 않고 있다. 2. 미국이 당시 백령도에 대한 북한, 중국, 러시아를 감시하기 위한 장비를 보유하고 있었고 기록물을 미국이 갖고 있으나 정보공개를 안하고 있다.

석학 5인의 충고

1. 여기 석학 5인은 영국금융감독원장, 죠지메이션대 교수, EU경제자문관, 예일대 교수, 와세다대 교수이다. 2. 미국이 금리를 올리더라도 한국은 이를 따라 해서는 안 되고 금리인하 기조를 유지해야 한다. 3. 중국 경제가

점차 둔화되고 있으니 금리인하 기조 유지해야 한다. 4. 경제가 살아나기 전에 금리를 인상해선 안된다. 5. 한국외환보유고와 흑자상황을 보니 미국이 금리인상해도 충분히 방어능력 있다. 6. 스위스와 스웨덴은 섣불리 금리인상 했다가 회복되던 경제가 다시 후퇴했다. 7. 한국경제의 3대 리스크는 낡은 임금체제와 고임금, 가계 부채, 수익성이 계속 악화되어가는 금융산업이다. 8. 대기업의 고임금과 연공서열에 따른 연봉 자동 승급제는 반드시 시정되어야 한다. 9. OECD 평균 노동생산성은 시간당 46달러인데 한국은 시간당 29달러이다. 특히 서비스산업의 노동생산성이 향상되어야 10. 초저금리로 투기가 우려되니 주택담보인정비율(LTV) 규제를 강화하고 자금이 부동산으로 가지 않고 기업에 가게 해야 한다.

탈북자인 동아일보 기자가 한 말

북한이 남침한다는 판단은 잘못된 판단이다. 북한 주민 2500만도 겨우 통솔하는데 말썽꾸러기 자유주의자 남한 주민을 어떻게 통솔할 수 있겠는가? 김정은에게 남한을 가져가라 해도 안 가져갈거다. 남한을 통치하려면 북한 핵심요원 300만 명은 남한에 보내야 하는데 그사람들 남한에 내려오면 우리가 그간 속았구나 하면서 강남 술집에서 술부터 한잔 마시고 그러면 김정은은 핵심요원 300만 명을 잃어버리고 1년 안가 제거될 것이다.

 – 프로이트는 인간의 정신에는 통제가능한 의식의 세계만 있는게 아니고 자신도 알 수 없는 정신세계. 즉 무의식의 세계도 있다고 했다. 프로이트는 무의식의 세계가 있다는 걸 발견함으로서 인간이 이성을 바탕으로 합리적인 결정만 내리는게 아니라는 것이다. 무의식의 세계는 최면에 걸린 상태, 꿈의 세계 등이다.

특수상대성 이론

멈춰있는 물체의 시간보다 움직이는 물체의 시간이 더 느리게 간다. 이것이 아인슈타인의 특수상대성 이론이다. 속도가 빨라질수록 시간은 느리게 간다는 것이다. 세상은 절대적 시간도 없고 절대적 공간도 없으며 모든 시간과 공간은 상대적이라는 뜻이다. 그는 $E=mc^2$이란 공식을 만들었다. 에너지는 물질의 질량에 빛의 속도의 제곱을 곱한 것과 같다고 했다. 따라서 질량이 작아도 속도가 높으면 큰 에너지를 낼 수 있다고 했다. 그후 그는 중력이 없는 특수한 경우에만 적용되던 특수상대성이론을 또 어떤 경우에도 적용되는 일반상대성이론도 만들었다.

- 달러로 예금하면 1년만기 0.5%~0.7%의 이자가 붙고 1달러 사고 팔 때 수수료가 1달러당 20원 붙는다.

리디노미네이션

우리나라의 2014년 말 총 금융자산은 1경 3587조 원이다. 경은 조가 1만 개인 단위다. 달러나 유로대비 1,000원을 넘고 있어 1,000원을 1원으로 했으면 하는 사람이 많다. 그러면 거래비용이 감소하고 물가상승 압력이 발생하며 디프레이션 퇴치 효과가 있고 경기부양 효과가 있다.

- 최저임금제도는 1894년 뉴질랜드가 세계 최초로 시행했고 호주가 뒤를 따랐다. 최저임금을 올리면 단순 노동자의 일자리가 줄어들어 단순 노동자의 취업난이 올 가능성이 있다.
- 파리를 따라 다니면 화장실로 가게 되고 꿀벌을 따라 다니면 꽃을 만나게 된다. 현실 속에서 당신이 누구와 함께 하느냐는 아주 중요하다.

만나는 사람이 어떤 사람인가에 따라 그에 상응한 인생을 살게 된다. 절대로 당신을 소모하는 사람과 함께 하지 마라
- 강자가 살아남는 것이 아니라 살아남는 자가 강자가 되는 시대로 바뀌었다.

독일과 한반도가 다른 점

1. 동서독 간에는 민족상잔의 비극이 없었다.
2. 동서독기본조약이 잘 지켜져 인적, 물적 교류가 활발했다.
3. 서독은 일찍부터 소련, 동구권 등 공산권과 관계개선을 한 신동방정책이 있었다.

- 1994년 중국은 노골적으로 한꺼번에 환율을 4.5%나 평가절하했다. 일본도 중국을 따라 자국화폐가치를 평가절하했다. 중국과 일본의 화폐가치 평가절하로 한국, 태국, 인도네시아 등은 수출경쟁력을 잃고 1997년은 IMF사태를 맞게 되었다.
- 김대중, 노무현 정부 10년간 북한에 준 돈은 정부지원금 18억달러. 민간자금 6.2억불 합계 24.2억불로 년 평균 2.4억달러이나 서독은 통일 직전까지 년 평균 32억불을 동독에 지원했다. 퍼주기 타령은 지나치다.
- 중국은 국유기업 비중이 70% 정도이다. 국유기업은 생산필요량을 정확히 예측하기 어렵고 더욱이 중국은 외국기업이 많이 들어가 있어 과잉투자나 과잉생산을 통제하기 어려운 나라이다.
- 북한이 핵과의 병진정책을 쓰더라도 경제쪽에 비중을 더 두도록 남한이 유혹해야 한다. 유혹 방법은 남북대화를 재개하고 경제가 핵보다 더 중요하다는 걸 보여주며 유혹해야 한다.

- 중국이 제조업에서 과잉생산이 되면서 성장동력을 투자에서 소비로 돌리고 있다. 한국도 과잉생산의 영향을 덜 받는 서비스산업에 정진해야 한다.

- 남북이 화해협력 과정에서 북한이 붕괴하면 북한이 남한을 선택할 가능성이 커지만 남북이 대결상태에서 북한이 붕괴하면 북한이 남한사회를 선택한다는 보장이 없다. 중국을 선택할 수도 있다. 미국이 기준금리를 올릴 때 고려하는 요소는 2개인데 하나는 실업율이고 다른 하나는 물가상승율이다.

- 미국의 MD에 대한 집착과 한국의 흡수통일 망상이 북핵을 해결할 기회를 여러 차례 놓치게 했다. 그러나 북한이 핵을 절대로 포기하지 않을 것이라는 믿음은 북한이 핵을 포기할지도 모른다는 믿음보다 더 위험한 대책이 된다고 본다.

- 중국은 지금 과잉투자로 생산능력을 너무 많이 늘려놓아 수요가 공급을 따르지 못해 심각한 디프레이션에 빠져 있다. 그래서 중국은 구조조정을 통해 공급능력을 축소시켜야 한다. 금리를 자유화해서 생산성이 낮은 기업은 시장에서 퇴출시켜야 한다.

- 잠재성장율은 우리가 가진 자원을 최대한 활용했을 때 얻을 수 있는 성장률이 잠재성장율이라 한다. 한 국가가 가지고 있는 자본, 노동력, 천연자원 등 모든 생산요소를 사용해서 물가상승을 유발하지 않는 최대성장율이 잠재성장율이다. 장기성장율은 결국 잠재성장율과 비슷해진다.

- 통일이후에도 많은 것을 참아내야 한다. 통일은 큰 선물이나 참아야 할게 많다. 특히 30~50대가 그렇다. 그 나이가 되면 누리게 되리라 기

대했던 많은 것을 포기해야 될지 모른다.

- 최근에 사상 최저의 금리에 유가하락이란 호조건에도 불구하고 선진국 경제가 회복되지 않는 것은 OECD 분석에 의하면 민간부문의 부채 부담이 성장을 가로막고 있다.

- 한국에 비정규직이 도입된 것은 1998년 2월 김대중 대통령이 IMF 구제금융의 댓가로 미국과 체결한 '합의의향서'이다.

노조조직율

노조를 경제성장의 적으로만 보면 안된다. 우리나라 노조조직율은 9.9%로 OECD 최하위 수준이다. 북유럽의 노조조직율은 덴마크 67%, 핀란드 69%, 스웨텐 68%, 노르웨이 58% 등이다. 노조가 경제성장의 적이라면 우리나라가 경제성장율이 가장 높아야 하나 그렇지 않다. 삼성전자는 휴대폰 10%만 국내서 생산하고 90%를 해외에서 생산하고 있다. 제조업의 해외이전을 막아야 한다.일부 학자는 아직도 제조업 탈피, 서비스산업 육성을 외치고 있다. 그러나 미래 제조업의 중심지는 저임금, 저기술 국가가 아니고 고임금, 고기술 국가가 된다. 그래서 해외로 빠져 나가는 일자리를 지켜야 한다. 우리나라 국민소득 중 기업소득 비중이 OECD 1위다. 우리나라 소득중 기업소득 비중이 25%로 OECD 평균 기업소득 비중 18%보다 훨씬 높아 1위다. 법인세 인상이 필요한 근거다.

미국과 중국 사이에서 한국의 처신

사드는 군사면에서 TPP는 경제면에서 중국을 포위하는 것인데 우리가 TPP에 가입하면 사드 배치 못지 않게 중국에 타격을 주는 것이 된다. 그래서 전경련은 중국의 경제적 보복을 우려하여 사드배치를 반대했다. TPP

자본주의 발전단계

상업자본주의 산업자본주의 독점자본주의(금융자본주의 포함) 수정자본주의 신자유주의의 순서로 발전해 왔다.

가입을 한국에 대한 중국의 보복이 올 것이다. 2008년 이후 중국이 세계경제를 이끌어 왔으나 이젠 미국의 경제가 회복되어 미국이 세계경제를 이끌어 갈테니 TPP에 가입하는 게 필요하다는 이야기도 있다. 그러나 이건 일시적인 현상이고 중국은 계속 6% 이상 성장할 것이고 미국은 그런 동력이 없다. 그래서 지금 당장 TPP에 가입을 재촉해서는 안된다.

2015, 노벨경제학상 수상자 앵거스 디턴의 경제적 불평등 견해

성장의 결과 발생한 불평등을 사람들로 하여금 더 많이 교육받고 더 열심히 일하는 동기를 부여하는 순기능이 있다. 그러나 너무 심한 불평등은 부자들이 정치적 영역까지 지배하게 되어 민주주의에 대한 심각한 위협이 될 수 있다. 즉 어느 정도의 불평등은 도움이 되는 면이 있으나 심각한 불평등은 부정적인 영향을 미친다고 했다. 심각한 불평등은 창조적 파괴를 질식시켜 민주주의와 경제성장을 막는다고 했다. 또 먼저 불평등에서 탈출한 사람이 뒤의 탈출로를 봉쇄하도록 부추긴다고 했다. 그는 심각한 불평등이 민주주의와 경제성장을 해치기 때문에 부자에 대한 증세와 최저임금의 인상에 찬성하는 입장을 취했다. 소득 불평등이 정치적 불평등으로 이어질 수 있어 아무리 노력해도 성공할 수 없는 사회구조를 만들 수 있다고 했다. 한국은 지금 어느 정도의 불평등 국가인지가 문제다. 극심한 소득불평등으로 부자가 규칙을 만들고 규칙을 사용하는 세상이 되어 민주주의를 누르고 경제성장에 오히려 악영향을 미치고 수많은 저소득층의 탈출로를 막아버리는 상태라면 극심한 불평등 국가라고 할 수 있다. 좌파들은 불평등을 비난하고 우파는 불평등을 우려하는 좌파들을 비난한다. 디턴은 불평등이 양날의 칼이라고 했다.

통일준비위원회의 북한시장경제로 유도하는 방안

대통령직속 통일준비위원회가 북한시장화 지원 보고서요약이다. 북한 당국이 스스로 할 수 있는 것과 남북이 협력할 사항 등 투트랙 방식이 있다.

1. 담보가치를 갖지 못한 자영업자에게 소액대출을 해 준다.
2. 북한내 협동조합을 사회적 기업화한다.
3. 지자체, 주민이 공동소유하는 소규모 농촌기업을 육성한다.
4. 북한의 경제개발구 중 송림, 와우도 수출가공구와 나진특구, 평양인근 지역을 활용한 소비재 제품 판로를 확보한다.
5. 개성공단 우수직원에 대한 창업교육 및 지원을 한다.
6. 장기적으로 KOTRA와 유사한 무역투자진흥기구 설립
7. 관광사업 활성화를 위한 지원 등이다. 이런 조치가 앞으로 통일비용 낮추는데 기여할 것이다고 했다. 매년 방위비 분담금 약 1조 원중 2000억~3000억 원이 미집행으로 반복적으로 발생하고 있는데 이는 방위비 분담액이 과다하게 책정된 것이고 미집행에서 이자가 발생하고 있는데 이 이자는 우리 정부에 귀속되어야 한다. 방위비 분담액은 우리 돈이고 미국은 사용권만 있기 때문에 이자까지 미국이 갖는 것은 불합리하다.

- 빌 게이츠는 기후변화에 대응하기 위해서는 탄소세를 부과하고 에너지 R&D에 정부가 투자를 대폭 늘려야 한다고 했다. 즉 자유시장에 정부가 적극 개입해야 새로운 에너지산업개발이 가능하다 했다.
- 치과의사가 가장 싫어하는 사람 : 이 없으면 잇몸으로 산다는 사람
  한의사가 가장 싫어하는 사람 : 밥이 보약이라는 사람

학원강사가 가장 싫어하는 사람 : 한 가지를 가르치면 열 가지를 안다
는 사람

남중국해 인공섬

중국이 태평양 쪽으로 나가려면 남중국해와 동중국해로 나갈 수밖에 없
다. 그런데 동중국해는 한국과 일본이 지배하고 있으니 중국은 남중국해밖
에 없다. 남중국해는 한국, 일본보다 상대적으로 약한 베트남, 필리핀이 있
으니까 남중국해 암초에 인공섬을 만들어 축구장 150개 면적을 확보하고
있다.

법인세 인하경쟁

세계 법인세 평균세율이 2006년에는 27.6%였으나 2014년 말에는
23.6%로 떨어졌다. 현재 일본도 32%에서 2017년에는 20%로 낮춘다고
했다. 법인세를 낮추고 세입 부족분은 부자들의 소득세로 보충하는 경향이
다. 따라서 소득세 세율은 올라가고 있다.

2008년 금융위기 때의 각국 대처방법

2008년 금융위기가 왔을 때 미국과 일본은 통화와 재정의 확대를 선택
하고 유럽은 재정과 통화의 긴축을 선택했다. 특히 미국은 양적완화로 4조
달러를 풀었다. 결과는 미국경제는 회복되었고 이젠 금리인상을 거론하고
있으나 유럽은 회복이 안되어 유럽도 미국의 양적완화를 따라 하게 되어 미
국이 승리했다. 2차논쟁은 계속 경기부양을 먼저 할 것인가 구조개혁을 먼
저 할 것인가의 문제였다. 계속 경기부양을 먼저 하자는 주장은 침체가 10
년~15년 지속된다고 보고 장기침체에 따라 경제를 제궤도에 먼저 올려놓

고 그다음에 구조개혁을 해도 늦지 않다는 것이다. 계속 경기부양을 하면 재정적자가 늘어나나 금리를 장기간 낮은 수준에 두면 문제가 안된다는 것이다. 구조개혁을 먼저 하자는 주장은 구조개혁을 먼저 하려면 고용과 해고를 쉽게 하여 노동시장의 유연성을 높이고 정규직, 비정규직을 노동시장의 차별을 줄이는 작업을 해야 하고 부실기업을 정리해야 한다. 우리나라는 어느 주장을 따라야 할까?

보수와 진보는 공존해야

2차 대전후 산업화와 민주화를 동시에 이룬 국가는 대한민국 하나 밖에 없다. 그게 가능했던 것은 김대중을 비롯한 진보좌파 세력을 완전히 죽여버리지 않고 살려뒀기 때문이다. 만약 김대중이 없었다면 1980년 서울의 봄도 1987년 6월 항쟁도, 1992년 군정종식도 1997는 수평적 정권교체도 모두 불가능했을 것이다. 지금 대한민국의 보수세력을 형성하고 있는 50, 60, 70대 젊었을 때 4.19에 참여했거나 박정희 군부통치에 저항했던 사람들이다. 지금 보수세력이 정권을 잡고 있어도 진보세력의 씨앗을 말리려 해서는 안된다는 걸 알고 있다. 또 앞으로 진보세력이 집권 하더라도 보수세력의 싹을 말려버리려 해서는 안된다.

- 부의 대표적인 수단인 저축과 상속(증여포함)중 상속재산의 비중은 1980년 27%에서 2000년 42%로 커졌다. 부의 축적중 상속의 비중이 커진건 성장률 둔화라 고령화로 인한 상속의 증가 때문이다. 또 성장의 둔화로 저축의 기회가 줄어들었기 때문이다. 자수성가의 길이 막히고 있다.

북중관계의 변화

중국 국무원이 압록강변 지안과 두만강변에 국가급 경제 합작구를 건설하도록 승인했다. 일반적인 지원-수혜 관계에서 상호협력과 연계성 강화쪽으로 방향을 잡았다고 한다. 북한의 자원을 중국이 가공하는 산업 형태가 굳어지면 중국은 대북제재를 하기 어렵게 되고 미국의 대북제재도 실효성이 없어진다. 그래서 미국이 대북인내정책을 버리고 적극적으로 6자회담에 나서도록 우리가 미국에 촉구해야 한다.

재벌의 폐해

재벌은 한국에만 있는 기업 형태이다. 2006년 GDP의 50%를 30대 재벌이 차지했다. 재벌이 창업자 시대에서 상속자 시대로 바뀌었다. 재벌상속경제는 창의력, 혁신력이 뒤쳐져 점차 세계에서 처지고 있다. 애플은 작은 회사가 개발한 기술을 사서 그 기술을 삼성 등에 비싸게 판다. 그러나 삼성은 작은 회사가 개발한 혁신기술을 살 곳이 없다. 혁신기술을 개발한 작은 회사의 창조기업이 없기 때문이다. 재벌장벽 때문에 작은 창조기업의 창업이 어렵기 때문이다. 이스라엘은 10개 기업이 전경제를 지배해 오다 피라미드식 지배구조를 2단계까지만 허용하면서 가장 창의적인 나라가 되었다.

- 중국과 대만은 정치보다 경제를 우선시 했고 당국간 회담보다 민간교류를 우선해 왔는데 우리는 반대로 경제보다 정치를, 민간교류보다 당국자간 회담을 우선해 왔다.
- 노키아가 망하고 우수한 인력 4만 명이 해고를 당했는데 이 해고자의 많은 수가 창업을 했는데 3년만에 혁신과 성장동력이 만들어져 핀란드가 살아났다.

- 미국이 금리를 올려 달러가 빠져 나가도 달러가 빠져나간 자리에 엔, 위안화, 유로 등이 메워주면 외환위기가 오지 않는다.
- 한국 유권자는 가난해져야 보수에 투표할까? 복지, 민생 문제보다 반공주의와 지역정서가 더 표심을 좌우하기 때문이다.

개성공단 현황과 활용방안

전체 2000만평을 개발키로 했으나 1단계로 100만평을 개발하여 40%만 입주하고 60%는 빈 공단으로 있다. 여기 40%에 120개의 기업이 입주해 있다. 빈공간 60%에 북한기업을 입주시키면 북한기업이 시장경제를 배울 수 있을 것이다. 북한기업이 부담할 분양가, 전기료 등은 내수판매 수익이나 임가공비로 갚도록 하면 된다. 개성공단은 5.24 조치 대상에서 유일하게 제외되어 있다.

- 일본은 1990년 비정규직이 881만 여명이었는데 2014년에는 1962만 여명으로 배이상 늘어났다. 그 결과 소비가 침체되고 불황을 심화시키고 있어 비정규직 줄이기에 적극 나서고 있다.
- 우리 인구는 금년(2016) 5002만 명을 정점으로 2060년에는 3447만명까지 감소할을 것으로 예측하고 있다. 그러나 우리는 181개국에 718만 명의 해외동포를 갖고 있다. 중국에 258만, 일본 85만, 구소련 50만 등 이들을 국내로 데려오는 이민정책이 필요하다.
- 우리나라 2015년말 외환 보유액은 3,679억불이나 당장 꺼내 쓸 수 있는 현금성예치금은 3,6 %에 불과하고 93.8%는 채권, 주식 등에 투자돼 있다. 그래서 외환위기에 항시 대비해야 하는 것이다.

마이너스 금리시대가 되면

1. 보관이 쉬운 고액권이 개인금고에 숨는다.

2. 예금에 보관료 물리고 대출자에게 이자 지급한다.

3. 부동산과 주식에 돈이 몰린다.

4. 세금을 일찍 내면 보관료를 부담하고 은행에 맡겨야 하므로 세금을 늦게 내라고 한다.

– 2015년 한국경제성장률 2.6% 중 1%는 재고증가분이고 순수한 성장률은 1.6%이다. 재고증가는 경기가 나쁠 때 나타나는 현상인데 물건이 안팔려 재고증가해도 이것도 성장률에 반영된다.

– 변동환율 제도에서 인위적으로 환율을 조작할 수 없게 금기시하고 있다. 그래서 직접적인 환율조작은 못하고 돈을 풀든가 금리를 인하하여 환율을 올리고 있다. 그런데 환율, 통화, 자금흐름 이 3가지를 동시에 원하는 방향으로 가져갈 수는 없다. 이를 삼위일체 불가능론이라 한다. 자유로운 자본이동, 환율안정, 독자적인 통화정책 이 3가지중 2가지 조항만 달성하는 방향으로 정책을 수립한다.

중국경제가 경착륙 할까?

중국 속담에 "동쪽이 어두우면 서쪽이 밝다"라는 말이 있다고 한다. 워낙 대국이라동쪽이 불경기면 서쪽이 경기회복의 탈출구를 찾을 수 있다는 뜻이다. 경착륙이 쉽게 일어날 가능성이 희박하다는 뜻이다.

– 중국이 2016년 한해동안 680억 달러의 해외기업을 M/A 했다. 위안화 가치가 지속적으로 떨어지고 있어 더 떨어지기 전에 M/A했다.

- 2015년 개성공단에서 북한이 임금으로 가져간 돈이 8840만 달러이고 남한은 13억~26억 달러를 벌어들어 개성공단 폐쇄로 최소 15배 더 우리가 손해 봤다. 이런 상황에서 뭘 얻으려고 개성공단을 폐쇄했는지 이해가 안된다.

- 북한은 평화협정 체결하고 미국과 불가침 협정을 맺으면 북한핵을 포기할 의사를 밝혔다. 그러나 미국은 이런 제안을 거절하고 북한이 비핵화를 먼저하라고 요구했다. 북한을 대화상대로 인정 않겠다는 것이다. 미국은 중국견제를 위해 한반도를 평화체제로 만들지 않고 핵전쟁을 하더라도 대결상태로 가겠다는 것이다. 교황은 위대한 문화와 무진장한 지혜의 보고가 중국이라며 중국의 급속한 굴기가 세계평가에 위협이라 보지 말고 오히려 세계평가에 대한 희망이라고 생각해야 하며 중국의 굴기를 두려워 하지 말아야 한다고 했다.

- 양적완화정책은 기축 통화국인 미국이나 준기축통화국인 일본이나 EU 등은 괜찮으나 기축통화국이 아닌 나라는 양적완화나 마이너스 금리 정책을 쓰면 외자가 빠져나가 외환위기에 직면할 수 있다.

- 북미가 평화협정을 논의하는데 종전에는 논의의 전제조건이 북한의 선 핵폐기였으나 이젠 평화협정논의와 비핵화 논의를 패키지로 묶어 대화를 하자는 중국의 요구를 미국이 수용하고 있다.

Pygmalion Effect

한 남자가 짝사랑한 조각상이 인간으로 변해서 그 남자의 배우자가 된 희랍신화 이야기. 기대가 크면 실제로 그렇게 되는 것을 의미한다

- 북한이 비핵화하면 동북아에서 미국 무기가 팔릴 곳이 없어진다. 따라서 미국은 북한의 비핵화보다 비확산을 선호할 것 같다.

- 알파고가 만능은 아니다. 알파고는 아름다움과 선함과 기쁨 등을 느

끼지 못한다. 알파고는 자신이 바둑을 두는 이유를 알지 못한다. 우정, 사랑, 연민의 공감을 할줄 모른다.

불평등 해소방법

과정과 결과, 두 국면에서 생각할 수 있다. 첫째, 과정에서 너무 효율을 중시하지 말고 과정에서 불평등이 좀 적게 발생하게 하는 방법과 둘째, 과정에서는 경쟁과 효율을 중시하고 결과에서 재분배를 강화하는 방법이 있다. 그러나 과정에서 불평등을 심화시켜 놓으면 부자들이 경제뿐만 아니라 정치에도 영향력을 행사하여 결과에서 불평등을 해소할 수 없게 정치체제를 자기 입 맛에 맞게 바꿔버린다.

- 중국 리커창 총리는 앞으로 중국은 과잉생산 문제를 해결하기 위해 내수확대보다 구조조정에 주력하겠다고 했다. 즉 생산능력을 통제하고 노후시설을 도태시키겠다고 했다. 이와 같이 중국이 구조조정에 올인하면 중국내 일자리가 줄고 중국내수시장에도 찬바람이 불거다. 그러면 우리 수출의 4분의 1를 점하는 우리수출도 타격을 받을 것이다.
- 미소(美蘇)는 1972년 핵에 대한 공포의 균형이 유지되게 하기 위해 ABM(탄도탄요격미사일) 개발을 하지 않기로 했다. 왜냐하면 미사일을 방어하는 무기가 생기면 핵균형이 깨지기 때문이다. 사드로 미국과 중국이 서로 합의해서 사드의 한국배치를 없던 일로 할 수도 있다. 그래서 우리가 사드배치에 앞장서서는 안된다.
- 미중(美中) 결정에서 한국이 활화산의 화구 노릇을 해서는 안된다. 미국이 동아시아에서 러시아와 중국과 대치하면서 미국의 아시아 동반자는 일본이고 한국은 일본의 배후지에 불과하다. 이유는 일본열도는 중러의 동아시아 해상루트를 봉쇄하는 요충지에 있기 때문이다. 그래서

미국은 일본에게 로켓기술도 주고 플로튜늄 생산 보유할 수 있는 특혜를 주었다. 이 모두가 일본의 지정학적 위치 때문이다. 따라서 한국은 북한에 대해 너무 과잉반응한 부분은 없었는지 늘 확인해야 한다. 개성공단 폐쇄와 제재를 너무 과잉반응해서 한반도를 활화산의 화구노릇을 하게 해서는 안된다.

– 주자의 꿈은 약자를 끌어안은 배려 민주주의였다. 그러나 주자는 상명하복과 위계질서를 중시하는 유학이고 봉건적이고 남성중심 세계관이란 비판을 받았다. 주자학은 절대주의를 옹호하는 철학이란 비판까지 받았다. 더구나 주자학은 이성적 토론을 중시해 이성적 토론으로 국정을 이끌었던 나라는 중국과 우리나라뿐이다. 퇴계와 율곡은 주자학의 최고봉이었다.

– 미국이 금리를 올리고 있다고 우리는 너무 눈치볼게 없다. 2000년대 한국의 정책금리가 미국의 정책금리보다 낮은 적이 있었지만 별일 없이 넘어갔다. 한국금리가 미국금리보다 낮다고 해도 심각한 자본유출없이 오히려 원화의 환율이 적당히 올라가 수출에 더 유리할 수도 있다. 따라서 우리는 미국 금리를 너무 의식하지 말고 우리 스스로 가계부채를 줄이고 한계기업의 구조조정에 박차를 가해야 한다.

제 1 부

2013
~
2015

고령화 위기 일본과 우리는 다르다.

내년부터 우리도 생산가능인구(15세~64세)가 감소에 들어 간다. 인구절벽, 소비절벽을 걱정한다. 지금 일본의 경우 전체주택의 13%인 820만 가구가 빈집이라 한다. 그러나 우리는 전세 가격이 폭등하고 있다. 고령화가 모두 일본처럼 되는 건 아니다. 독일, 영국, 프랑스 등은 이민자 비율이 10%로 이민으로 젊은 노동력을 보충하고 있다. 일본은 이민자 비율이 1%이다. 그러나 일본은 이민족과 함께 사느니 인구감소를 감내하겠다는 정책을 써왔다. 관광객이 급증하고 인적교류가 활발한 글로벌 시대에는 고령화 위기도 극복될 수 있다. 최근 일본도 오사카 쇼핑거리의 부동산 가격이 지난 한해에 40% 급등했고 한적하던 홋카이도의 산골 마을 집값도 뜀박질 하고 있다. 모두 중국 관광객의 발길이 가는 곳이다. 한국은 통일이 인구폭발이고 내수폭발이다. 독일도 통일로 인해 부동산 가격이 폭등하고 내수시장이 커졌다.

- 우리나라 노인 빈곤율은 48.2%로 OECD 최고이고 노인 자살율은 10만명당 55.5명으로 OECD 1위고 OECD 평균의 6배이다.
- 한국인이 일상에서 가장 행복을 느끼는 행위가 1. 먹기 2. 말하기 2가지라고 한다.
- 지난번 국회의원 선거에서 20대, 30대 유권자가 더불어민주당을 제1당으로 만들어줬다. 지난 국회의원 투표에서 20대의 투표율이 4.4% 올라갔고 30대의 투표율이 7.7% 올라갔다.
- '국경없는 기자회'란 국제언론감시단체가 발표한 언론자유화 정도가 2002년에는 39위, 2006년에 노무현때 31위까지 올라갔다가 이명박 정부때부터 급락하기 시작하여 2016년에는 180개국중 70위까지 떨어

졌다. 어느 정부가 독재 정부인가?

수직계열화의 덫

한국의 중소기업들은 수직계열화라는 한국 특유의 산업구조에서 벗어나지 못한채 특정 대기업의 납품업체로 머물러있어 R&D와 자본축적이 어려운 처지이다. 이런 중소기업의 경쟁력 약화가 한국의 위기 원인중 하나가 되어있다. 중소기업이 대기업으로부터 독립해야 한다. 수직계열화는 한국이 개발도상국일 때는 대기업이 수직계열화된 업체에서 부품을 조달받는 등 유효했던 모델이었던 때도 있었으나 이젠 부품회사도 수직계열화에 묶여있지 말고 R&D에 매진하여 좋은 부품을 값싸게 생산할 수 있게 경쟁시켜야 한다.

- 2009년 스웨덴 볼보가 중국에 넘어갔으나 스웨덴은 고용보험, 실업수당 등의 제도가 잘되어 있어 구조조정이 가능했다. 그러나 우리나라는 그런 제도가 잘 정비되어 있지 않아 구조조정이 시작되면 노동자가 낭떠러지에 떨어지니 극한 투쟁을 할 수밖에 없다. 그래서 직업훈련을 강화하여 조선에서 일하던 노동자가 다른 직종에서 일할 수 있게 직업훈련을 강화해야 한다. 구조조정의 방식에도 채권은행에 맡겨 구조조정을 해야 한다는 주장과 채권은행에 맡겨서는 안되고 부총리가 큰 그림을 그리고 금융위원장이 칼자루를 쥐어야 한다는 주장으로 엇갈리고 있으나 구조조정의 근본원인이 설비과잉과 공급과잉이니 버릴건 버리고 통폐합 할건 통폐합해야 하며 그 과정에서 근로자를 설득해야 한다.
- 비관론자는 모든 기회에서 어려움만 보고 낙관론자들은 모든 어려움에서 기회를 본다.

임종룡 금융위원장의 구조조정 계획

구조조정 대상 기업을 1. 경기민감업종 (해운업, 조선업) 2. 부실징후업종 (금융권 대출 500억 이상 54개 기업, 그 이하라도 부실기업) 3. 공급과잉업종 (철강, 석유화학) 3개 부류로 나누어 구조조정 계획을 발표했다.

- 불황을 극복하기 위해선 정부가 재정지출을 확대하는 방법과 중앙은행이 돈을 찍어내는 통화정책이 양대산맥을 이룬다. 그런데 가계, 기업, 정부의 부채를 증가시키는 방법(재정확대정책)보다 중앙은행의 발권력을 이용하는 방법이 덜 위험한 방법이 될 수 있다. 심각한 불경기시대에 한국은행이 국가경제운용의 조력자이었던 과거의 프레임에서 벗어나 이젠 국가경제운용의 주역이 되어야 한다.

- 로버트 고든 교수는 경제성장은 기술혁신뿐 아니라 사회적 변화에 의해서도 영향을 받는데 과거에는 기술혁신이 사회적변화를 주도하며 경제성장을 증폭시켰으나 지금은 사회적 변화가 경제성장을 가로막고 있다. 경제성장을 가로막는 사회적 변화는 첫째가 교육투자의 문제다. 교육시스템이 효율이 떨어져있고 두 번째는 고령화와 출산율저하 세 번째는 불평등의 확대이다.

- 슈뢰더 전 총리는 남북간 대화를 강조했다. 그는 북한이 핵을 포기하게 만들려면 제재와 동시에 대화를 해야 한다. 경제교류는 곧 대화를 의미한다. 개성공단 폐쇄는 정말 안타까운 일이다. 한국이 사악한 북한과 대화를 하는 이유는 김정은 정권하에서 고통받고 있는 북한 주민 때문이라는 걸 잊어서는 안된다고 했다.

- 독일은 수출주도형 경제이다. 최저임금을 인상한다고 수출에 영향을 주지 않았다. 수출산업의 임금수준이 최저임금수준보다 훨씬 높기 때

문이다. 최저임금수준 인상이 내수에 더 영향을 미쳤다. 내수가 확대되었다.

– 억대 연봉자들이 모여 년봉 6800만 원 이상 노동자들은 임금인상 요구를 자제하자는 목소리를 높였다.

– 진징이 베이징대 교수는 핵실험을 북한이 했는데 타겟은 중국이 되고 있다고 했다. 미중 국교 정상화이후 관계가 좋았으나 미중의 경제격차가 점차 좁아지면서 미국은 중국을 견제하기 시작했다. 미중의 갈등은 봉합단계가 아니라 시작단계라고 했다. 북은 선평화협정후 핵포기를 주장하고 미국은 선 핵포기후 평화체제 구축을 주장하고 있다. 해결책은 첫단계로 북핵동결과 한미합동군사훈련을 빅딜 하고 두 번째 단계로 북핵폐기와 평화협정을 맞바꾸는 것이라고 했다.

미중경제격차축소상황

1980년대 미국은 중국의 GDP의 15배, 90년대 10배 이상, 2000년 8배, 2005년 5.8배, 2009년 2.9배, 2014년 1.8배로 격차가 줄어들었다.

– 2015년 개성공단에서 북한에 유입된 돈이 1억 2000만 달러라고 정부가 발표했다. 2015년 북한이 개성공단에서 1억 2000만 달러 벌었다면 우리 남한은 그 15배인 18억 달러를 벌게 되어있다.

– 민주주의와 자본주의의 상호관계는 민주주의가 자본주의를 통제하고 조종할 수 있어야 한다. 자본주의 보다 민주주의가 상위에 있다.

부실기업 구조조정을 위한 최소한의 원칙과 과제

1. 몇몇 업종, 몇몇 기업에 한정해서는 안되고 범정부 차원의 control tower를 세워야 한다.
2. 구조조정 과정이 비용의 사회화와 이익의 사유화로 귀결되어서는 안된다.
3. 구조조정의 비용은 이해관계자들이 부담함이 원칙이지만 이로서 부족시 재정, 공적자금 양적완화 등 비상수단도 강구되어야 한다.
4. 구조조정이 협의의 재무적 관점에 국한되어서는 안되고 국제가치사설(Global value chain) 4차산업혁명 등을 고려한 산업구조 재편, 인구구조변화에 대한 사회안전망 등이 종합적으로 고려되어야 한다.

- 미국이 북핵폐기가 아닌 동결에 동의한다면 정말 곤란하다. 오바마가 임기말을 앞두고 북핵동결에 만족할까봐 정말 염려스럽다. 핵폐기 실패담이 역사적 사실로 남아있다. 걸프전 이후 사실상의 무장해제를 당했던 이라크 후세인의 최후, 미국의 관계개선 약속를 믿고 대량살상 무기 개발을 포기한 리비아 가다피 피살, 한때 세계3위의 핵보유국이었다가 미국과 러시아, UN안보리 상임이사국들의 안전보장을 약속받고 핵을 모두 포기한 우크라이나의 현실을 북한에 대한 반면교사로 작용하고 있다. 믿을건 핵무기 보유밖에 없다고.
- 다이빙궈 전 중국외교부장은 기본적으로 북핵문제는 미북 양자간의 문제이고 미국이 풀겠다고 하면 풀리는 것이고 미국에 달렸다고 했다. 누가 봐도 미국이 북핵을 꼭 폐기시킬 생각이 있느냐가 문제다.
- OECD는 서비스분야 규제 수위를 대폭 낮추고 정규직이 과도하게 보호받는 노동시장의 2중구조를 과감하게 깨뜨려야 한다고 했다. 노인

의 기초연금도 모든 노인에게 주는 것은 피하고 저소득층 노인에게 집중하여 지급하라고 했다.

– 사실 북핵은 미국의 핵위협에서 벗어나려는 것으로 중국과는 무관한 사항이다. 미국과 북한이 정전협정을 평화협정으로 바꾸어 핵위협에서 벗어나게 하면 북핵은 해결된다고 보는 게 중국이며 북핵은 중국과는 무관한 사항인데 북핵책임을 중국에 지우려고 한다. 미국은 북한가의 합의이행에 상당한 책임이 있는데 이를 인정하지 않고 책임을 중국에 돌리려고 하는 것은 북핵을 풀겠다는 자세가 아니다.

– 전두환은 우리가 저지선이 되어준 덕에 일본이 안보무임승차를 해서 번영할 수 있었다며 미국 레이건 대통령에게 이 사실을 설명하면서 미국이 일본을 설득하여 안보차관을 많이 받게 해 주면 미국 무기를 사주겠다고 하여 결국 미국이 일본을 설득하여 안보차관 40억 달러를 받을 수 있었다.

– 북한인구 2,400만 명이고 전 인구의 15%가 노동당원이다. 노동당원 350만이 북한정권과 생사고락을 함께 한다. 북한이 붕괴한다고 보는 것은 북한 현실을 무시하거나 무지라고 할 수밖에 없다. 북한 영변핵시설을 둘러싸고 위기 때마다 북한 폭격론을 이야기했던 초강경파 전 미국방장관 페리는 1999년 대통령 특사로 북한을 방문했다. 돌아온 페리는 북한을 우리가 원하는대로가 아닌 있는 그대로 보고 정책을 수립해야 된다며 페리 보고서를 작성했고 지금도 대북정책의 가장 합리적인 기조로 알려져 있다.

재정건전특별법 구상의 기본원칙

1. 중앙정부의 채무한도를 정해 그 이상 빚을 못내게 한다.
2. 새로 돈이 들어가는 법 제정시 그 돈의 출처를 명시하는 pay go 원칙을 준수한다.
3. 국민연금, 건강보험 등 고갈되지 않게 재설계한다.

- 미국에겐 한미동맹은 미일동맹과 나토 다음의 동맹이고 한미동맹은 미국이 원해서 생긴 동맹이 아니고 한국이 매달려 생긴 동맹이다. 카터는 주한미군 철수를 계획했는데 이를 유보시키는데 3년이 걸렸다. 그러나 이전 세계의 중심이 동북아로 동북아를 지배하는 국가가 세계를 지배하는 관계가 되어 있고 중국의 급격한 부상으로 동북아에서 미국역할의 중요성이 달라졌다.
- 유엔 회원국 가운데 미사일 발사가 금지되어 있는 국가는 북한밖에 없다.

현행의 세계적인 불황의 대책

제프리 삭스 미 컬럼비아대 교수는 지금 세계적인 불황은 투자가 적기 때문이라고 했다. 교육, 기술, 인프라에 대한 공공투자가 앞장을 서야 한다고 했다. Keynes 학파는 소비가 적어 온 불황인만큼 소비를 확대해야 한다고 하는데 삭스 교수는 그렇지 않다. 투자만이 저성장에서 벗어날 수 있다고 했다. 삭스 교수는 성장과 빈곤연구에 세계적인 석학이다. 삭스 교수는 투자중 공공투자를 특히 중요시했다. 공공투자가 선도하고 민간투자가 따라 오게 해야 한다고 했다. 민간부분은 이익이 보여야 투자를 하기 때문에 정부가 공공투자로 정책방향을 선명하게 해 줘야 민간부문의 투자가 따라 온다고 했다. 삭스 교수는 투자가 부족하여 성장을 위한 자본축적이 덜된 분야가 많다고 했다. 인적자본, 과학기술, 인프라에서 특히 투자가 부족하다고 했다. 투자는 결국 장기성장의 원천이고 복지를 가능케하는 원천이라는 것을 각국정부가 정확하게 알아야 한다. 또 기후변화를 막고 공해를 줄이는 등의 공공투자도 필요하다고 했다. 인적자본, 과학, 인프라, 공해방지 등 투자는 모두 직접적인 생산물이 없는 투자라는 특징이 있다.

- 우파는 민주주의가 자본주의를 삼킬까 겁내고 좌파는 자본주의가 민주주의를 삼킬까 겁낸다. 그러나 민주주의가 자본주의를 통제할 수 있어야 한다. 신자유주의는 거꾸로 자본주의가 민주주의를 통제해서 빈부격차 등 많은 모순을 양산했다.
- 남북관계는 정부가 바뀔 때마다 들쑥날쑥 일관된 정책이 이루어지지 않았다. 그래서 남북관계를 행정부가 좌지우지 못하게 국회의 동의를 받아 처리할 수 있도록 제도적 장치를 마련해야 한다는 주장도 있다.

2차대전시 러시아의 야만행위

2차대전때 1939년 독소 불가침 조약을 맺으면서 독소 양국이 비밀의정서를 맺어 폴란드 서쪽은 독일이, 동쪽을 소련이 갖기로 하여 독일과 러시아가 폴란드로 침공하여 폴란드를 나눠가졌다. 러시아는 폴란드가 다시 재기 못하게 폴란드 지식인, 군 장성 등 22,000명을 러시아로 데려가 카틴 숲에서 모조리 처형했다. 또 1941년 러시아와 일본이 중립조약을 맺었으나 미국이 히로시마에 원폭을 투하하자 전리품을 챙기려고 일본에 선전포고를 하고 한반도의 38선 위북을 점령했다.

시진핑의 눈으로 본 한반도

북조선에 대규모 소요가 생기거나 남북한 사이에 충돌이 생겨 미군이 휴전선을 넘으면 장백산의 인민 해방군이 북조선에 들어 갈 수밖에 없다. 한국이 통일을 원한다면 미국 의존을 줄여가야 한다고 했다.

- 중국은 지금 비효율의 온상인 부실기업을 대상으로 구조조정이 강하게 진행되고 있다. 2005년이후 10년간 국영기업의 숫자가 10%나 감소하여 민영화 화 되고 있다. 또 IT산업을 중심한 민간기업은 세계일류 IT업체를 M/A하여 세계일류기업으로 키워가고 있다. 국영기업 위주의 전통제조업은 강도 높은 구조조정을 하고 IT산업을 중심한 민간기업은 세계일류기업으로 키워 중국은 더욱 무서운 존재로 변화하고 있다.

- 중국은 반도체 기초산업이 없다. 그런데 D램을 뛰어넘어 최고의 고차원 시장인 3D랜드 플레쉬 양산으로 바로 뛰어든다. 막대한 자본과 시장으로 중간단계를 뛰어넘어 최첨단 산업에 바로 뛰어든다. 자동차도 전기차와 수소차에 바로 뛰어들어 현재 전기차 시장에서 세계 1위다. 바이오 신약도 거대시장으로 그런 전략을 쓰고 있다.

- 중국 경제성장율은 6-7%인데 IT는 성장률이 20%이다. 우리나라는 GDP대비 무역비중은 90%인데 중국은 36%로 수출일변도에서 벗어나고 있다. 또 5만~50만 달러를 가진 중산층이 미국이 9200만 명인데 중국은 1억 900만 명으로 중국이 중산층이 더 많다.

- 중국이 부상하고 있는데 미국과 일본은 동아시아에 대한 국익이 워낙 크기 때문에 미국과 일본은 새로운 패권국의 등장을 수용할 수 없다는 주장이다. 한국과 중국과의 관계는 2015년 교역액 2274억불, 무역흑자액 469억불 인적교류 1042만명, 1일 항공운항 회수 157회이다. 미국의 역할, 중국의 변화, 일본의 보통국가화 같은 대외적 요인을 감안

하여 10년후를 준비해야 한다.

- 지금 동북아는 미일과 중러로 갈라서고 있는데 이 과정에서 러시아는 북한에 관심을 보이기 시작했다. 러시아는 극동개발을 위해 북한을 필요로 하게 되어 있다. 러시아를 매개로 남북한관계를 조정하는 노력도 해 볼만하다.

- 미국과 일본이 밀약하여 미국은 필리핀을 일본은 조선을 먹도록 했고 20C에 와서는 미국이 북위 38도를 경계로 조선반도 분단의 제안자였다.

- 사드가 한국에 배치되므로 한국은 미국의 뜻에 따라 중국과 러시아 견제의 전초기지로 그 역할과 임무가 결정되어 동북아 세력 각축장에서 미국의 전초기지가 되었다. 특히 중국의 개혁 개방이 정치와 경제가 분리되면서 이루어지는 것이 아니고 정치와 경제가 하나가 되면서 이루어지기 때문에 사드배치는 중국의 경제적 보복조치가 필연적이다.

- G2라고 하지만 2015년 현재 미국 GDP는 18조 달러이고 중국은 11조 4000억 달러이나 군사력 특히 공군력과 해군력은 미국의 10~20% 수준이다. 미국은 한국에 대해 영토적 욕심이 없는 유일한 주변 강대국이다.

- 공장용 산업 로봇을 만드는 세계 제1의 기업 독일의 '쿠카'가 차이나 머니 손에 넘어갔다. 미국법은 안보에 위해가 된다고 판단되면 외국인이 미국회사 인수를 못하게 할 수 있는 규정이 있다. 차이나 머니는 우리나라에는 게임, 엔터테인먼트회사, 보험사 등에 눈독을 들이고 있다. 우리도 차이나 머니가 우리핵심 첨단산업에 접근을 시도하면 제동을 걸 수 있는 최소한의 안전장치 마련이 필요하다.

- 북한 붕괴론이 시작된지 25년이 흘렀다. 그러나 붕괴에 의한 통일에는

평화적 통일보다 4배의 비용이 더 드는 것으로 추정된다.

- 사드배치는 곧 미국의 MD계획에 편입을 의미한다. 따라서 사드배치는 국회의 동의를 받도록 하여 지연전술로 충분한 검토를 거친후 다음정부에서 배치여부를 결정할 수 있게 시간을 벌어야 한다.

- 키신저의 저서 '세계질서'에서 6.25 때 평양-원산선을 맥아더가 넘지 않았다면 중국이 참전하지 않았을 것이고 중국에 적당한 완충지대를 제공해 줌으로써 더욱더 바람직한 6.25가 되었을 텐데라고 했다.

- 복지지출 증가도 감세나 재정지출처럼 경기부양 효과가 있다는 걸 알아야 한다.

- 지금 우리수출의 4분의 1를 중국에 의존하고 있다. 하지만 중국성장둔화와 사드배치로 향후 5년간 우리의 대중국 수출이 매년 5조 원씩 줄어든다고 한국은행이 예측했다. 그런데 정부는 향후도 수출로 성장하겠다고 한다. 수출이 어려우면 내수진작책을 마련해야 한다.

한국에 사드가 배치되면

중러가 손잡고 전략적으로 미국에 대응하겠다고 시진핑이 공언했다. 중국의 돈과 러시아의 군사기술이 결합하여 전략무기개발협의를 하면 미국의 사드배치가 득보다 실이 많아질 수도 있다. 사드배치에 대해 미국 국민은 무덤덤하나 중국인민은 한국에 분노를 표하면서 한류거부, 한국여행취소 한국산 불매운동이 일어날 수 있다. 제2차 대전 이후 미국의 세계전략 핵심은 중국과 러시아가 손을 잡지 못하게 하는 것이었다. 그런데 1990년 후반 미국의 MD구축계획에 중국과 러시아가 한목소리를 내며 가까워졌다. 미국의 한국에 대한 사드배치가 중러를 결속시키면 미국도 군사비를 늘려야 하는데 미국은 군사비를 줄이고 있어 미국이 부담스러운 상황이 생긴다. 한국에 사드배치로 중러가 손 잡으면 미국을 곤혹스럽게 할 일이 수없이 많다. 그래서 미국은 한국에 사드배치를 재고 하여 철회할 가능성도 있다.

- 북한은 지금 인민경제에 손을 쓸 수 없다. 안보가 더 중요하기 때문이다. 남한이 안보에 사용할 돈을 인민 경제에 돌릴 수 있는 여유공간을 만들어주면 남한이 하자는대로 따라 올 수 있다. 북한을 적극적으로 견인해야 한다.
- 공급과잉경제의 투자는 투자로 생산품(상품)이 적게 나오는 투자여야 한다. 도로건설, 철도, 항만 등 인프라 투자가 중시되어야 한다. 이런 투자는 상품(생산품)이 안 나오기 때문에 경기부양 효과가 크다.
- 우리나라 관광산업은 중국이란 대국이 옆에 있어 중국 관광객 유치만 잘해도 먹고 살 수 있는데 안타깝다. 중국 장자제에는 국립공원입장료 230위안, 케이블카 130위안, 전망 엘리베이터 130위안 등 모두 500위안(우리돈 35,000원)을 기계적으로 쓰게 만든다. 그러나 우리나라 제주도에는 국립공원 입장료도 없고 돈을 쓰게 할 인프라가 없다. 중국 관광객 유치해서 고작 프랑스, 이태리 명품만 팔아주고 있다.
- 저출산 고령화가 당장은 문제가 아닌 듯이 생각하지만 장기적 관점에서 보면 성장의 최대걸림돌이다. 우리경제는 수출과 투자가 경쟁력을 잃었기 때문에 소비를 키워야 한다. 또 결혼하는 게 결혼안하는 것보다 유리한 시스템을 만들어야 한다.
- 소련이 핵무기와 군사력이 없어서 무너진 것이 아니다. 소련이 미국과 무력 경쟁을 하다가 경제난으로 무력경쟁을 하기 힘든 상황인 것을 간파한 미국은 이제까지의 적대정책을 중단하고 소련의 변화와 개혁을 다각도로 촉진하면서 소련을 안심시켜서 소련의 깃발을 내리도록 유도

했다. 호스피스의 역할도 환자가 안심하고 편안한 마음으로 저세상으로 갈 수 있게 하듯이 우리 남한의 역할도 북한 지도층이 두려움없이 깃발을 내리고 대한민국의 품에 안기도록하는 노력을 해야 하지 적대정책을 강화하여 남한에 대한 불안감을 키울 때가 아니다.

초저금리가 초래한 미친 집값

2008년 금융위기 이후 돈을 풀고 금리를 내려 세계주요도시의 집값이 폭등 안한 곳이 없다. 시중에 풀린 돈이 소비와 투자로 가지 않고 자산시장으로 갔다. 거품은 커지면 꺼진다. 주의깊은 대응이 요구된다.

한국의 양극화 문제

한국은 2012년 자료에서 주요국 중 미국에 이은 세계 2번째로 소득양극화가 심한 나라이다. 이렇게 양극화가 온 이유는 1997년 외환위기 때문이다. 외환위기때 IMF 지시에 따라 신자유주의 정책이 시행됐기 때문이다. 머지않아 소득양극화가 세계 1위가 될 가능성이 크다. 왜냐하면 대표적인 자산인 부동산 소유가 편중되어있기 때문이다. 자산양극화는 소득양극화로 이어지기 때문인데 자산 양극화를 완화하는 게 시급하다.

- 북한의 붕괴가 어려운 이유는 첫 번째가 자본주의 사회와 달리 청년단, 부녀단, 노농적위대 등 촘촘히 조직화된 사회다. 두 번째는 북한은 일종의 유사종교사회이다. 지도자가 신격화되어 대대로 내려온 사회이다. 따라서 북한 붕괴보다 대화와 관계회복이 더 중요하다.
- 남북이 화해와 협력을 하면 미국에 대한 의존도를 낮출 수 있지만 적대시 정책을 하면 미국 무기를 더 사는 방법밖에 없다. 북미가 비핵화 협상을 해서 평화협정과 핵폐기를 교환한다해도 평화협정은 언제든지 파

기하면 그만이지만 폐기한 핵무기를 복원이 어려워 남한이 손해보는 건 아니다.

- 햇빛정책이 한반도평화에 기여하지 못했다는 비판이 있다. 햇빛정책의 대안으로 내놓은 보수정권의 대북강경책 기간중 북한의 핵실험 5차례 중 4차례의 핵실험이 있었다. 또 보수정권의 대북강경책 기간중 대북지원을 끊었음에도 핵개발속도는 더 빨랐다.

- 대기업 중심 경제가 이제는 독이 되어가고 있다. 글로벌 경쟁이 치열해지면서 대기업은 상시 구조조정으로 고용을 줄이고 중소협력업체의 납품단가를 깎고 공장을 해외로 이전하여 과거 대기업 성장과정에서 발생했던 낙수효과도 사라졌다. 따라서 대기업에 치우친 정책을 이젠 바꿔야 한다.

우리나라 화폐의 리디노미네이션

OECD 국가 중 1달러에 1000단위가 넘는 화폐는 우리 원화 뿐이다. 우리 화폐 단위가 너무 높다. 그럼 어느 정도의 리디노미네이션이 적절한가? 1,000분의 1로 하자는 의견도 있으나 100분의 1 정도가 어떨까? 그렇게 할 때 현재의 원을 전으로 내려 사용하면 된다. 미국의 달러 밑에 센트처럼 사용하면 된다. 100분의 1로 할 때 미국 1달러: 일본 1엔: 중국 6위안: 한국 11원이 된다. 그렇게 한후 우리경제를 튼실하게 하여 점차 1달러: 1엔: 1원이 되게 노력하면 된다.

영화, 게임 등 소프트파워 넘보는 중국자본

2004년부터 중국문화를 보급하기 위해 중국정부가 주도하여 전세계에 공자학원을 세우고 있다. 또 중국 문화 굴기를 위해 영화, 게임 등에 투자하여 중국기업이 영화 배급망을 장악하여 제작사들은 중국이 싫어하는 내용의 제작이 어렵게 하고 있다. 또 거대 자본을 가지고 재능있는 한국감독과 PD들을 빨아들이는 블랙홀이 되고 있다. 그들이 가진 능력을 자신들 것으로 빠르게 체화하고 있다. 역으로 중국자본을 이용하여 우리의 콘텐츠산업을 활성화시키는 노력이 필요하다.

– 북한은 없어질 체제다. 시간만 끌면 없어질 체제인데 부딪혀 같이 죽자는 바보가 어디 있나?
– 한국경제는 성장사다리가 무너진게 문제다. 성장사다리를 복원하는 것은 창업활성화이다. 창업활성화는 창업자에게 금융지원을 해 줘야 한다. 부동산에 몰리는 돈이 코스닥 시장으로 가게 해야 하고 국민연금 550조 원이 중소형주 팔고 대기업 주식만 사니 중소기업은 자금줄이 막힌다. 그래서 코스닥 상장기업이 망한다. 국민연금중 일정규모 이상을 코스닥에 투자하도록 해야 할 것 같다.
– 한국은 금리인하보다 재정정책이 중시되어야 한다. 한국정부의 부채비율은 GDP대비 38%(2015년) 낮기 때문에 재정확대를 통한 경기부양 여력이 크다. 한국경제가 침체원인은 미국과 중국에 대한 수출이 감소한게 원인이다. 미국경제가 회복되고 있지만 미국의 내수, 서비스업이 이끄는 경기회복으로 한국 상품의 수출과 연결이 안되고 중국의 수출이 감소하여 중국에 중간재 수출이 많은 한국수출이 격감한 때문이다.

미중패권 충돌시 우리가 갈길은
미소 경쟁시대는 유럽이 중요하지만 미중경쟁에서는 아시아가 중요한 시대이다. 그래서 미국은 아시아에서 철수 안한다. 2016년 현재 중국은 경제에서도 미국에 크게 뒤지고 군사력은 미국의 10분의 1밖에 안 된다. 중국이 미국을 제치고 세계 최고의 패권국가가 되기는 거의 불가능해 보인다. 따라서 미중 패권 다툼이 본격화하면 우리는 한중관계보다는 한미관계를 중시해야 한다.

- 눈에 좋은 음식 1.결명자 2.당근 3.치즈 4.블루베리 5.연어
- 면역력 높이는 Super Food 1.버섯 2.단호박 3.사과 4.감 5.고등어 6.당근
- 마늘은 삶아먹으면 항암효과가 3배 증가한다. 끓는 물에 1시간 삶아 먹을 때 항암효과가 가장 크다.

CFR 6가지 권고사항

미국외교협회(CFR)는 2차대전 이후 세계질서를 막후에서 주물렀던 민간단체이다. 그런데 오바마 정부 말기에 특별보고서를 냈는데 차기정부가 이를 정책에 반영할게 틀림없다. 오바마 정부는 북한이 비핵화를 먼저 하지 않으면 대화하지 않겠다고 했는데 CFR보고서는 북한의 핵동결과 비핵화를 위해 평화협정체결 등 인센티브를 부여해야 한다고 했다. 즉 전략적 인내라는 대북 무시정책을 버리고 새로운 대북정책을 제안했다. 보고서 상의 6가지 권고사항이다.

1. 미국과 동맹국들은 하루속히 중국을 한반도 문제에 관한 5자 협의에 참여시켜야 한다.
2. 미국은 시급히 북한핵과 미사일개발을 제한하고 비핵화와 평화협정으로 나아가도록 협상방식을 재 구축하여야 한다.

3. 미국은 동맹국과 비정부기구 유엔과 북한이 인권에 관심을 기울이도록 하는 압력을 강화해야 한다.

4. 미국은 제재 이행 여부를 철저히 조사하고 북한의 불법적 행동에 압박을 강화해야 한다.

5. 한미일은 긴밀한 공조를 통해 억제 및 방어태세를 강화해야 한다.

6. 한미일은 스커드 급을 능가하는 북한의 모든 미사일을 요격할 수 있는 방어능력을 갖춰야 한다.

– 한국에 돈 더 내놓으라는 트럼프는 착각하고 있다. 한국의 안보 무임승차론은 1960년 미국경제학자 멘커 올슨이 처음 주장했다. 안보 무임승차론은 NATO 회원국이 국방비를 증액해야 한다는 주장으로 시작되어 미국은 1979년 한국에도 GNP의 6%를 국방비로 지출할 것을 요구했고 그에 따라 80년도 내내 그 기준에 맞춰 국방예산을 편성했다. 그러나 통계를 보면 미국의 동맹국들은 비동맹국보다 무거운 국방비를 부담하고 있다. 2015년 현재 GDP대비 국방비 비중이 2% 이상인 국가는 프랑스 2.1%, 터키 2.1%, 폴란드 2.2%, 한국 2.6%, 그리스 2.6%, 파키스탄 3.4%, 이스라엘 5.4%로 모두 미국 동맹국들이다. 미국은 3.3%이다.

북한핵개발

북한은 1985년 NPT에 가입했으나 중국은 중국은행을 통해 7500만 달러를 파키스탄으로 송금되도록 했고 핵물질의 영공통과와 A. Q 칸 박사의 기술이전을 허용하였다. 상당한 수준의 핵개발 후 2003. 1. 10일 NPT를 탈퇴했다. 중국과 북한의 국제의무위반과 지원으로 북한핵이 탄생했다.

대북선제공격론

북한의 5차 핵실험 이후 미국에서 북한 선제공격론이 기승을 부리고 있고 대북협상론도 만만치않다. 박근혜 정부가 미국의 선제공격론에 동조하면 미국의 강경파들에게 잘못된 신호를 보내는 결과가 된다. 대통령이 직접 탈북하라 하고 북한 붕괴론을 언급하는 것도 미국의 군사모험주의를 부추길 우려가 있다. 휴전선을 맞대고 있는 우리의 운명은 미국과 본질적으로 다르다는 걸 알아야 한다. 박근혜 정부가 협상을 통한 문제해결을 하자고 주장해야 한다.

2008년 금융위기는 과도한 성과급이 한 가지 원인이었다. 금융회사들이 과도한 성과급을 지급하면서 금융회사 임직원들이 위험을 감수하고 파생상품을 만들고 금융상품을 판매했고 결국 금융위기로 이어짐.

- 유라시아 통로에서 한국이 배제될 상황이 생겼다. 러시아가 연해주에서 사할린을 잇는 7km 구간과 사할린에서 홋카이도를 잇는 42km를 해저터널 또는 다리를 건설해 시베리아 횡단철도와 연결하자는 러시아의 제안이다. 애초 시베리아 횡단철도는 대륙으로 이어진 한반도와 연결하는 방안. 즉 한반도종단철도(TKR)와 연결하는 방안으로 러시아와 남북이 노력해 왔다. 남북철도의 연결을 위해서는 남북관계의 개선이 가장 중요한 상수다. 박근혜 정부에 와서 남북관계가 최악의 상황이 되면서 러시아가 일본에 손을 내밀게 되었다. 이렇게 되면 유라시아 통로에서 한국은 완전히 배제되는 것이다. 일본으로 대륙 철도가 연결되면 우리는 유라시아 대륙과 관련국에서 왕따 당하는 것이 된다. 일본쪽으로 연결되면 섬이었던 일본이 대륙이 되고 대륙이었던 한국은 섬이 되는 것이다. 빨리 가능한 모든 방법으로 남북관계를 개선하고 발전시켜 남

북철도연결과 대륙철도연결에 박차를 가해야 한다.

– 한국의 주택시장이 일본과 닮아간다는 주장이 있으나 한국의 주택시장은 일본과 다르다. 한국도 고령화에 따라 주택시장에서 퇴출될 것으로 보였던 60세이상 고령층이 주택의 강력한 구매층으로 부상했다. 고령화로 주택시장이 위축되고 집값이 떨어진다는 주장은 잘못됐다. 또 일본은 주택을 평균 54년을 쓰지만 한국은 평균 31년정도 사용하고 또 우리나라 인구의 2.7%에 달하는 외국인도 주택수요를 뒷받침할 것이다. 인구 1000명 주택수도 일본은 476채고 한국은 380채 밖에 안된다.

– IMF가 '한국은 돈을 더 풀어야 한다'고 했다. GDP 대비 정부 부채비율이 독일은 70%대 후반, 캐나다는 90% 초반, 한국은 30%대 후반이다. OECD 평균이 111%이다. 돈을 더 풀어도 될 여력이 있는 국가가 한국이라고 했다.

북한 체제를 변화시키는 3가지 요소

1. 중국을 북한으로부터 완전히 떼내어야 한다.
2. 북한 정권에 대한 지원과 협력은 체제변화를 요구하는 압력 수단이 되어야 한다.
3. 정보확산을 통해 북한주민을 깨우쳐야 한다.

4차산업혁명

4차산업혁명개념을 처음 제시한 사람이 슈밥 다보스 포럼 회장이다. 4차산업혁명은 쓰나미와 같이 올 것이라 했다. 이전의 1, 2, 3차 산업혁명과 달리 4차산업혁명은 그 변화의 속도가 어마어마하게 빠르게 진행되는 것이다. 슈밥은 4차산업혁명은 노화가 안된 사회와 국가에서 더 잘 수용될 수 있는데 한국은 노령인구가 많고 출산율이 떨어지고 있어 한국은 이민을 좀 더 고민해야 할 것 같다. 인공지능 등 첨단기술이 일자리를 뺏을 수 있다. 예컨대 법조인과 세무사, 보험설계사 같은 직업은 인공지능기술에 의해 대체될 수 있으나 드론조종사, 로봇청소업 등의 새일자리도 생겨날 수 있다. 미래사회는 우파와 좌파로 갈리지 않고 기술변화를 수용하는 개방파와 이를 거부하는 폐쇄파로 갈릴 것이라 했다. 한국은 현재 로봇, 드론, 자율주행차, 3D 프린트, 바이오 등 4차산업혁명 분야에서 세계 25위로 평가된다. 한국의 순위를 끌어내린 결정적 요소는 경직된 노동시장이다. 경제구조가 유연하고 불필요한 규제가 없는 국가가 4차산업혁명의 수혜자가 될 것이다. 일본이 로봇, 바이오, 자율주행차, 3D프린트 분야에서 1위를 했고 중국이 드론에서 1위를 했다. 한국은 40년간의 평준화 교육으로 이 분야에서 저조한 실정이다.

- 중국은 북핵은 반대하지만 북한 체제의 안정과 남북분단 유지가 중국 국익에 부합된다고 보고 있다.
- IMF 수석부총재 데이비드 립튼은 한국은 이제 내수엔진을 켜라고 주문했다. 수출주도형 경제를 수술하여 내수와 대외부분 2개의 엔진으로 좀 더 균형잡힌 경제를 만들어야 한다고 했다. 보호무역주의가 나타나고 있어 한국이 내수시장을 키워야 하는 이유가 된다. 구조조정이 필요한데 조선산업이 그 예이다 했다. 노동시장도 정규직과 비정규직 2중구조로 되어 있는데 2중적인 노동시장 구조를 해소해야 한다. 소비 진작을 위해 사회안전망을 강하게 구축해야 한다. 특히 노인층에 대한 사회안전망을 확충하면 미래에 대한 불안감을 해소하여 안정적인 소비구조를 만들 수 있다. 노령화에 따라 여성인력의 활용방안을 마련해야

한다.

- 가계부채 1200조원인 나라에서 부동산값이 계속 뛰는 건 누가 봐도 정상이 아니다.
- 이외수의 명언 하나 '못 배운자의 무지보다 더 무서운 것은 배운 자의 억지이다.'

사물인터넷이 인류문명을 뒤바꾼다.

향후 20년은 인류 역사상 가장 빠른 변화를 보일 시기다. 인공지능과 사물인터넷이 모든 것을 재편한다. 앞으로 냉장고, 세탁기, 자동차 등 모든 기기가 인터넷에 연결되면 데이터를 폭발적으로 생산할 것이다. 사물인터넷에서 생산되는 막대한 데이터는 IT뿐만 아니라 쇼핑, 교통, 헬스케어 금융 등 현존하는 모든 산업을 완전히 재편할 것이다. 또 인공지능을 탑재한 기계가 인류의 지능을 따라 잡는 싱귤레리티(Singularity)가 곧 나타날 것이다. 이미 음성인식과 사진분석에는 인공지능이 인류를 앞섰다. 조만간 모든 영역에서 인류와 맞설 로봇 기계가 나올 것이다. 일의 생산성도 비약적으로 향상될 것이다. 이제 PC와 모바일의 시대는 지나갔다. 앞으로 인공지능과 사물인터넷이 지금까지 존재했던 모든 산업의 틀을 재편해 버릴 것이다.

- 인공지능과 로봇이 결합하면 직원이 필요없는 것은 모든 산업이 동일하다. 23년 만에 독일로 뒤돌아온 아디다스 공장에 고용된 것은 사람이 아니고 인공지능이 장착된 로봇이었다. 아디다스는 직원을 고용 안 하니까 인건비 따지지 않고 독일로 뒤돌아온 것이다.
- 3세때 뇌를 보면 인생이 보인다고 했다. 3세때 뇌건강 상태로 보면 자

라서 범죄자가 될지 혹은 병약자가 될지 예측할 수 있다고 한다. 세 살 때의 뇌건강상태는 45분간 실시하는 인지능력 시험을 통해 측정할 수 있다고 한다.

- 트럼프의 미치광이 행세는 고도의 전략이란 이야기가 있다. 트럼프는 상대에게 미치광이처럼 보여 공포심을 갖게 한 후 협상에서 양보를 받아내는 미치광이 이론을 구사한다는 소문이 돈다.

- 태영호 탈북자는 개성공단이 남한의 발전상을 알리는데 중요한 역할을 했다고 했다. 김정일은 개성공단에 중화학 공장이 들어와 남한의 발전상을 과시할 줄 알았는데 소비재 산업만 들어와 김정일 위원장의 고충이 컸다고 했다.

- 인공지능과 로봇기술의 발달로 2025년이 되면 국내 취업자의 61.3% 가 일자리를 잃을 수 있다는 연구결과가 나왔다. 지난해 국내 전체근로자 2659만여명중 약 1630만 명이 인공지능과 로봇에 의해 일자리를 잃을 수 있다는 거다. 단순 노무자가 일자리를 잃을 가능성이 높고 항공기 조종사, 투자신용분석가 등이 일자리를 잃을 가능성이 낮다고 한다. 따라서 전직을 준비하는 직업훈련이 강화되어야 한다.

- 30~50대 중반을 주력 소비층이라 하는데 2012년 2072만 명을 정점으로 점차 줄어들기 시작하여 2030년에는 1850만 명까지 감소할 것으로 되어 있어 소비부족이 불경기를 가져올 수 있다.

- 97 외환위기 이후 한국경제는 개방화, 자유화, 유연화 깃발을 내걸어 1995년 1000억 달러의 무역액을 2011년 세계에서 9번째로 1조 달러의 무역 대국이 되었다.

- 불온서적 소지 이유로 보안법 위반이 되던 시대에서 1991년 구소련의 해체로 공안당국이 이적물로 문제삼던 책이 국립도서관, 국회도서관

등에도 비치되는 등 우리 사회의 이념적 성숙도가 높아지고 있어 이젠 국가보안법이 변호사의 돈벌이용법이 되고 있다.

- 세계경제포럼이 2017년 글로발 리스크포럼에서 1. 경제적격차확대 2. 기후변화 3. 사회양극화가 세계적으로 공동 대처할 3대 과제라 했다. IMF는 한국의 상위 10% 소득집중도는 45%였고 미국의 47.8%에 이어 OECD 2위라고 했다.

- 북한에 대한 강경책보다 교류와 접촉이 필요한 시점이다. 옛 소련이 붕괴한 것은 소련이 대외에 개방되어있어 서방 선진국의 생활이 잘 알려져 있었는 사실보다 더 중요한 것이 없었다. 외국인의 옷 차림새, 외국영화에 나오는 집안 인테리어 등 생활상들이 소련의 낙후성과 비합리성을 느끼게 했다는 것이다.

- 4차산업혁명도 좋지만 당장 규제를 풀어도 큰 효과가 나타날 곳이 많다. 설악산 케이블카도 막고 있다. 유럽 알프스에 얼마나 많은 케이블카가 있는가 보라. LG가 새만금에 스마트폰농장을 만들어 농산물을 수출하겠다는데 농민들의 영역이라며 못하게 한다.

- 지구상에서 가장 비싼 루왁커피. 루왁은 말레이 사향고양이이다. 커피 알을 사향고양이에 먹여 변에서 나온 커피 알로 만든 커피가 루왁커피이다.

- 한국 3대 마을 안동 하회마을, 경주양동마을, 칠곡 매원마을 3개 마을이 장원급제가 많이 나서 3대 마을로 꼽고 있다. 모두 경북에 있는 마을이다.

- 우리나라는 GDP 대비 복지비 지출액을 2016년 10.4%로 OECD 35개 국중 34위다. 조세부담율은 19.5%로 OECD 평균이 26.5%이다. 조세부담율을 올려 복지비 지출을 늘려야 한다.

- 子(쥐), 丑(소), 寅(범), 卯(토끼), 辰(용), 巳(뱀), 午(말), 未(양), 申(원숭이), 酉(닭), 戌(개), 亥(돼지)
- 사드가 배치되면 우리는 중러와 적대관계가 되어 미국밖에 의존할 데가 없기 때문에 방위비 부담금도 더 내야 하고 한미FTA도 미국 뜻대로 끌려가야 하고 미국의 미사일 방어무기도 더 도입해야 한다. 그래서 사드배치는 다시 협의해야 하고 배치가 되더라도 불이익이 최소화되도록 시간을 벌어야 한다.

남북간 농업협력사업

2008년 이명박 정부가 들어서면서 중단되었지만 남북간 농업합작사업이 추진되어 적잖은 성과를 거두어 남북협력사업에 큰 희망을 준 적이 있다. 특히 금강산지역과 개성지역의 벼농사협력사업으로 단위 면적당 생산성이 33%나 증가하였고 밭작물은 거의 50%나 증산된 적이 있었다. 이는 2005~2007년 3년간의 농업협력사업에서 이룩한 성과이다. 북한은 논면적은 남한보다 적지만 밭면적은 남한보다 넓어 농경지 전체면적은 남한보다 12.5%나 더 넓다. 그래서 협력사업을 전국으로 확대하면 식량자급은 무난하고 협력상대방인 한국에도 일부 돌려줄 수 있는 잠재력이 있다. 중국이 북한의 광산과 광물성 자원을 독점적으로 장악한 배경에는 식량과 농업협력분야에서 북한의 신뢰를 먼저 얻은데서 비롯된다. 한국도 북한의 신뢰와 평화를 정착시키는데 농업협력분야가 좋은 분야이다. 2008년 이명박 정부에서 중단된 남북간 농림, 수산 분야 협력사업을 다시 재개해도 협력의 확대가능성이 무궁무진한 상황이다. (농학자 김성훈)

- 우리나라의 국내주택중 공공임대주택 비율은 6%에 불과한데 유럽은

평균 20% 수준이다.

- 어느 국가나 일자리창출이 노동 개혁의 최우선과제로 삼았다. 4차산업혁명에 맞추어 과거 산업사회의 노동법제도를 혁신해야 할 때가 되었다. 기업내부에서 사용자와 근로자 대표자가 자율적으로 결정할 수 있는 영역이 확대되어야 한다. 또 다양한 고용형태가 이루어지게 해야 한다. 과거 노동법 형태는 유지한 채 규제 일변도로 해서는 일자리의 소멸을 막을 수 없다. 노동시장의 활력을 높여줄 노동개혁이 반드시 필요하다.

- 미국은 북한의 핵시설, 미사일기지 및 김정은 은신처 등 선제타격 대상지 750곳을 선정하여 감시하고 있다. 1994년과 달리 미국의 선제타격에는 한국의 동의없이 이뤄질 확률이 매우 높다. 핵무기로 미국을 위협한 국가는 그냥 놔둔 예가 없다.

- 미중패권 충돌의 한 가운데 선 한국은 미중사이의 샌드위치 한국이 취할 태도는 이스라엘처럼 1. 주권원칙 2. 글로벌 스탠다드 2가지가 기준이 되어야 한다. 예컨대 사드배치는 주권원칙에 따라 우리가 자율적으로 결정하고 남중국해 문제는 글로벌 스탠다드에 따라 자유통행원칙을 고수해야 한다.

- 입사면접 시험에서 보수냐 진보냐 질문하는 것은 차별행위에 해당한다고 국가인권위원회가 밝혔다.

사이코패스

정신을 뜻하는 사이코(psycho)와 병리상태를 뜻하는 패시(pathy) 가 합쳐져서 만들어진 말로 사이코패스는 건전한 사회적 적응을 어렵게 하는 비정상적인 기질을 말한다.

- 한반도 통일시점은 10개 정도의 개성공단이 북한 전역에서 가동되는 날이 될 것이다.

트럼프식 화폐전쟁

미국 재무장관 제이컵 루 재무장관이 환율조작국지정 요건 3개를 제시했다. 1. 대미무역흑자가 200억불이 넘고 2. 경상수지 흑자가 GDP가 3%를 넘으면서 3. 외환시장 개입액이 GDP의 2%를 넘는 경우다. 미국은 강달러든 약달러든 자유자재로 할 수 있다. 달러를 마음대로 찍어낼 수 있으니 외환위기도 없다.

- 중국은 줄곧 민주주의 국제질서의 수혜자였다. 1991년 중국GDP는 미국의 11%로 세계 7위였다. 2016년에는 미국 GDP의 61%, 세계 2위 경제대국이 되었다.

포스트 투루스(post truth)

포스트 투루스(탈진실)는 작년에 영국 옥스퍼드 사전이 뽑은 올해의 단어이다. 객관적 사실보다 감정과 개인적 신념이 여론형성에 더 큰 영향력을 미친다는 뜻이다. 인터넷과 쇼셜 미디어가 모든 개인을 뉴스생산자로 만들어 탈진실시대가 되었다.

통일을 대비한 지방분권 개혁

인구 500만 ~1000만 정도의 광역지방정부 단위로 하여 이 지방정부에 입법권, 재정권, 행정권을 보장하는 독자적인 지역경제발전정책을 수립할 수 있는 제도적 기초를 마련하여 지역별로 새로운 성장동력을 창출하기 위해 지방분권 개헌이 꼭 필요하다는 주장이다. 이런 개헌은 통일의 초석이 될 수 있다. 동독이 서독연방에 가입하는 독일식 통일이 남북통일의 모델이 될 수 있다. 예컨대 8도연방으로 구성되는 연방국가를 만들어 북한의 몇 개주에 자치권을 부여하고 재정적으로 지원하여 통합하는 모델을 실현하려면 남한부터 먼저 개혁을 하여 준연방제 수준의 광역지방 정부형 분권국가를 만들 필요가 있다.

개성공단 재개와 유엔제재의 충돌

유엔제재에 의하면 1. 북한에 국내은행 계좌를 못 둔다. 2. 입금지급이 불가능하다. (현물지급은 북한이 반대한다) 3. 정부가 업체를 금융지원도 못한다. 야권(진보측)은 개성공단은 민생용으로 제재 대상이 아니라고 주장한다. 그러나 국제공조역행, 외교분쟁이 우려된다.

제 1 부

2016
~
2018

2016. 12. 31 현재 한국대외채권, 채무

대외채권: 7843억 달러   대외채무: 3809억 달러   순채권: 4034억 달러

– 보수하면 기득권수호, 지금 있는 상태대로 유지하는 걸로 아는데 그렇지 않고 보수도 변화를 추구한다. 단지 변화의 방법과 속도가 다르다. 보수도 변하나 너무 급격하고 전통과 현실을 무시하는 변화를 반대할 뿐이다. 한국보수는 기득권의 수호만 생각하는데 영국보수당은 그때 그때 시대정신을 잘 파악하고 끊임없이 개혁하고 변신해왔다. 그러나 한국의 보수정당은 지키려는 가치가 무엇인지 지향하는 원칙이 무엇인지가 명확하지 않다. 보수주의자들은 불평등을 인간사회의 본질이라고 생각한다. 누구는 노래를 잘하고 누구는 운동을 잘하듯 인간의 재능은 불평등하게 태어났다. 그래서 보수주의자들은 재능과 부의 불평등은 자연스럽다고 본다.

살계경후 [殺鷄儆猴]

닭을 죽여 원숭이에게 훈계한다는 말이다. 곡예장의 원숭이가 재주를 부리지 않고 말을 잘 안 들으면 주인이 원숭이가 보는 앞에서 닭의 목을 쳐서 공포감을 주어 원숭이를 길들인다는 고사에서 나온 말이다. 중국이 한국을 쳐서 한국 주변의 미국 추종국가를 길들인다는 이야기로 쓰곤 한다.

– 일자리창출은 그 주체가 정부가 아니고 기업이다. 기업이 그 일을 잘할 수 있게 그런 환경을 만들어 줘야 한다.
– 북한핵은 협상만으로도 안되고 제재만으로도 안된다는 게 증명되었다. 김대중, 노무현의 협상과 이명박, 박근혜의 제재는 모두 실패했다. 협상만능주의, 제재만능주의, 외교만능주의 모두 부족하고 비현실적이다. 이젠 종합처방이 필요하다. 협상을 하면서 제재를 병행하고 제재를 하면서 협상을 병행하고 또 북한 내부의 시장확산과 경제발전이라는

불가역적 변화를 추동함으로서 내부의 정치동학을 견인해내는 장기적인 전략이 필요하다.

- 인간은 자기보다 나은 사람을 보면 '배아픔'과 '따라잡기' 감정이 생긴다. 배아픔 감정에 따라 가면 사회주의 제도가 되어 모두 망한다. 그러나 따라잡기에 몰두하면더 열심히 일하고 더 노력을 해서 개인과 국가가 발전한다.

- 한국이 4차산업혁명에서 살아남으려면 다품종 소량생산, 맞춤생산 등 변화하는 흐름에 올라타야 한다.

- 同而不和 : 겉으로는 동의를 표시하면서 내심으로는 그렇지 못하다.

- 和而不同 : 같이 있으면서 화합하지 못한다.

- 인공지능과 로봇이 인간의 일을 대체하면 로봇에 인간과 비슷한 정도의 세금을 부과해야 한다는 것이다. 빌게이츠는 로봇세를 징수해야 급격한 자동화로 일자리가 줄어드는 걸 늦출 수 있다고 했다. 그러나 로봇세는 로봇과 인공지능 등 신기술 혁신을 저해한다고 반대하는 사람도 있다.

- 일본은 1994년 인구 7명중 1명이 65세 이상 노인인 고령사회가 되었다. 한국도 곧 고령사회가 된다. 그런데 일본 노인은 한국 노인보다 엄청 부자다. 일본 내각부가 60세이상 노인에게 물었더니 걱정없다가 71%였다. 한국은 2명중 1명이 월소득 100만원 미만 빈곤층이다. 이 차이의 원인은 2가지 요약된다. 병역의무가 없는 일본은 22-23세에 취직을 해서 63-65세에 은퇴하고 한국은 20대후반에 취직해서 50대 초반에 은퇴한다. 또하나는 40대에 가장 많은 자산을 축적해야 되는데 한국 40대 가장은 18%의 지출이 사교육비이다. 반면 일본은 7%의 지출이 사교육비이다. 대선후보 선택시 교육개혁청사진을 잘 살펴봐야

한다.

- 4차산업혁명으로 10년 안에 현 직업의 60%가 사라질 것이라는 예측이 되고 있다. 지금 학교에서 가르치는 대부분의 교육이 2050년이 되면 쓸모가 없는 교육이 될 것으로 전망하고 있다.

지란지교 (芝蘭之交)

지초와 난초 같은 향기로운 사귐 . 벗 사이의 밝고도 고상한 사귐 .

- 개성공단 확장보다 개성과 휴전선 남쪽 문산을 연결하여 공동경제 특구로 개발하는데 낫다고 생각된다고 하는사람도 있다.
- 우리나라 AI산업은 네이버와 다음이 잡고 있다. 한국AI산업은 기술수준은 미국의 70% 정도이고 시간격차는 2.6년 정도의 격차가 있다. AI산업의 승패는 3년안에 결정난다고 보고 있다. AI산업의 콘트럴 타워를 마련하고 4차산업촉진법안을 제정하는 게 급선무다.
- 한국은 상속형 부자가 美日보다 2배 이상 높다. 한국은 상위주식 부자 40명중 25명(62.5%)이 상속형 부자이었고 미국은 40명중 10명(25%)이 일본은 40명중 12명(30%)이 상속형 부자이었다.

중국의 일대일로(一帶一路)

동, 서남아시아와 중앙아시아를 넘어 유럽과 아프리카를 육로와 해로로 잇는 사업으로 이 지역 65개국에 도로와 철도, 송유관을 건설하고 항만과 공항을 짓는 대규모 토목사업이다. 인프라 투자를 통해 중국의 영향력을 확대하겠다는 거다. 김동연 장관은 이달초 중국을 방문하여 한국의 신북방, 신남방 정책과 중국의 일대일로를 연계해 협력하기로 했다.

- 일본 신입사원은 출세에 관심이 없다. 임원되려고 하면 야만인 취급하고 골치아픈 관리직 승진을 꺼린다. 또 직장일을 적당히 하고 개인생활

을 중시하여 물욕이 없다. 한국대학생은 업무능력과 의욕이 넘친다. 따라서 일본기업이 한국대학생을 환영한다.
- 인구가 줄어드는 일본땅값이 오르고 있다. 인구가 줄어도 관광객이 많이 모여드는 상업지역과 지하철 역세권은 땅값이 올라가고 비역세권은 땅값이 떨어졌다.
- 서울대 이혜정 박사가 밝힌 고학점 비결은 첫째, 앞자리에 앉고 둘째, 강의내용 모두 받아적고 농담까지 받아적으라는 거다.
- 중국의 600개 기업이 북한외화 벌이의 40%인 80억 달러의 외화를 북한에 안겨주고 있다. 이 600개 중국기업을 제재하면 북한 외화벌이의 40%를 줄일 수 있다.

중상주의(重商主義)

수출은 많이 하고 수입을 적게 해서 그돈으로 금과 은을 쌓아야 한다는 게 중상주의이다. 중상주의는 한마디로 무역흑자 지상주의이다. 이 중상주의를 비판한 사람이 Adam Smith이다. 그는 정부가 비축한 금은은 소수계층에만 돌아가고 전체 국민을 부유하게 못한다고 했다. 국민을 부유하게 하는 것은 1인당 GDP를 높여야 한다고 했다. Adam Smith는 국부론에서 국가를 부유하게 하는 것은 노동이라고 했다. 자본과 기술도 노동이 만들어낸 것이라 했다.

- 미중 정상회담에서 시진핑이 북한핵을 진지하게 협상하려면 다음 3개 조건이 필요하다 했다.
  1. 한미 양국이 북한의 핵과 미사일동결을 당면목표로 설정하는 현실적 접근이 필요하다.

2. 한미 연합군사훈련의 일시중단과 핵과 미사일의 시험 중단

3. 북한이 설사 악마라 해도 최소한 대화상대로 인정해 주는 태도를 들었다. 여기에 미국은 중국이 북한을 최대한 압박하여 대화로 나오게 해달라는 요구를 했다.

- 재벌들의 사내유보금이 710조라고 한다. 이런 상황에서 법인이 투자를 할 수 있게 법인세를 올려서는 안된다고? 자금이 없어 투자를 못하는 게 아니고 투자를 할만한 곳이 없다.

- 우리나라는 의료 헬스케어 분야에서 강력한 경쟁력을 갖고 있다. 그런데 영리병원을 금지하는 나라는 한국, 일본, 네덜란드 3개국 뿐이다.

- 2006~2015, 10년간 한국은 미국무기 36조 원어치를 구입하여 이 기간 세계 1위 구입국이다. 또 평택 미군기지는 전세계 미군기지 가운데 단일기지로는 세계 최대 규모인 1467만m^2로 조성비용 17조 1000억 원중 한국이 8조 9000억 원을 부담한다.

문재인과 사드문제

문재인 대통령이 미국에게 사드배치를 중단하고 북핵 해결에 집중하자고 설득해야 한다. 중국에게도 사드배치를 유보할테니 북핵에 대해 극대화된 역할을 해달라고 요구해야 한다. 트럼프 행정부는 사드배치보다 북핵문제 해결을 압도적인 우선순위에 두고 있다. 미중간 무역분쟁도 북핵문제의 후순위로 하고 있다. 문재인, 트럼프 두 정상이 사드를 두고 의기투합할 수 있는 여건이다.

- 영국 출신 사회학자 브라이언 터너(Turner)는 평등의 개념을 3가지로 나눈다. 1. 조건의 평등(Equality of contion) 2. 결과의 평등

(Equality of out come) 3. 기회의 평등(Equality of opportunity)

'위안화 굴기'가 성공하기 위한 조건
2016년 10월 중국위안화가 달러, 유로, 엔화, 파운드화와 함께 IMF의 SDR(특별인출권)를 구성하는 통화의 하나로 포함되었으나 이들 통화와 어깨를 나란히 할 수 있으려면 다음 조건이 필요하다.

1. 기축통화인 달러에 대해 안정적인 가치를 유지해야 한다.
2. 위안화 사용이 편해야 한다.
3. 중국과 무역상 보복을 당할 염려가 없어야 한다, 그러나 실제로는 중국은 수출을 늘리려고 위안화 가치를 떨어뜨렸고 중국의 주식과 채권시장이 빗장이 높았고 사드보복으로 무역상 보복을 하는 등으로 위안화 굴기에 실패했다.

- 분견 가가 대소(糞犬 呵呵 大笑) 지나가던 똥개가 크게 소리내어 웃어댈 일이라는 뜻이다.
- 사내유보금이란 재무제표상의 이익잉여금과 자본잉여금을 합쳐서 사내유보금이라 한다. 그러나 유보금은 현금자산뿐만 아니라 당좌자산, 재고자산, 투자자산, 유형자산, 무형자산 등 여러 형태로 존재하기 때문에 유보금이라해도 투자를 하지 않고 현금을 갖고 있는 것만 말하는건 아니다.
- 한국 원전 중단에 쾌재를 부르는 일본이다. 한국은 원자력발전 때문에 일본보다 전기 요금이 낮고 이것이 한국의 산업경쟁력에 도움이 되고 있는데 한국 전기요금이 오르면 일본과의 수출경쟁에서 일본이 유리해

지고 한국의 원전수출은 타격을 입는다고 쾌재를 부른다는 거다.

- 최저임금제도는 저임금 근로자 보호하기 위한 제도이지 소득분배수단
  이 아니다.
- 제4차산업혁명을 수행하려면 그 최소한의 전제가 규제개혁이다. 규제
  를 풀어야 제4차산업혁명이 가능하다.

네덜란드 복지 현실

실업하면 새직장을 구할 때까지 월급의 4분의 3를 국가에서 지급하고 실
직한 남자들이 개인적으로 쓰는 비용도 국가가 보장해 준다. 평균주당 근
무시간은 27시간이고 주4일 근무가 일반적이다. 세금은 소득의 50%이다.
마약과 섹스가 넘쳐나는 곳이 암스테르담이다. 프리섹스가 보편화되어 있
고 미혼여성들도 섹스했다는 사실을 자유롭게 이야기하는 세상이다.

- 최근 우리의 복지비는 GDP의 10%를 넘어섰지만 OECD 평균이 GDP
  의 약 20% 수준이다. 2016년 조세부담율 19.4%이고 사회보험료 부
  담을 포함하면 국민부담율은 26% 수준으로 국민부담율이 50% 내외
  인 북유럽국가에 대하비하면 절반수준이다.
- 비정규직을 줄이려면 상시업무에는 정규직으로 전환해야 한다. 또 비정
  규직이 정규직으로 전환되더라도 임금은 시장임금이 기준이 되어야 한
  다. 임금은 현재 받는 임금을 유지휜 것을 원칙으로 해야 한다.
- 갑자기 착해진 독불장군 아버지 알고보니 치매초기였다.
- 미국은 금강산 관광재개가 북한의 돈줄이 된다고 반대하는데 미국은
  년간 약 8,000여명이 북한을 방문하고 있다.
- 일본은 대졸생이 중소기업에도 많이 간다. 이유는 우리처럼 대기업과

중소기업의 임금 격차가 그리 크지 않기 때문이다. 우리나라는 대기업이 하청업체인 중소기업에 갈 이윤을 빨대로 다 빨아먹어 버리지만 일본 대기업은 중소기업인 하청업체에 갈 이윤을 적정수준까지 남겨준다. 그래서 우리 중소기업은 근로자에게 가장 많은 임금을 주려고 내국인을 안쓰고 외국인 근로자를 써서 우리 고용사정을 어렵게 만든다. 일본은 반대로 대기업이 어려우면 하청중소기업들이 협조를 해서 상생구조를 만든다.

- 캐슬린 매콜리프가 쓴 '숙주인간'에 이런 내용이 있다. 천적인 고양이에게 다가가는 쥐가 있다. 특정균에 감염된 쥐가 고양이 오줌에 매료돼 고양이에게 다가간다는 사실을 밝혀냈다. 범인은 기생생물이었다. 고양이의 내장 내에서만 번식이 가능한 기생생물이 범인이다. 고양이의 배설물을 통해 쥐의 몸속에 들어간 이 기생생물이 쥐의 몸속에서 쥐의 신경을 조작하여 쥐가 고양이에게 다가가 잡아먹히게 한다. 그렇게 해서 기생생물은 다시 고양이의 내장으로 들어간다. 인간의 조현병도 고양이, 개 등을 통해 인간에게 옮겨와 조현병을 일으키는데 기생생물이 사람으로 하여금 고양이, 개 등을 좋아하고 가까이 접근하게 만들어 사람 몸속에 들어 온다. 에이즈 환자는 질병 말기가 되면 엄청난 성욕에 휩싸이게 하는 현상도 있다고 한다.

- 독일의 탈원전에서 우리가 살펴봐야 할 사항을 독일이 탈원전을 함으로써 독일의 전기료가 유럽에서 가장 비싸다. 독일 중소기업의 75%가 전기료상승이 기업의 최대위기라고 했다. 독일은 우리보다 바람이 세고 우리는 바람이 약하고 방향도 일정하지 않다. 풍력발전에서도 우리가 훨씬 불리한 입장이고 독일은 전력망이 주변국과 연결돼 있으나 한국은 일본, 중국과 연결이 되어있지 않아 전기 수입도 쉽지 않다.

- 아일랜드는 가계부채가 문제가 되어 가계부채 줄이기 정책을 폈다. 주택은 임대용과 주거용으로 나누어 어 임대용은 투기용이니 금융규제를 더 크게 했다. 한편에선 IT허브를 성장동력으로 잡아 법인세를 다른 나라보다 절반이하로 줄여 IT허브를 만들어 소득을 높여 가계부채를 해결했다. 우리도 부동산에 대한 금융규제만으로는 가계부채를 못 줄인다. 성장정책이 가미되어야 가계부채를 줄일 수 있다. 좋은 사례가 된다.
- 고용노동부가 3407개의 기업에 대해 고용형태를 조사했다. 조사결과 기업의 노동자의 10명중 4명이 비정규직이었다. 비정규직 비율은 기업규모가 클수록 더욱 높은 것으로 나타났다.
- 중국이 북한을 계속 압박하게 하기 위해서는 미국이 북한의 생존을 보장해 주어야 한다. 북한의 생존을 보장 안해 주면 중국은 북한을 실질적으로 압박안한다.

한미동맹의 탄생

1953년 이승만은 6.25가 이대로 휴전이 되면 한국은 적화되거나 일본의 세력권에 편입된다고 생각했다. 휴전을 반대하다가 미국이 한국과 동맹을 맺어주면 휴전에 동의한다고 해서 미국이 어쩔 수 없이 한미동맹을 맺어줄 수밖에 없었다.

- 톨스토이는 하고 싶은, 해야 할 말을 하지 못해 후회스러운 일이 100가지중 하나라면 하지 말았어야 할 말을 해버려 후회스러운 일이 100가지중 99가지다고 했다.
- 독일과 프랑스의 경제격차가 2000년대 들어 역사상 선례가 없을 정도

로 커졌다. 프랑스는 주 35시간 노동을 법제화한 후 17년만에 이런 결과를 초래했다. 그러나 독일은 노동시간과 임금이 기업별로 협의와 협상을 통해 결정되는 전통을 이어갔다. 그 결과 1990년 독일 무역흑자액과 프랑스 무역흑자액의 차이가 100억유로였는데 지난해(2016년)에는 32배인 3200억 유로로 확대되었다. 프랑스는 노동시간을 주 35시간으로 정한후 단기적으로는 일자리가 늘었으나 장기적으로는 제품가격경쟁력은 떨어뜨려 수출이 줄고 일자리도 줄었다. 프랑스는 원전을 토대로 값싼 전기료가 유일한 경쟁수단 이었으나 독일은 경쟁력에서 자신이 있으니까 탈원전 정책을 할 여유가 있었다.

- 중국은 한국의 96배 영토, 28배 인구를 가진 국가다.
- 부동산 보유세 조정의 원칙은 주택은 토지와 건축물로 구성된다. 건축물보다 토지에 더 누진율을 높여야 한다. 토지에 대한 투자를 억제하여 자원배분의 효율성을 높여야 한다. 보유세는 자원 배분의 효율성을 높이는 방향으로 생각해야 한다.
- 우리산업구조는 전기를 대량소비하지 않으면 돌아가지 않는 반도체, 철강, 디스플레이, 화학, 에너지산업 등이다. 탈원전은 이런 제조업을 몰살시키는 정책이 될 수 있다.
- 내로남불은 내가 하면 로맨스, 남이 하면 불륜이라는 뜻이다.
- 전두환 시절 '군인에 대한 의전예우기본지침(국무총리 훈령 제157호)을 제정하여 일반 공무원에 비해 2직급 높은 대우(봉급)를 받고 있다. 이 훈령으로 예산이 2조 3,000억원 더 든다. 하루속히 폐지해야 한다.
- 홍콩은 제조업 비중을 80년대 23%에서 최근 3%까지 줄였다. 이스라엘는 기술혁신에 역점을 두고 고부가가치 제조업으로 탈바꿈했다. 홍콩은 금융과 서비스 등 소프트화 전략에 전념하여 이스라엘는 흥했고

홍콩은 주저앉았다. 국가발전의 초석은 제조업에 두어야 한다.
- 자원공기업 3사, 석유공사, 광물공사, 가스공사의 2007년 부채 12조 8000억 원 이런 것이 2012년에는 52조 6억 원으로 늘었다.

핵융합 발전

핵융합 발전의 연료는 무한하고 친환경적이다. 핵융합 발전의 연료중 하나인중수소는 바닷물에서 또 삼중수소는 리튬을 이용해 얻는다. 이렇게 얻은 핵융합 원료 1g은 석유8t에 해당하는 에너지를 얻을 수 있다. 지구온난화와 공해문제도 해결된다. 미국, 일본, 중국, 러시아, 인도, 한국 등 7개국이 참여하여 개발하고 있다. 2055년에 실제로 발전을 할 수 있을 것으로 보고 있다.

- 암세포를 탐지하여 공격하는 Bio 암약을 개발했다. 즉 T세포에 암을 찾는 유전자를 결합하여 한번 투입하면 몸속에서 계속 번식하여 암세포의 연쇄 살인마가 개발된 것이다.
- 북한이 휴전선 상공 50km~80km 상공에서 핵폭발을 시키면 건물에는 영향을 주지 않으면서 전자기기만 파괴하여 은행, 증권, 보험 등 금융기록이 사라져 우리예금이 0이 되고 대출기록이 사라진다.

미국과 중러의 신냉전벨트

2차 대전후 미소간 냉전벨트는 이념과 체제에 따라 나타났지만 신냉전벨트는 특정기준이 없이 국익에 따라 나타나고 있다. 트럼프 취임 초기에는 트럼프와 푸틴의 친분으로 인해 미러 대 중국의 냉전구조가 예상되었지만 시진핑의 푸틴 설득으로 미와 중러의 냉전구조로 정착돼 가고 있다.

미국연준의 보유자산 축소정책

미국 중앙은행이 가지고 있는 채권 등 보유자산을 팔아 시중달러를 회수하겠다고 한다. 이를 미국 금리인상과 함께 하겠다는 거다. 그러면 달러화의 강세와 달러의 미국회귀로 미국 수출 경쟁력이 약화되고 세계가 달러부족에 직면한다. 금융위기 이후 미국중앙은행은 양적완화와 보유자산 확대 정책으로 달러를 방출해 왔으나 경기과열과 인프레이션을 염려하여 정반대의 대책으로 바뀌고 있다. 지금 연준이 가지고 있는 채권 등 자산은 약 4조 5,000억원이다. 금융위기 직후인 2009년초 보유자산은 5000억 달러였는데 9배나 늘었다. 이렇게 금리를 올리면서 방출된 달러를 회수하면 부동산 시장과 주식시장이 활기를 잃은 것이다. 그러나 미국 연준의 보유자산 축소와 금리인상의 속도와 폭에 따라 인프레이션이 되거나 디프레이션이 된다. 따라서 미국 연준의 기준금리와 보유자산 축소의 속도와 폭을 예의주시하면서 대응해야 한다.

- 소득주도 성장만으로는 안되고 혁신성장이 가세해야 한다. 소득주도 성장이 수요를 이끄는 성장이라면 공급측면의 성장을 이끄는 혁신성장이 추가되어야 경제가 추락하지 않고 나아갈 수 있다.
- 러시아가 지난 2년간 극동, 시베리아 지역에 외자유치를 포함하여 약 200억 달러를 투자하여 이 지역 경제개발에 나서고 있다. 지금이야말로 한국도 러시아시장에 뛰어들 적기다. 러시아는 1억 4000만 인구의 소비시장이다. 한러 경제협력후 북한 참여구상이 필요하다.
- 미국 곳곳에는 수백개의 민병대가 조직되어 있는데 이 민병대가 총기를 소유할 수 있게 했다. 미국총기협회가 미국 최고의 로비단체로 미국 정계에 가장 큰 영향력을 미치고 있다. 또 미국헌법에 총기소유의 권리가

규정되어있다.

- 북한지원금액-김대중 정부-24억 7000만 달러-노무현 정부-43억 5000만 달러
- 독일에서 가장 유서깊은 정치재단이자 비영리 공익재단인 프리드리히 에버트 재단이 2017년 인권상에 촛불시민을 수상자로 결정했다.
- 원전이 싸다는 것은 핵폐기물 처리비용을 고려하지 않은 것이다. 경주에 핵폐기물 보관장소가 있지만 지하영구보관시설은 엄두도 못내고 사용후 핵연료를 저장하는 임시보관장소인데 2020년이면 포화상태가 된다. 외국에서도 건설중인 원전을 중단한 사례가 90건을 넘는다. 원전을 확대해서는 안된다는 주장은 이명박 정부때도 있었다.
- 우리경제에 10년주기 위기설이 있다.그렇다면 2008년 외환위기였으니 2017~2018년쯤 위기가 올 가능성이 있다. 위기극복 방법에는 국민의 저력, 튼튼한 국가재정우방의 협조 등이 필요하나 가장 확실한 건 외화보유액을 많이 쌓아두는 방법이다.
- 한국은 현재 GDP대비 부동산 보유세 비중은 0.8%로 OECD의 중간 정도이고 거래세 비중은 OECD 최상위권이다.
- 경제적 불평등을 허문 역사적 사건 4가지를 든다면 첫째가 전쟁이다. 1, 2차 세계대전 등이다. 둘째가 치명적 전염병이다. 흑사병, 페스트 등 인구감소로 노동가치상승, 임금상승, 셋째 혁명이다. 공산혁명. 넷째 국가실패. 소말리아가 그 예다.
- 한중간에 560억 달러의 통화스와프 협정이 연장되었다. 연장은 위안화의 국제적 위상강화와 관련있다.

스마트 핵무기

폭발력을 대폭 낮추고 정밀유도장치를 부착하여 정확성을 높인 핵무기로 방사능 오염을 줄이면서 군사 효용성을 높인 핵무기가 스마트핵무기라 한다. 미국이 개발중인데 2020년 3월 완공목표로 개발중이다. 히로시마에 투하된 핵폭탄의 50분의 1까지 폭발력을 낮춰 핵무기 사용을 쉽게 한다.

한중관계의 미래

시진핑은 북핵을 막겠다고 북한정권을 붕괴시킬 수는 없다는 생각이다. 골치덩어리 북한이지만 없는 것보다는 있는 것이 대미전략에 유리하다는 판단이다. 그러나 미국본토를 때릴 ICBM를 보유한 북한을 미국은 용납할 수 없다. 중국은 미북 사이에서 선택의 기로에 설 날이 다가오고 있다. 중국 내부에서 북한이 중국에 부담을 주니 북중관계를 재고해야 된다는 여론이 형성되고 있다.

- 여아가 아버지에게 애정을 갖고 어머니를 경쟁자로 느끼는 정서를 엘렉트라 콤플렉스(Electra Complex)라 한다. 3~5세에서 나타났다가 시간이 지나면서 어머니와 자신을 동일시하며 해소된다.
- 동성부모에 대한 경쟁의식과 이성 부모에 대한 성적 접촉욕구를 오이디푸스 콤플렉스(Oedipus complex)라고 한다. 아들이 동성인 아버지에게는 적대적이지만 이성인 어머니에게는 호의적이고 무의식적으로 성적 애착을 가지는 성향을 말한다.
- 삼성과 SK가 대대적인 반도체 설비증설로 반도체 가격을 떨어뜨리려 한다. 중국업체들은 아직 기술낙후로 생산성이 삼성이나 SK보다 낮아 D램 가격을 떨어뜨리면 금방 적자로 돌아서서 설비증설에 나서지 못하

고 삼성, SK의 시장점유율은 더 높아져 중국과의 격차는 더 벌릴 수 있게 된다.

- 현행 전작권을 한미가 공동으로 행사하고 한미연합사령관은 미군 4성 장군이 맡기로 되어있다. 그러나 평시작전통제권은 1994, 12월 한국군 단독체제로 전환되었다.

- 일본은 미래에 중국과 대결하기 위하여 미국에 달라붙고 우리는 중국과 대결할 일이 없고 중국과 협력을 해야 할 나라이기 때문에 일본처럼 미국에 달라붙어서는 안된다.

- YS는 금융실명제에 반대하는 기득권세력을 향하여 "개가 짖어도 기차는 달릴 수 밖에 없다." 했다. YS는 시스템을 먼저 바꾸고 그 시대에 맞지 않는 인사를 도태시켰다. 그러나 문재인은 인적청산을 먼저 하고 시스템은 나중에 바꾸는 순서로 가고 있다.

- 아베 취임 당시(2012) 닛케이 지수가 9800 이런 게 지금은 22,000 이다. 실업율은 4.33%에서 2.88%이다. 대졸자 취업율은 91.0%에서 97.6%이다. 아베노믹스가 아베의 승리로 이어지고 있다.

- 중국의 일대일로 일대는 육상실크로드, 일로는 해상실크로드이다.

- 후진국은 선진국과의 교역에서 불리하므로 후진국은 수입대체를 지향해야 한다. 그러나 박정희는 수입대체보다 수출지향을 택해서 성공했다.

- 중국과 러시아는 우호적 협력관계를 유지하고 있으나 잠재적 경쟁관계이다. 러시아의 동진과 중국의 서진은 결국 같은 공간에서 일어나는 얘기다.

- 러시아는 한국자본이 천연가스와 원유 그리고 우수한 기술인력에도 관심을 갖고 투자해 주기를 바란다.

한국의 재정정책의 초점은 생산성 제고에 맞춰야 한다.

노동 생산성 제고를 위해서는 노동시장 구조개혁이 반드시 필요하다고 OECD가 충고했다. 즉 업무성과를 평가하여 하위 2-3% 근로자는 해고할 수 있어야 한다. 3% 성장경제에서 최저임금 16.4% 인상하면 문제가 안 생기는 게 이상하다 했다.

- 가구당 부채가 7,000만원이 넘는 상태에서 금리가 급등하면 주택시장이 주저앉을 가능성이 있다. 금리인상 속도를 조절해야 한다.
- 한국은 중국이 추진하고 있는 일대일로와 트럼프가 추진하고 있는 인도태평양 구상 모두에 참여해야 한다.
- 2600년경이 되면 지구는 인구포화와 자원낭비로 불덩어리가 될 것이다.

문재인 신남방정책

인도네시아 등 아시아 국가들과의 교역을 현재 중국 수준으로 대폭 늘리겠다는 정책이다.

- 많은 기업이 국민의 반기업 정서와 정부의 과도한 규제에 불평을 한다. 기업하기 어려운 나라라고 한다. 하지만 자신들이 그 원인의 상당부분 책임이 있다. 오너 가족 이익 중심의 지배구조가 올바로 고쳐져야 한다.
- 중국 공산당 대외연락 부장이 중국은 더 이상 주저하지 말고 미국, 한국과 북한 급변사태를 논의해야 한다고 했다. 북한이 핵을 포기하지 않을 것이기 때문에 필연적으로 붕괴로 갈 수 밖에 없고 미, 중, 한이 급변사태를 논의해야 한다고 했다.
- 일본은 임금을 올리는 기업이나 투자를 늘리는 기업에게 법인세를 감면

해 주는 제도를 만든다고 한다.

- 보통 탄도미사일의 최대 사거리는 최고 고도의 3배 정도라고 한다. 최고고도 1,000km면 사거리는 3,000km 정도가 된다.

<u>미국 경제학자 헨리 조지(Henry George)는 단일토지세를 주장했다.</u>

인구의 증가나 기계 사용에 의한 이익은 토지의 독점적 소유자에게 거의 흡수되어버리는 결과 빈부의 차이가 커지고 지대는 상승하고 이자와 임금은 하락한다고 했다. 따라서 토지공유의 필요성을 강조하고 모든 지대를 조세로 흡수하여 사회복지 등의 지출에 충당해야 한다고 주장했다. 토지에 대한 조세 외에 다른 조세는 모두 폐지해야 한다고 했다.

- **진보와 보수를 구분하는 기준**은 첫째, 변화에 대한 태도. 즉 변화에 찬성하면 진보, 변화에 반대하면 보수다. 그러나 이는 정도의 차이로 상대적이다. 두 번째, 시장과 자본주의에 대한 태도이다. 사회민주주의 이상이 진보다. 보수를 지지하는 자는 비겁하고 진보를 주장하는 자는 위선적이라는 소리를 듣기 싫다.
- 소연방은 미국과 무리하게 군비경쟁을 하다 국가부채로 무너졌다. 국가부채가 많아 물가가 천정부지로 오르고 루블화 가치가 폭락했다. 예금과 봉급이 휴지조각이 되고 모두가 빈곤층이 되었다. 그러나 원자재 가격이 올라 러시아는 재생했다. 나라빚이 많은데도 버티는 나라는 일본밖에 없다. 금리가 낮은데다 국채는 국내에서 소화할 수 있을 만큼 저축이 많기 때문에 건재할 수 있었다.
- 러시아 상트페테르부르크 공산당 책임자는 사회주의의 패배는 시스템이 아닌 운영미숙 때문이었다고 했다.

- 경제성장율 개념에는 안 팔려져서 쌓인 재고가 성장률에 포함되어 있다는게 경제성장율의 함정이다. 재고가 많으면 성장률이 올라간다.
- 정말 전쟁이 걱정된다면 전쟁을 막기 위해 고심하고 있는 문재인 정부를 바난할게 아니고 미국을 향해 한반도 전쟁위기를 부추기는 언행을 자제하라고 요구해야 한다.
- 문재인 정부의 2대 과제는
  1. 권력을 사적으로 유용해온 역사를 바로 잡고
  2. 국민 사이의 경제적 불평등을 줄여보려는 것이다. 그런 거대한 정치적 숙제를 정치보복으로 보거나 복지 포퓰리즘으로 폄하하려는 보수반동세력의 담론은 반역사적이고 반공화국적이다.
- 기독교(신약성서)는 이자를 금하고 있다. 이자는 돈을 빌려준 시간에 대한 반대급부인데 시간은 신의 영역이기 때문에 이를 이용해 인간이 이자를 받으면 안된다는 것이다. 반면 유대교(구약성서)에서는 유대인이 아닌 이방인에게는 돈을 빌려주고 이자를 받을 수 있다. 그러나 너의 형제에게는 돈을 빌려주고 이자를 받아서는 안된다고 되어있다.

유대교의 특징

유대교는 계약을 중시한다. 목숨을 걸고 지켜야 한다. 그래서 유대교는 계약의 종교라고 한다. 또 유대교는 배움을 중시한다. 이스라엘은 하나님의 군사라는 뜻이다.
- 2045년쯤엔 인공지능이 인간 두뇌를 능가하게 될 것이다.
- 1868년 일본 서쪽의 촌놈들이 일본 동쪽의 에도막부를 무너뜨리고 새 국가체제를 구축한게 메이지 유신이다. 이때부터 일본이 침략팽창주의로 바뀐 출발점이 되었다.

– 2000년 전 로마황제는 아름답고 견고한 유리를 발명한 자를 그 기술에 탄복하면서 그를 바로 처형했다. 왜냐하면 그 황제가 소유하고 있는 금의 가치를 떨어뜨릴까봐서다. 중국은 명나라때 서양보다 더 큰 배를 만드는 기술이 있었지만 일정규모 이상의 배를 못 만들게 했다 한다. 만약 더 큰 배를 만들면 처형했다. 황제의 권위를 위협하는 군함이 될까여서다.

케인즈와 슘페터(Keynes & Schumpter)

수요측의 접근이 keynes와 수요가 정부가 재정지출을 확대하여 이를 마중물 삼아 수요를 불러와야 한다는 게 keynes이고 슘페터는 혁신적 아이디어를 살리기 위해 규제를 완화하고 창업자금을 퍼부어 혁신해야 경제가 성장한다고 했다. 소득주도 성장도 수요측에서만 접근하면 경제를 하향평준화를 시킬 염려가 있으니까 슘페터의 혁신성장을 가미 시켜줘야 안정적인 경기회복과 균형을 유지할 수 있다.

– 한국은 올해(2018년) '30-50' 클럽에 진입하게 된다. 소득 3만 달러, 인구 5000만 이상의 클럽에 7번째 멤버가 된다.
– 프랑스 여성들은 남자는 여자를 유혹할 자유가 있다고 했다.

2017년 북한의 수출액은 16억 달러, 수입액은 33억 달러로 추산된다.

한국의 2017년 수출액 5736억 달러, 수입액 4784억 달러의 하루 수출액과 수입액과 비슷하다. 이런 경제규모로는 128만 명의 상비군을 유지하고 재래식 무기의 현대화가 불가능하다. 경제제재가 본격화되는 올해(2018)는 수출이 1억 달러 수준으로 추락하리라는 전망도 나온다.

IMF의 한국경제 처방보고서 내용

한국의 잠재성장율은 2.3%~2.9% 선이다. 2030년엔 1%로 떨어질 전망이다. 현재 경제성장율 3.2%도 매년 0.1%씩 떨어질 것으로 전망했다. 올해 (2018년) 1인당 GDP 3만 달러가 될 것이나 3% 성장을 계속 유지해야 2023년 4만 달러가 될 수 있다. 정규직 고용유연성 제고가 필요한데 거꾸로 경직성을 키워가고 있다. 최저임금을 올리면 고용감소 등 피해가 우려된다.

- 북한 노동당이 군과 당간부에 주는 월급이 1달러 정도다. 현재 북한에는 5~6만의 해외근로자가 나가있고 1000개 가까운 장마당이 있고 수십만개의 가게가 있다. 장마당 경제가 북한주민 수입의 90%를 차지하고 있다. 해외에 나가있는 5~6만 명의 근로자가 강제 귀국 당하면 불만세력이 된다. 미국이 계속 제재를 하면 핵 지키려다 죽게 생겼다는 생각이 당 간부들에게 확산되면 핵의지는 봄눈 녹듯이 사라질 수도 있다.

- 중국과 일본이 북한 비핵화에 관망만 하다가 북미가 빅딜에 성공해 버리면 동북아 외교 주도권을 놓칠까 걱정하고 있다. 특히 중국은 북한과의 관계가 최악일 때 북미관계가 좋아져버릴까 조바심을 내고 있고 일본도 돈을 가지고 비핵화 로드맵에 끼어들려고 준비하고 있다.

- 우리나라 노인 빈곤율은 OECD 평균의 4배이다. 또 남녀간 임금 격차도 크다. 따라서 최저임금보다 노인빈곤율 축소와 남녀임금 격차 축소에 더 신경써야 한다.

문재인 대통령의 통일방안

남북이 함께 살던 따로 살든 서로 간섭하지 않고 서로 피해주지 않고 함께 번영하며 평화롭게 살게 만들어야 한다고 했다.

– 배아 줄기 세포로 배양한 망막세포를 노인성 황반변성증 환자의 눈에 이식해 부작용없이 시력을 회복시켰다. 황반변성증은 50대이상 1%가 걸리는 질병인데 5년내 실용화가 기대된다.

청년실업대책

1. 산업구조를 관광, 의료 등 서비스산업을 육성해야 한다.
2. 신산업(인공지능, 의료, 빅데이터 등) 육성 위한 규제개혁이 필요
3. 중소기업에서 쌓아온 기술과 경험을 가지고 대기업으로 옮겨갈 수 있도록 노동의 유연성을 높여야 한다.

– 지금 미국은 세계최대 무역흑자국인 중국과 무역전쟁을 하고 있는데 통상전문가들은 미중과 1:1로 앉지 말고 WTO, G20 등 다자간 협상 시스템을 활용해야 된다는 것이다. 1:1이 아니고 반중 통상 동맹으로 가야 한다는 것이다.
– 북핵 폐기방법은 리비아식(선 핵폐기, 후 보상)은 불가능하다고 한다. 일괄타결[Package] 방식이어야 하는데 일괄타결을 선언하면 비핵화가 바로 다 끝나는 것이다. 검증과 핵폐기 과정은 순차적, 단계적으로 밟아갈 수밖에 없다. 일괄타결은 비핵화, 평화체제 관계 정상화를 한 바구니에 넣어서 합의하는 방식이다. 일괄타결도 세부사항은 실무협상에서 단계적으로 갈 수밖에 없다는 거다. 일괄타결과 단계적 조치는 상충

되는 개념이 아니다.

- 베트남이 부상하고 있다. 2020년이 되면 베트남이 미국을 제치고 중국에 이어 우리나라의 2대 수출국이 된다. 즉 2020년에는 베트남에 대한 한국의 수출액이 966억 달러 정도로 미국을 추월할 것이라는 전망이다.

- 미국이 세계 최초로 원자탄 실험을 한게 1945. 7. 16일이었고 독일은 1945. 5. 8일 항복을 했기 때문에 독일은 원자탄을 맞지 않았다.

- 일본은 일자리가 넘쳐난다고 한다. 법인세를 내리고 기업투자에 대해 세제, 금융상 지원을 아끼지 않는 아베노믹스 덕분이라 한다.

중국이 가진 미국 국채는 2007년 말 기준 1조 2000억불이다.

중국이 미국과 무역전쟁에서 이 미국 국채를 내다 팔거나 미국 국채 매입을 중단하면 미국 국채가격은 떨어져 중국이 가진 미국 국채에서 중국도 큰 손실이 나기 때문에 팔기가 쉽지 않다. 국채는 분기별로 받을 돈(이자)과 만기에 받을 돈(원금)이 이미 결정되어 있어서 국채가격이 변동할 요인은 금리변동 한 가지 밖에 없다. 금리는 국채가격 변동이 결정하는 것이 아니고 중앙은행이 결정하는 독립변수이므로 국채가격이나 국채금리가 금리에 영향을 미치는 게 아니고 금리가 국채가격이나 국채금리에 영향을 미친다.

- 제주 4.3 사건은 남로당이 대한민국 정부 수립을 반대하기 위해 경찰을 무장공격해서 일어난 사건으로 제주도를 공산화 하기 위해 종용에 못 이겨 이들을 지지했다가 죽임을 당한 제주도민이다. 남로당이 제주도민을 철저히 이용당하게 하고 4.3 주동자들은 그들이 이용한 제주도민을 버리고 월북해서 북한정권에 참여했다.

- 최저임금제도는 저소득 근로자를 위한 제도이지 분배의 수단이 아니다. 그래서 생계가 정말 어려운 사람은 복지정책으로 도와야 하지 최저임금 인상으로 도우려 해서는 안된다.

- 아인스타인의 어록에 3차 대전은 어떤 무기로 싸울지 모르지만 4차 대전은 돌과 막대기로 싸울 것이라고 했다. 인류문명이 3차 대전때 다 파기된다는 뜻이다.

- 북한핵 폐기비용은 직접비용, 간접비용, 보상비용이 든다. 직접비용은 핵무기와 핵시설폐기하는 비용이고 수 조 원이 든다. 간접비용은 경수로나 에너지 지원, 경유지원 등이다. 보상비용은 제재에 따른 보상과 경제지원 비용이다. 미국경제 전문지 포천은 2100조 원(2조 달러) 정도가 들 것이라고 했다. 미국은 이런 핵폐기 비용과 관계않고 한국이 대부분 부담해야 하는 비용이다.

- 한반도 주변 국가중 한국의 통일을 정말 바라는 국가는 러시아 뿐이다. 한반도 통일이 러시아 극동개발에 이익이 되고 가스 등 수출에 유리하고 중국 견제에서도 도움이 되기 때문이다.

반칙의 금융경제

삼성 스마트폰 중국 시장의 점유율은 한때 20%였으나 지난 4분기엔 0.8%였다 중국에서 S9 삼성스마트폰 가격은 117만 원. 비슷한 성능의 중국 스마트폰은 50만 원이다. 가격차이의 원인은 중국정부의 보조금이라 한다. 중국기업과 삼성의 기업간 경쟁이 아니고 삼성과 "중국정부와 중국기업의 연합군"과의 싸움이다. LG화학, 삼성SDI 등의 전기차 밧데리 업체들도 중국에 공장을 지었으나 중국정부의 보조금 정책으로 불이익을 당하고 있다. 외국기업을 유치하여 기술을 배우고 유치한 기업을 죽이는 불공정 행위를 하고 있다. 그래서 최근 중국 인건비의 4분의 1 밖에 안되는 베트남에 한국기업의 투자가 급증하고 있다.

- 김정은은 임기가 없고 한국과 미국은 4~5년 임기가 있는 권력이다. 임기가 있는 권력은 선거에 도움이 되는 제안을 김정은이 하면 만족스럽지 않아도 서명을 할 수도 있다. 그러나 유일한 희망은 중국이 북핵을 반대하고 있다는 것이다.`
- 김정은이 비핵화를 통해 정상국가로 나아가려는 움직임을 보이자 시진핑이 김 위원장을 대하는 태도가 달라졌다. 상대할 위인이 못된다고 생각하다 극진히 예우했다. 한국에 대한 중국의 태도도 달라지고 있다. 한국이 북한의 정상국가화를 도와주고 있기 때문이다.
- 세계는 수소사회를 만드는 데 열을 올리고 있다. 세계최대 전기차 시장인 중국이 이제는 세계 최대 수소차 시장이 되겠다는 목표를 세웠다. 수소를 잡아야 미래에너지 시장의 패권을 잡을 수 있다. 일본도 수소연료전지와 수소차 확대에 열을 올리고 있다. 세계최초로 수소를 이용해 대량 발전을 하는 실험이 진행되고 있다. 중국은 수소충전소를 설치하면 설치비용의 60%를 정부가 지원하고 있다. 세계최초의 수소차생산국인 우리는 충전소가 보급되지 않아 수소차 생산이 어렵게 되어있다. 우리도 수소차 생산과 수소인프라 구축에 매진해야 한다.
- 박근혜 대통령의 탄핵 이후 보수정치 세력의 몰락과 보수가치의 붕괴가 동시에 일어났다. 이제 반공보수, 대기업보수, 성장보수에서 벗어나 새로운 가치를 창출해야 한다.
- 북한이 개인농장을 허용한 2012. 6. 28 조치 이후 북한의 시장화는 돌이킬 수 없는 흐름이 되었다. 북한의 이런 변화가 북한은 미국이 원하

는 수준의 핵포기를 반드시 할 것이란 분석이 나온다. 그러나 북한에게는 가장 위험한 순간이 다가오고 있다. 부패한 독재정부가 가장 위험한 순간은 일반적으로 그 정부가 스스로 개혁을 시작할 때이다. 압제정부에서 잘 참았던 주민들도 그 압제가 완화되는 순간 정부에 극렬하게 저항한다. 오늘날 북한이 그런 상황이 되어가고 있다.

- 미중 무역전쟁이 한국에 미칠 악영향은 심대하다. 한국경제의 무역의존도는 GDP의 약 68%이다. 2017년 대중국 수출액은 1421억 달러인데 이중 반도체 등 중간재 수출비중이 79%였다. 중국은 우리나라에서 중간재는 수입해서 완제품을 만들어 미국에 수출한다. 미국이 중국산 완제품 수입을 10% 줄이면 우리의 대중국 수출은 282억불이 줄어든다.

- 개인은 자유가 없는 사회를 원치 않으며 사회는 평등이 없는 삶을 용납하지 않는다. 이 갈등을 해소하는 가치가 정의이다. 개인의 자유와 사회적 평등은 갈등이 생긴다. 자유의 가치가 훼손되지 않게 평등의 가치를 실현하는게 가장 이상적이고 그 가치가 정의이다.

- 금융위기가 발생한 2008년부터 2015년까지 미국이 찍어낸 달러가 3조 3000억 달러. 미국이 화폐 발행량을 늘리면 전세계 국가들은 환율의 변화를 막고 안정시키기 위해 자국화폐 발행량을 늘릴 수밖에 없다. 그러면 세계 각국은 부동산 주식 가격이 오르고 미국이 발행한 화폐를 회수하면 반대현상이 나타난다.

- 일본의 손정의 회장은 50년내에 인공지능이 인간의 모든 직업을 접수(대체)할 것이라고 했다.

- 1929년 세계대공황이 일어났다. 공황이 일어난 후 10년째인 1939년 제2차 세계대전이 일어났다. 경기순환의 10년 주기설이 생겨났다.

- 미국 원전 99기 중 88기가 40년 운영기간을 넘긴 후 20년 운영기간을

더 연장했다. 세계원전 435기중 236기가 운영 연장된 원전이다.

- CO_2가 지구를 불덩어리로 만든다. CO_2는 지구로부터 방사되는 적외선을 붙잡아 주는 방법으로 지구기온을 끌어올린다. 방출된 CO_2는 시간이 지나면서 바다로 녹아들어가 없어지나 일부는 수천년, 수만년 대기 중에 머물며 지구온도를 높인다고 한다. 탄산가스의 배출량을 줄여야 한다.

중국의 부상이 한반도에 미치는 영향

역사적으로 대륙에 강력한 통일국가가 나타날 때마다 우리는 예외없이 나라가 망하거나 전쟁을 겪었다. 한나라 등장으로 고조선이 멸망했고 당나라 등장으로 고구려와 백제가 사라졌고 명나라 등장으로 고려가 사라졌고 청나라 등장으로 조선은 남한산성에서 굴복했다. 중국은 2050년까지 미국을 추월해 세계 1위의 강대국이 되겠다는 꿈을 갖고 있다. 중국은 중국의 부상이 이웃국가에 부정적이지 않다는 걸 보여줘야 이런 목표가 달성될 수 있다.

- 연소득 대비 집값의 비율을 보면 뉴욕 5.7배, 도쿄 4.8배, 서울은 12배라고 한다.

3대 전략투자 분야

혁신성장 전략투자 분야에 1. 데이터경제 2. 인공지능 3. 수소경제가 3대 전략투자 분야에 선정되었다. 2018년 블룸버그 보고서에 따르면 2050년까지 발전설비 총투자의 73%가 풍력, 태양광 등 재생에너지로 갈 것이라고 한다. 기술투자도 재생에너지에 집중되어야 재생에너지 산업이 확산될 수 있다. 수소경제로 가기 위해서는 충분한 수소생산이 전제되어야 하는데 이를 위해선 수소생산을 위해선 값싼 전기가 필요한데 재생에너지 발전설비가 빠르게 확산되어야 한다.

- **미국이 중국으로부터 수입액**은 5045억 달러이고 중국이 미국으로부터 수입액은 1298억 달러이다. 관세보복을 하면 누가 이기겠나? 관세보복을 할 수 있는 대상이 미국쪽에 많다. 미국이 이긴다.
- **자본주의의 멸망의 원인**은 마르크스 등 모든 경제학자들이 주장했듯이 빈부격차가 확대되어 결국 망한다는 거다. 그래서 문재인 정부의 경제정책은 빈부격차를 해소하는 정책이다. 성장위주의 경제정책은 빈부격차를 확대하는 경제정책이다. 성장위주의 경제정책은 단기적으로 보면 경제가 빨리 호전되는 것 같지만 빈부격차를 확대시켜 자본주의의 몰락을 촉진하는 경제정책이다.
- **소득주도 성장과 혁신성장**은 선택의 문제도 선후의 문제도 아닌 반드시 같이 가야 하는 관계이다. 지난해 우리 GDP에서 투자가 차지하는 비중은 OECD에서 1위(한국 31.1%, OECD 평균 21.2%)이다. 소비가 차지하는 비중은 끝에서 3번째로(한국 63.4%, OECD 평균 78%)로 소비의 중요성을 너무 간과한 것 같다.
- 대북 공포심과 레드콤플렉스를 자극하여 정치적 이익을 노리는 집단이 있다. 이러한 시대착오적인 생각을 버리지 못하는 집단이 있다는 게 참 안타까운 일이다.

인구 99%가 노는 세상
세무사, 회계사가 인공지능과 로봇에 의해 밀려날 직업 1순위의 세상이

오고 있다. 운전자동화는 이미 현실이 되었다. 도쿄는 2020년 자율운전 택시를 상용화한다는 계획이다. 장기 바둑은 물론이고 소설도 AI가 쓰는 세상이 온다. 서구에서는 로봇이 생산하는 경제적 가치에 세금을 부과하는 주장이 나오고 기본소득보장제가 시험운행 되고 있다. 생활기본급이 머릿수대로 주어지니 가족 규모가 어느 정도 되어야 오히려 더 여유있는 삶이 되니 저출산 문제는 자연히 해결된다. 일을 하나 하지 않으나 큰 차이가 없는 세상이 오면 삶의 의미와 목표가 완전히 달라질 세상을 준비해야 할 것이다.

- 수소차 핵심부품은 약 160개다. 이 160개 거의 전부를 한국에서 자체 생산한다. 수소차는 한국이 세계 최초의 양산국가이다. 2013년 제작했다. 수소차는 전기차보다 기술장벽이 높고 부품 생태계까지 함께 구축해야 한다.
- 김정은이 보다 적극적인 비핵화 조치를 발표했다. 2020년 말까지 완전한 비핵화를 실현할 수 있다고 밝힌 상황이다. 2년여 남짓한 시일안에 핵시설 신고와 폐기는 물론이고 검증절차까지 마치겠다는 것이다. 미국이 여기에 대응을 잘하면 핵폐기가 불가능한 일이 아니다.
- GDP= 민간소비+민간투자+정부지출+순수출 4개 항목으로 구성된다. 한국은 현재 정부지출과 순수출(무역흑자)로 살아가고 있다.

북한은 이발사나 미용사가 되면 먹고 산다고 한다.

자기명의의 업소는 안되지만 기관소속으로 미용실을 열고 매월 수입액을 대개 기관에 3, 자기몫 5의 비율로 나누어 가질 수 있다고 한다. 북한은 2014년 이후 사회주의 기업책임관리제를 실시하고 있다. 국가와 기업의 관계를 조정하여 재화를 국가경제에 미치는 영향에 따라 철강, 석탄 등 중요 재화는 중앙지표로. 상대적인 덜 중요한 재화는 기업소 지표로 나누어 관리한다. 중앙지표만 국가서 관리 계획하고 기업소 지표는 상품의 생산량, 가격, 판매처, 자재구매처 등 기업이 스스로 자율적으로 결정할 수 있다. 장마당은 서로 분절되어 단일시장이 아니고 상업은행 도입과 기업의 자본조달 방식도 바꿨다. 경제에 대한 국가의 통제력이 약화되고 시장경쟁적 요소가 크게 강화되었다. 북한은 경제 변화과정에서 이미 돌아올 수 없는 다리를 건넌 것 같다.

- 만일 한반도가 통일이 된다면 인구는 독일과 맞먹고 GNP는 이탈리아나 프랑스와 필적할 것이다 그러나 분단이 지속되는 한 북한은 가부장제 독재국가로 유지될 수 있고 남한 우익이 내재적이고 영구적 힘을 갖는 것도 분단의 덕택이다.

한국과 일본이 상속세 세율이 세계에서 가장 높다.
한국은 최고세율이 50%, 일본은 55%이다. 증여세 세율도 높은 편이다. 이런 구조 때문에 경제활동을 하지 않는 고령자들이 자신의 사망시까지 재산을 꼭꼭 끌어안고 있어 소비와 투자의 활력이 떨어지는 부작용이 나타난다.

- 통일을 하기 전에 남북이 경제적 격차를 줄이기 위한 노력을 하는 게 통일에 따른 고통을 줄이는 길이다. 비핵화 하기 전에 남북경협을 할 수 없다는 현 야당의 태도는 너무 융통성이 없다. 남북경협이 비핵화를 선도하면 안되나? 남북경협은 꼭 비핵화를 뒤따라 가야 하나?

- 우리나라의 골프나 한류가 세계최고가 된 이유가 정부 부처 안에 골프 과나 한류과가 없었기 때문이라는 말이 있다.

남북군사 협의

남북한의 경계는 육상에는 휴전선이고 해상에선 NLL이다. 평화수역 설정은 우리가 NLL를 기준으로 하자고 하고 북한은 NLL를 허물고 NLL보다 좀 남쪽을 기준으로 하자고 한다. 그리고 GP는 북한이 160개 남한이 60개인데 양쪽 모두 11개씩 철수하기로 했다.

- 북한의 광물자원 가치는 한국광물자원공사의 추정에 의하면 약 3200조 원어치가 된다고 한다.
- 현대중공업의 인건비는 중국의 3배, 싱가포르의 6.5배나 높다. 조선업이 문제다.

2008년보다 더 큰 경제위기가 다가오고 있다.

2008년 미국발 금융위기 이후 10년이 지났다. 10년이 지난 지금 더 큰 위기가 올 것이라고 경고하는 경제학자들이 있다. 필리핀 사회학자 월든 벨로는 더 큰 파괴력을 가진 금융위기가 다가오고 있다고 했다. 그 근거로 3가지를 들었다. 첫째가 대마불사의 논리로 살아난 미국의 대은행들이 더 큰 대마가 되었다. 두 번째는 2008년 금융위기를 촉발시킨 금융파생상품은 여전히 거래되고 있다. 셋째는 전세계 조세회피처에 100조 달러에 달하는 은밀한 자금들이 떠돌아다니고 있다.

- 자본주의 체제를 개혁하는 하나의 방안은 빈부격차에 따르면 수요부족을 해결하기 위한 개혁과 자본주의 개혁을 위한 모든 노력은 수포로

돌아가게 하는 자본의 탐욕이 가장 큰 문제라는 것이다. 또 사회적 불평등뿐 아니라 생태계를 희생시켜서 성장하려는 자본주의의 파괴적 속성도 제어해야 하는 문제가 있다. 자본주의가 기후변화의 재앙을 가져와 자본주의를 멸망시킬 수도 있다. 미국발 금융위기 이후 자본주의의 이러한 모순은 이제 거대한 정치투쟁의 장을 제공하고 있다.

소득주도성장은 어디서 온 것인가?

소득주도성장은 2008년 금융위기 이후 OECD와 같은 국제기구에서 제시한 일종의 권고모델이다. 이는 자본주의가 직면한 수요부족의 문제를 해결하는데 초점을 맞춘 것이다. 2014년 발표된 OECD의 "포용적 성장론"은 최저임금도입, 공공부문의 일자리확대, 노동시간단축, 확장적 재정정책 등을 내용으로 하며 OECD '한국보고서'에서 이를 권장했던 정책이다. 혁신성장을 한다고 4차산업위원회를 만들고 하지만 단기적으로 당장 일자리가 만들어지기 어렵고 장기적으로 봐야 한다. 당장 일자리를 만들기 위해서는 한국이 세계최고의 기술력을 가진 수소차 등 기술경쟁력이 확인된 분야에 집중투자해야 한다. 빈부격차의 해소는 최저임금만으로는 해결할 수 없고 자산과 소득의 공정분배와 조세정의의 실현으로 하는 수밖에 없다.

KBS나 MBC가 극우보수의 취향에서 멀어지자 이들이 KBS나 MBC를 떠나 유튜브로 몰려들면서 조갑제TV 등 극우 보수의 유튜브가 무섭게 성장하고 있다. 극우 보수 유튜브가 가짜뉴스를 양산하기 시작하면서 서로의 가짜뉴스를 확대재생산하기 시작하면서 하나의 생태계를 이루고 있고 상업적 목적으로 진화하고 있다. 조회수가 늘어나면서 광고수입이 크게 늘어나고 있다. 유튜브는 언론사가 아니어서 검증책임도 없다. 이낙연 총리도 조직적으로 가짜뉴스를 만들고 이를 퍼뜨리는 사람을 의법조치하겠다고 했다.

- **에셋파킹(Asset Parking)** 대자본을 가진 신흥개도국이나 정치, 경제, 안 보 등의 위협이 내재된 국가의 부자들이 자신들의 자금을 본인의 국가 가 아닌 다른 국가로 이동하는 현상을 말한다.
- **궁예의 관심법** 구체적 입증없이 수행에 기초한 직관력으로 상대방의 마 음과 행적을 알아내는 것을 뜻한다.
- 가짜뉴스는 일정한 패턴이 있다고 한다. 사실 80%에 가짜 20%를 섞 어 가짜가 진짜 같이 보이게 한다는 것이다. 한겨레 신문에 따르면 유 튜브 채널에 가짜뉴스가 많은데 개신교의 목사, 장로, 집사들이 가짜 뉴스를 많이 만들어낸다고 한다.
- 지금 미국경제는 골디락스경제다. Goldilocks 경제란 뜨겁지도 차갑지 도 않은 적절한 온기가 이어지는 경제상황을 말한다. 영국 경제학자 필 립스가 창안한 필립스 곡선이론은 실업율과 물가는 거꾸로 움직인다고 했다. 실업율이 떨어지면 임금이 오르고 물가도 오른다. 그런데 지금 미 국은 실업율이 49년만에 최저인 3.0%인데 물가는 2%의 낮은 수준을 유지하고 있어 경제학의 통념을 깨고 있다. 그러나 투자은행 JP모건은 다음 경제위기가 온다면 2020년이 될 것이며 미국과 신흥국의 증시가 20%, 48% 하락할 수 있다고 예언했다.

한국 보수의 문제점

한국 보수는 과거에 성공적으로 한국사회를 지배해온 관성에 빠져 환경 변화에 적응하지 못하고 배타적이고 경직되어 극우화 하고 있다. 남북한이 한반도 평화시대를 외치고 있는 상황에서 메카시즘적 반공주의를 외치는 것은 시대착오적이다. 보수도 평화를 사랑하고 공산주의와도 협상과 대화를 할 수 있다는 융통성을 보여줘야만 시대에 뒤떨어지지 않는다. 경제도 성장에서 분배의 균형시대가 되었다. 자본주의 4.0(인도적 자본주의)시대이다. 한국보수가 결여하고 있는 중요한 가치중 하나는 관용이다. 보수는 좌파처럼 이념에 충실하기보다는 실용주의적으로 현실에 적응하며 포용과 관용의 지혜를 견지해야 한다. 온정적 보수주의 건강한 보수주의가 재탄생해야 한다.

- 미국이 금리를 올리자 신흥국에 있던 달러가 높은 금리를 따라 미국으로 돌아가고 신흥국의 통화가치가 급락하는 사태가 벌어지고 있다. 아르헨티나, 터키, 파키스탄 등이다. 위 신흥국에서 1000억 달러가 빠져나가 2008년의 금융위기 수준에 맞먹을 정도다.
- 집값 대비 대출액(LTV)이 60%를 넘으면 고위험 대출이다. 이런 고위험 대출액이 150조이다.
- 미국이 대북제재 유지를 강조하면서도 미국의 광물, 농산물 기업들이 북한을 방문하고 있다. 북한의 마그네사이트, 희귀금속, 희토류 등 광물의 잠재가치가 4000조 원 가량이라 한다. 이를 보고 미국이 경제시찰단을 보내고 있다.
- 프랑스는 파리 시내에만 5곳의 수소충전소가 있으나 우리는 서울과 경기도를 통틀어 2곳의 충전소뿐이다. 현대차는 2025년까지 총 5000대의 수소차를 프랑스에 수출하기로 했다. 올 2월 출시된 현대차의 넥쏘 수소차는 1회 충전으로 609km를 달릴 수 있다고 한다.
- 당신은 한번 고양이를 보면 다른 종의 고양이를 봐도 그것이 고양이인줄 안다. AI는 고양이와 개를 구분하려면 사전에 엄청난 양의 데이터를 제공받아야 한다. AI는 제공 받은 만큼만 똑똑해진다.

– 주요선진국의 토지가액 총액이 GDP대비 약 1.5배인데 우리는 약 3배이다. 현재 우리나라 주택보급율은 이미 100%를 넘어섰고 서울도 거의 100%에 육박하고 있다. 부동산 투기를 막는 건 보유세 강화다. 보유세는 다른 조세에 비해 경제에 미치는 왜곡효과가 작다는 장점이 있다. 보유세는 투기로 인한 토지가격의 상승을 막고 토지의 효율적 이용을 유도한다.

중국 국영기업의 부채 현황

중국 국무원의 자료에 의하면 중국 국유기업은 1만 8800여개로 중국 전체 기업의 5%에 불과하다. 나머지는 민영기업이다. 그러나 고용인원은 16.7%를 차지한다. 고정자산 투자 규모는 3060조 원(18조위안)으로 중국 전체 고정자산 투자의 30%를 차지하는 규모이다. 최근 이익증가율이 마이너스를 기록하며 민영기업에 크게 뒤지는 비효율이 심각하다. 무능한 국유기업이 중국경제의 진짜 암초이다. 무능한 국유기업이 덩치만 키워 중국경제가 휘청거리고 있다. 그런데도 개혁은 커녕 민영기업의 돈으로 어려운 국영기업의 지원제도까지 생겨 중국경제의 버림목인 민영기업까지 흔들리고 있다. 국영기업의 개혁이 시급한 실정이다.

현대차는 강성노조 때문에 저효율-고비용 구조가 고착되었다. 현대차의 평균임금은 세계1위 폭스바겐보다 연봉이 1000만 원이 더 높다고한다.

– 청와대가 안보전략을 바꿨다고 한다. 이제까지의 "완전한 북핵폐기"에서 "한반도의 완전한 비핵화"로 바꿨다.
– 여적죄는 형법 제93조에 규정하고 있는 죄로 적국과 합세하여 대한민국에 항적(抗敵)함으로서 지은 죄로 여적죄는 사형 하나 밖에 없다.

- 북한은 지금이 경제발전의 갈림길이다.

  김일성 – 성공적인 전쟁국가가 목표였다.

  김정일 – 물려받은 나라를 지키려 군사독재 국가를 만들었다.

  김정은 – 나라를 물려받아 뭐해요. 개발을 시켜야지 경제발전길은 미
  국과 손잡는 길밖에 없다.

- 중국 자유주의 경제학계를 대표하는 장웨이잉 베이징대 교수는 중국이
  지금처럼 급속히 성장한 것은 국가자본주의 때문이 아니고 시장의 힘,
  창조력과 모험성으로 대표되는 기업가 정신 결과라 했다. 국가자본주
  의는 공정한 무역, 세계평화와 공존할 수 없으며 반드시 억제되어야 할
  체제라고 했다. 국가자본주의는 개혁의 역행을 초래해 중국의 경제성장
  을 정체시킨다고 했다.

- 삼성그룹 1년 매출액이 371조원으로 북한 GDP의 12배가 넘는다. 또
  첨단기술 유출사건이 2년간 40건 발생 했는데 70%가 중국으로 갔다.

- 중국과 수교 이후 우리는 안보는 미국에 경제는 중국에 의존하는 전략
  이었으나 이제는 安美經中은 안된다. 이제는 安美經美가 아니면 우리
  는 생존하기 어렵다. 미국이 새로 짜는 세계 무역질서에 적응하고 동참
  해야 한다.

- 비핵화의 실질적 진전이 있으려면 비핵화 비용조달계획이 마련되어야
  한다. 비핵화 비용은 중국, 한국, 일본 등 주변국들이 함께 비핵화 비
  용을 부담하는 게 합리적이다.

- 식사하다 음식에 사레 걸려 흡입성 폐렴에 걸리기 쉽다. 노인의 폐렴 사
  망은 암과 맞먹는다는 통계가 있다. 음식 먹다가 사레에 안 걸리려면
  바른 식사 자세가 중요하다. 등이 구부정한 자세에서 밥 먹으면 음식
  이 기도로 넘어가기 쉽다. 등받이 있는 의자에 등을 펴서 깊숙이 앉아야

한다. 턱을 살짝 당겨 목과 턱 사이에 주먹 하나가 들어갈 정도가 적당하다. 식사할 때 입에 너무 많이 넣어 씹지 말고 먹으면서 말을 하거나 TV를 보며 먹지 말고 식사에 집중해야 한다.

– 중국 경제가 고속성장을 해도 핵심역할은 투자가 하고 있다. 그런데 최근 효율성 낮은 투자가 중국경제침체의 원인이다. 최근 중국투자의 효율성이 4분의 1로 떨어졌다. 또 국유기업의 부채가 엄청나다. 부채를 줄여 투자효율을 높여야 하나 국영기업의 구조조정이 불가능한 게 중국의 구조적 모순이다. 중국 지도층의 자녀들이 국영기업을 지배하고 있기 때문에 국영기업의 구조조정이 어려운 원인이 되고 있다.

– 수소에너지가 글로벌 경제성장을 견인한다. UN은 2030년까지 전세계 CO_2의 배출량을 2010년 수준의 45%를 감소시키지 않으면 재앙을 피하기 어렵다고 했다.

– 금융산업이 성장과 일자리 산업의 핵심산업이다. 2008년 금융위기의 주범이 금융산업이었다고 푸대접하다 금융산업이 경제성장과 일자리 창출의 핵심산업이라는 인식이 커지면서 다시 부활하고 있다. 도쿄는 국제금융도시 도약이후 2020년까지 외국금융사 40개를 유치하고 고급인력의 체류자격 완화, 금융특구지정, 법인세인하에 나섰다. 금융산업이 IT와 결합함으로써 핀테크, 빅데이터 등 새로운 영역의 일자리가 많이 만들어지고 있다.

한국반도체 정말 天運이다.

30여년 전에 일본이 미국에 컴퓨터칩을 안주면 미국이 곤란해진다며 반도체로 미국을 기어오르자 미국은 일본의 팔을 비틀어 일본에 10년간 족쇄를 채우는 협정을 맺음으로써 한국 반도체가 일본을 누르고 세계 1위 생산국이 되었다. 지금 중국이 반도체 굴기를 위해 엄청난 시설투자를 했는데 미국이 중국업체에 대해서는 반도체 장비 수출을 막겠다고 했다. 반도체 생산은 한국이 세계 1위이지만 제조장비는 미국이 독점하고 있다. 미국산 반도체 제조장비가 없으면 생산라인을 구성할 수 없다. 미국 때문에 우리가 시간을 벌었다. 그사이 우리는 중국을 크게 앞질러 질주하면 된다.

미 의회 자문보고서 요약

중국은 북한이 한국, 미국과 관계개선에 나서는 것을 지지하면서도 그 과정에서 고립될 가능성을 우려하고 있다고 한다. 그래서 중국은 북핵처리 과정에서 북한에 대한 영향력을 계속 유지하려 하고 있어 중국이 유엔의 대북 제재를 유지하면서도 북한 정권이 붕괴하지 않고 유지되도록 만큼의 경제적 지원은 계속 하고 있다. 북한이 비핵화 협상에 실패할 경우 북한에 급변사태가 생길 수 있다고 보고 북한 접경지역에 인민 해방군을 증강배치하고 핵무기 기지 장악, 한반도 영토점령 등에 대한 대응책을 마련해 놓았다고 했다.

- 2030년까지 신재생에너지 비율 7%를 20%로 끌어올리기 위해 2026년까지 80조 원을 투자하기로 했으나 유럽과 중국 제조사가 한국시장 공략에 적극 나서 우리 풍력, 태양광 설비 제조업체가 고사위기에 빠져있다 한다.

한국 GDP는 세계 12위이나 50대 순위에 드는 은행 하나 없는 상황이다.

금융산업은 제조업 등 모든 산업의 핏줄이자 IT산업과 결합하여 디지털 혁명을 선도하는 현대시장경제의 꽃이다. 그러나 개발시대의 관치금융 잔재를 씻어내지 못하고 불합리한 규제에 눌러 발전을 못하고 있다. 규제개혁이 시급하다.

- **민족, 민권, 민생을 내걸었던 신해혁명**은 수천년간 지켜온 봉건제와 황제국가를 무너뜨리는데 성공하였지만 뒤이은 군벌의 등장으로 빛을 잃었다. 지금 우리 상황이 촛불시민운동으로 충분한 사전준비없이 탄생한 문재인 정부를 탄핵을 당한 수구냉전 세력들이 다시 흔들고 있어 안타깝기 그지없다. 수구냉전 세력들이 절대 성공할 수 없고 성공한다면 역사의 퇴행이 된다.

- 1990년대초 일본은 1985년 플라자 합의를 통해 엔화가치가 2배 정도 오르자 경제침체를 우려한 일본이 금리를 5%에서 2.5%까지 내렸다. 저금리로 엔화를 빌려 부동산을 사는 열풍이 생겼다. 부동산에 생긴 버블이 붕괴하면서 부동산 값이 반토막이 났다. 미국은 2008년 낮은 금리로 주택가격의 600%가 넘는 대출을 해주면서 부동산 열풍이 불다가 거품이 꺼지면서 대출금 회수가 불가능해지면서 금융위기가 왔다.

- 문 대통령은 남북정상회담을 통해 미북 비핵화 회담을 견인하겠다는 생각이다. 군사적 긴장완화가 미북간 비핵화협상의 진전에 기여할 것으로 믿고 있다. 남북관계가 속도를 내고 있으나 미북관계도 보조를 맞추어 속도를 내달라는 취지인데 이를 비판하고 헐뜯는 세력들이 있어 안타깝다.

- **문재인 정부의 탈원전 정책**은 계획중인 6기의 탈원전 정책은 취소하고 건설중인 5기의 원전은 계속 건설하고 있다. 현재 가동중인 원전 23기에 앞으로 추가로 5기의 원전이 추가되면 모두 28기의 원전이 가동될 것이고 신규원전의 수명이 60년이기 때문에 원전 Zero가 되려면 우리

는 2083년이 되어야 원전제로가 된다. 탈원전이 아니라 원전확대, 폭주 중단정도의 정책이다. 그런데도 야권에서는 탈원전 정책을 폐기하라고 야단이다.

제3섹타 경제론

전쟁을 치른 한국은 지나친 우익적 반공사고와 반공교육으로 자본주의만이 시장경제를 하고 사회주의는 오로지 계획경제만 추구하는 것으로 오인하고 있다. 그러나 정의론이란 탁월한 저서를 통하여 현대 복지제도의 철학적 기초를 제공한 존 롤스 등 세계적인 석학들은 시장경제가 자본주의와 사회주의 모두에게 중립적으로 적용이 가능한 열린 제도임을 분명히 밝히고 있다. 중국은 사회주의 국가이면서 40년 전부터 시장경제를 도입하여 국가자본주의 체제로 급속한 경제성장을 하면서 세계 경제에 크게 기여해왔다. 시장경제는 자본주의뿐만 아니라 사회주의에도 중립적으로 적용이 가능하다는 것을 입증한 것이다.

- **우리나라 일자리예산**은 GDP의 0.7%(2016년)인데 OECD 평균은 1.31%로 모자라는 편이다. 그러나 우리는 지속가능성이 없는 단기 일자리에 지출하는데 다른 선진국은 직업훈련이나 고용을 창출할 수 있는 시스템 개선에 쓰기 때문에 단순비교가 좀 어렵다.
- 압록강 두만강 가운데 섬 451개중 북한땅은 264개이고 중국땅은 187개이다.
- 조총련 기관지 조선신보의 최주필 주장인데 천안함 북한 소행은 1%의 가능성도 없다. 버블과 물기둥 100m가 있어야 하나 없었다. 물고기도 죽은 게 없었다. 고막이 터진 생존자도 없었다고 주장한다.

- 국가보안법은 유엔 인권이사회에서도 반 인권적인 법이라며 폐지를 권고한 법이다.
- 주한유럽상의가 한국은 세계에 유례가 없는 독특한 갈라파고스 규제 국가이다고 했다.
- 중국이 미국의 기술을 빼내간 실제사례를 소개한다. 중국이 미국의 인공위성 관련기업에 투자하는 건 불법이었다. 그래서 먼저 조세회피처인 영국령 버진 아일랜드에 홍콩 국적자를 내세워 브론즈링크라는 회사를 세워 중국회사의 자회사를 통해 브론즈링크사에 2억달러를 대주고 브론즈링크사가 미국 보잉사에 투자를 해서 브론즈링크사가 임명한 이사를 통하여 보잉사의 인공위성 설계도를 빼내 중국으로 가져갔다.
- **실존주의 철학자 야스퍼스**는 기원전 900년부터 기원전 200년의 시기를 축의시대라 명명했다. 이 시기에 전쟁과 기근 대규모 살육이 다반사로 일어났던 시기였는데 기독교 불교 등 주요종교가 모두 이 시기에 나타났다. 그러나 이젠 기독교의 계파간 갈등, 교회의 상속을 둘러싼 소송과 줄을 쳐놓고 입장료를 받는 사찰 등 세속화로 종교에 대한 관심을 잃게 되었다. 그래서 간디는 퇴각하는 영국인들에게 "너희의 예수는 두고 가고 교회는 가져가라"고 외쳤다고 한다. 다가오는 새해에는 교회와 절 때문에 희망을 품을 수 있었으면 좋겠다.
- 우리국민소득은 3만 달러인데 최저임금은 5만 달러 수준으로 올리면 기업은 감당할 수 없다.
- 트럼프는 김정은이 협상하기에 가장 좋은 미국 대통령이다. 미북평화조약 같은 큰 티켓을 협상테이블에 올려놓은 대통령이 그리 흔하지 않다. 트럼프가 대북제재를 완화할 수 있는 명분을 빨리 주어야 한다.
- 우리 금융산업은 CEO 임기가 너무 짧아 성과 내기 어렵고 경쟁노출이

적어 혁신노력이 미흡하다. 진입과 퇴출장벽 모두 낮추어야 한다.

2008년 미국의 금융위기는 중산층 대상주택담보대출에서 왔다.

낮은 금리로 주택가격의 100% 넘게 대출해 줘 너도 나도 집을 사면서 거품이 발생했다. 1990년 일본은 1985년 프라자 합의로 엔화가치가 2배정도 상승하자 경기침체를 우려한 일본정부가 금리를 5%에서 2.5%로 내리자 부동산 가격이 폭등하고 폭등하면서 생긴 거품이 꺼지면서 20년의 장기불황이 왔다.

해외진출기업의 국내복귀정책을 발표했다.

보조금지급, 법인세 감면 등으로 2만 6000개의 해외진출 기업을 국내 복귀를 돕는 정책이다. 과거 50% 이상 복귀해야 복귀로 보던 것을 25%만 복귀해도 복귀로 보겠다는 것이다. 그러나 복귀를 위해선 노동시장 유연성을 높이고 기업에 대한 규제를 푸는 게 중요하다.

- OECD 통계를 보면 kw당 원전건설비는 한국이 영국, 미국, 프랑스, 일본의 2분의 1~3분의 1 수준이라 한다. 이런 고효율 원전을 포기하다니 재고가 필요하다.
- 북한 철도 사업은 한국만 할 수 있는 사업이라고 생각하는 것은 큰 오산이다. 미국, 중국 등이 노리고 있는 사업이다.
- 폐쇄 3년이 된 개성공단 기업중 77%가 경영이 크게 악화되었고 9%는 사실상 폐업상태이다.

리디노미네이션은 화폐가치는 그대로 두고 화폐단위만 줄이는 화폐개혁이다.

1000원을 1원으로 줄이는 방식이다. OECD 국가 가운데 1달러의 가치가 1000원이 넘는 나라는 한국뿐이다. 수년째 우리나라 물가상승율이 낮아 충격이 미미할 것이고 오히려 내수경기를 끌어올릴 촉매제가 될 수도 있어 찬성하는 여론이 많다.

민주적 사회주의

신자유주의 시대를 거치면서 파괴된 복지국가를 뒤살리고 노동조합 같은 대중 조직들이 제 목소리를 낼 수 있게 하겠다는 거다. 미국 샌더스 상원의원의 미국 민주당 대통령 후보 경선에서도 이런 주장이 크게 어필했다. 민주적 사회주의는 사회의 불공정성을 시정하려는 목표를 가지고 민주적이고 점진적인 방식에 의한 사회주의 건설을 추진하고 있다.

서울대 최종훈 교수의 인생교훈

1. 갈까 말까 할 때는 가라
2. 살까 말까 할 때는 사지 마라
3. 말할까 말까 할 때는 말하지 마라
4. 줄까 말까 할 때는 주라
5. 먹을까 말까 할 때는 먹지 마라

- 2018년 한국경제성장율은 2.7%이므로 OECD 36개국중 18위였다. 야권과 보수언론은 한국경제가 망하고 있는 듯이 야단이다. 성장률이 OECD의 중간이다.
- 문재인 정부가 배워야 할 아베총리 정치관 1. 이념 코드 대신 실용이 앞서야 2. 라이벌도 껴안은 인사 3. 엘리트 관료 적극 중용. 그러나 일본은 우리와 여건이 너무 다르다.

- 2017년도 한국의 대중국 수출액은 200조 원(1772억달러)인데 반도체가 52조 원(463억불)이다.
- 일본은 쓰레기의 30%가 성인의 기저귀라 한다. 고령화 사회의 단면이다. 우리도 이에 대비해야 한다.

한국사회에서 불평등의 주범은 부동산이다.

역으로 말하면 부동산에서 발생하는 불로소득을 환수하는 것이 분배개선에 가장 효과적이다. 또 부동산은 비효율의 주범이다. 부동산에서 발생하는 소득은 다른 사람이 만들어낸 가치를 빼앗아오는 소득이다. 부동산 투기를 해서 누가 돈을 벌었다는 건, 누가 그만큼 손해를 봤다는 것이다. 그래서 자금이 비생산적인 부동산에 들어가게 해서는 안되고 생산적인 투자에 들어가게 해 줘야 한다,

- 勇將은 智將을 이길 수 없고 지장은 德將을 이길 수 없다. 덕장은 너그러운 사람이다.
- 미국이 중국에 대해 경제전쟁을 벌리자 중국이 일본과 밀착하고 있다. 미국의 압박에 밀린 중국은 체면몰수하고 일본에 접근해 300억 달러의 통화스와프 협정을 맺었다.
- 로봇, 인공지능 등 10개 분야의 중국기술수준을 2025년까지 미국을 제치고 세계 1위에 올라서겠다는 계획을 발표하자 미국이 눈엣가시처럼 여기는 이 정책에 대해 미국은 지적재산권 보호요구 등으로 중국을 압박하자 중국은 외국기업 기술이전 강요행위를 법으로 막겠다고 한발짝 물러섰다.

2018년은 자유민주주의가 저무는 해이다.

문재인 정부는 헌법의 자유민주주의에서 자유를 빼려고 했다. 헝가리 오르반 빅토르 총리는 2018년 3월 자유민주주의 시대는 끝났다고 선언했다. 영국 이코노미스트지는 자유민주주의의 붕괴 공식이 헝가리뿐만 아니라 영국에도 들어맞는다고 분석했다. 2018년은 자유민주주의가 조종을 울린 해였다.

- 르네상스 이전까지 중세 유럽은 1000여년간 신의 지배 아래 놓여 있었다. 흑사병이 유행하자 사제의 조언대로 신에게 빌었지만 소용이 없었다. 교회가 치료는커녕 사제들이 먼저 죽어가는 것을 보고 교회와 신에 대한 믿음을 거두기 시작했다. 인간이 하는 위생과 검역 활동이 간절한 기도보다 더 나았다. 이게 르네상스의 원동력이 되었다.
- 2000년 초반 한국은 줄기세포연구의 첨단이었다. 그때 꾼 꿈이 도쿄대에서 이뤄지고 있다. 도쿄대 연구팀이 세계최초로 만든 iPS세포생산이 그것이다. iPS 세포란 성인의 세포를 배아단계로 뒤돌려 만든 줄기세포 덩어리로 세포공장 같은 역할을 한다. 이를 통해 만들어진 신경, 심장, 근육, 연골세포 등이 인간 몸 속으로 이식될 날이 다가오고 있다.
- 북한이 최근 철도성에 북남경제교류팀을 조직하고 평양 주변에 대대적인 물류 창고건설 계획을 세워 추진 중이라고 한다. 이는 남북철도 연결과 현대화 공사에 대비해 대규모물류창고를 만든다는 취지라고 한다. 원산만 일대도 도로포장, 대형 냉장고 설치, 호텔정비를 추진하고 있고 국경도시인 신의주, 나선 등에도 최근 32개의 무역회사가 신설되었다 한다.
- 미중 무역전쟁보다 AI개발 경쟁이 더 위험하다. 미중간 AI개발 경쟁이

걱정된다. IPC 산업화를 먼저 이룬 국가가 다른 국가를 착취했던 역사가 21C에 AI를 통해 반복될 수 있다.

- 인류 역사상 지향점이 다른 세력은 무한 한 갈등이 계속된다. 공정과 정의에 대한 지나친 확신은 불관용의 온상이 된다. 관용과 연대의 정신을 동반하는 정의가 더욱 좋다.

- 2015년 기준 한국의 토지자산가치는 GDP 대비 약 4배이다. 일본의 경우는 2.5배이다. 1950년 지주의 토지몰수 보상액 150%와 토지구입 농민 상환액 150%를 확정한 농지 개혁법이 시행되어 한국의 지주계급이 사라졌다. 토지개혁이 성공한 나라는 한국, 일본, 대만이고 실패한 나라는 베네수엘라, 페루, 아르헨티나 등이다. 부동산 불로소득은 개인이 사적으로 취하지 못하도록 차단해야 한다. 부동산 보유세 특히 토지보유세는 조세로서도 매우 우수하며 불로소득으로 인한 불평등을 완화한다.

- 남극빙하 녹는 속도가 40년전보다 6배 더 빠르다. 수십년내 해수면이 5m 이상 높아진다. 남극 빙하 전체가 다 녹으면 해수면은 57.2m 상승하여 해발고도가 38m인 서울도 완전히 잠긴다.

세계의 국가주의화 경향

지역주의, 국가주의로 세계화가 위태롭게 되었다. 휴대전화를 통해 손가락 하나로 전세계를 연결하는 기술발전이 국가주의를 부추겼다. 자국우선주의로 보호무역과 국가간 경쟁이 더 치열해졌다. 브렉시트로 그간 영국이 누렸던 것을 유럽 각국이 누리게 되었다. 특히 프랑스에 큰 호재다. 런던에는 프랑스인이 50만이 있다. 이들이 자본과 비즈니스를 가지고 프랑스로 귀환할 것이다. 금융업도 영국에서 유럽 각국으로 근거지를 옮길 것이다.

- 문재인 정부가 북한의 철도, 도로 건설에 수십조를 퍼주기 할 것인가 논쟁을 벌리는데 경협의 의미는 원래 퍼주기가 아니고 투자이다. 퍼주기란 말은 경제학에서는 없는 말인데 정치권이 만들어낸 말이다. 퍼주기란 경제용어는 실체가 없는 말이다.
- **노스트 스트링그**는 러시아에서 발트해를 거쳐 독일로 러시아 가스를 공급하는 직항로 계획이다. 미국은 에너지를 통해 우리 동맹을 분열시키려는 러시아의 노력에 저항해야 한다고 했다.
- 중국은 메모리 반도체의 50% 이상을 한국에 의존하고 있는데 이 반도체 수요를 미국 마이크론 등으로 돌리면 한국 반도체는 날벼락 맞는데 미중이 이를 협상하고 있다.
- 민심도 법에 따라야 한다. 민심을 핑계로 법을 무시해서는 안된다.
- **미국의 무역전쟁**으로 무역적자가 오히려 늘어났다. 트럼프 집권 2년간 무역적자가 1000억 달러 이상 늘어났다. 무역전쟁의 주적인 중국과의 무역 적자도 4190억 달러로 최대치로 늘어났다. 미국의 이전 무역적자는 미국경기가 너무 좋아져서 늘어난 무역적자라는 측면이 크다. 트럼프의 대대적인 감세와 규제완화로 일자리와 소득이 늘면서 원료와 소비재 수입이 늘어났기 때문이다.
- 빨갱이라는 어원은 일본이 독립운동가를 낙인찍기 위해 쓴 말이 빨갱이였다.
- **핵융합발전**은 태양이 에너지를 내는 원리를 이용하여 전기를 만든다. 연료는 바닷물에서 얻을 수 있는 무한하고 환경오염에 없는 꿈의 에너지다. 수소와 같은 가벼운 원자들이 융합하면 무거운 헬륨 원자핵으로 바뀐다. 이 과정에서 감소되는 질량만큼 엄청난 에너지가 발생한다. 핵융합에는 고온과 장시간 고밀도의 플라스마 3가지 조건이 필요한데

국가핵융합연구소가 이번에 1억도 플라스마를 1.5초 유지했다. 2040년 이후에는 핵융합상업발전이 가능하리라고 보고 있다.

자본주의 미국도 사회주의적 정책공약이 나오고 있다.
민주당 대선주자들이 국가의 시장통제와 부의 재분배를 내세우는 공약을 하고 있다. 민주당 대선주자들이 부유세 부과, 저소득층의료, 주택자금지원, 대학무상교육 등의 공약을 걸고 있고 코리 부커 상원의원은 대선출마를 선언하며 모든 신생아에게 1000달러를 주겠다고 했다. 갤럽 여론조사에서도 민주당지지 유권자의 57%가 사회주의를 긍정적으로 본다고 했고 자본주의를 긍정적으로 본다고 답한 유권자는 47%에 그쳤다.

- 북한은 단계적인 비핵화를 원하지만 비핵화는 작은 조치로 세분화할 수 있으나 제재는 세분화가 안되고 일각이 무너지면 레짐 전체가 흔들리므로 제재는 단계적으로 해제하지 못한다. 이점이 미북합의가 어려운 이유다.
- 2018년 프랑스 출산율은 1.87명으로 유럽최고의 출산율이다. 그 비결은 동거를 사회적으로 수용해 가족의 개념을 확장했기 때문인데 한국도 이를 참고해야 한다.
- 2018년 노벨상 수상자 폴 로머 교수는 소득주도 성장론은 단기적인 경기진작책이고 장기적 성장을 위해선 다른 정책이 필요하다. 장기적 성장은 인적자본, 기술 등과 같은 질적 변화를 일으켜야 한다. 질적 변화를 일으키려면 일터에서의 교육이 중요하다고 했다.

<u>가짜 뉴스에 대응하는 방법은 2가지가 있다.</u>

첫째는 더 큰 가짜뉴스를 만들어 기존의 가짜뉴스를 덮어버리는 방법이고 두 번째 방법은 가짜뉴스가 오보라는 사실을 인정하고 사과기사를 싣게 하는 방법이다. 대부분의 권력자들은 전자를 이용했다.

- **한국이 개발한 3세대 원전 APR1400노형**이 미국 원자력규제위원회로부터 42개월 검증 끝에 안전하다는 인증을 받아 설계인증서를 받았다. 프랑스의 아레바와 일본 미스비시가 우리보다 3년 먼저 도전했으나 실패했는데 한국은 인증을 받았다. 현재 APR1400노형은 신고리3호, 신고리 4-6호, 신한울 1-2호 등 모두 5기가 건설되고 있다. 원전 종주국 미국이 한국 노형[爐型] APR1400를 선택해도 이상하지 않다.

- 2018년 한해에 기업의 해외투자가 전년보다 9.2% 증가했다. 금액으로 478억 달러가 해외에 투자되었다. 이중 중소기업의 투자가 2017년대비 31.5%나 폭증했다. 투자는 단기적으로는 일자리, 장기적으로는 경쟁력이다. 소비나 수출보다 훨씬 중요하다. 자본이 해외로 도망가게 해서는 안된다.

- 2019년 5월 3일 중국이 미국에 전달한 150쪽 짜리 무역협정 합의문에 1.지적재산권 절취근절 2.기술 강제이전 금지 3. 금융시장개방확대 4.인위적 환율조작 금지 5.공정한 경쟁보장 등의 내용에 대해 법제화하라는 미국의 요구에 대해 중국은 법제화 대신 행정조치 등으로 이행보장을 하겠다고 했다. 중국은 미국의 법제화 요구를 수용하라는 건 내정간섭이고 경제주권을 내놓으라는 항복문서이다. 차라리 그보다는 관세 25%를 인상하겠다는 것을 받아 들이는게 더 나을 수 있다며 버티고 있다.

OECD 한국경제 담당관 랜틀 존스 씨의 충고

낮은 노동 생산성을 그대로 두고 임금만 올리는 소득주도 성장의 효과를 기대할 수 없다. 소득성장은 소비를 자극하는 면이 있으나 낮은 생산성을 그대로 두고 임금만 올리면 기업의 비용만 증가시켜 기업의 비효율을 키울 수 있다. 최저임금 인상의 속도를 늦추어야 한다. 특히 한국은 대기업의 노동 생산성을 100으로 중소기업의 노동 생산성은 32에 불과해 중소기업의 노동 생산성이 매우 낮은 편이다. 한국은 제조업 중심에서 벗어나 과감하게 규제를 완화하여 스타트업, 자율주행자동차 등에 투자를 강화해야 한다. 2019년 1분기 성장률이 0.3%인 것은 작년에 비해 연초에 정부지출이 줄어든 원인으로 크게 걱정안해도 된다고 했다.

- **중국의 한국게임 도둑질 실제사례** 한국게임업체 펍지(PUBG)가 개발한 배그가 세계적 인기를 끄는 가운데 중국정부가 배그에 허가를 내주지 않아 1년간 중국시장에서 무료로 제공되는 시간에 펍지의 중국의 파트너업체 텐센트가 배그와 똑같은 게임을 개발하여 배그를 중국시장에서 쫓아내는 방식으로 한국게임을 도둑질 한다. 즉 중국정부가 한국게임에 일부러 허가를 내주지 않으면서 자국업체에 베낄 시간을 주어 베끼게 한다. 소송을 하려 해도 중국 파트너사가 한국게임업체 펍지의 2대 주주이기 때문에 소송을 망설이고 있다. 한국게임업체와 중국게임업체가 파트너사 계약을 맺어놓고 그런 짓을 한다.
- 국경없는 기자회가 2019년 현재 조사한 결과 전세계 9%의 인류만 언론자유를 누리고 있고 한국은 이 9%에 속하는 아시아 최고의 언론자유국가이다.
- 미국식 자유주의에 사망선고가 떨어졌다. 자유주의로의 사회통합은

경제발전이 뒷받침되지 않으면 어려운 일이다. 분열과 갈등이 폭발하지 않고 봉합되기 위해서는 지속적인 경제발전이 동반되어야 한다. 쉽지 않은 일이다. 미국의 정치원리인 자유주의는 수명을 다했다. 자유주의는 개인의 권리와 욕망에 어떠한 제한도 바람직하지 않다는 생각이다. 자유주의가 생각하는 가장 좋은 체제는 시장과 정부가 결합한 가장 작은 정부다. 이와 같이 지역공동체와 분리된 개인이 다시 지역공동체와 연결됨으로써 미국의 위기를 극복하자는 주장이 나오고 있다.

- **세계 50개국 과학자 145명이 모여쓴 보고서**에서 인간의 탐욕이 동식물 100만 종을 멸종위기에 몰아 넣었다. 지구상의 동식물은 모두 800만 종이다. 늘어나는 인구와 자연 환경 파괴로 서식지가 없어지고 있다. 1980년부터 2000년 사이에 한반도면적의 5배에 해당하는 열대우림이 사라졌다. 그간 지구상에는 5차례의 대규모 생물멸종 사건이 있었다.

- 사람이 생각만 하면 기계가 그대로 말해 준다. 사람이 머리로 생각한 것을 음성으로 합성하는 기술이 개발되었다. 인공지능과 뇌과학을 이용해 머리로 생각한 말은 물론 기억속의 영상까지 복원하고 있다. 생각을 읽는 기계이다. 교토대 한 교수는 사람이 어떤 사물을 봤는지 뇌영상으로 알아내는 인공지능 알고리즘을 개발했다. 심지어 보지 않고 상상만 한 영상도 복원해낸다. 기억속 얼굴사진도 복원해낸다. 이와 같이 생각을 읽는 기술은 범죄수사에도 도움을 주나 심각한 사생활 침해로 연결될 우려가 있다.

- 아베가 이제 김정은을 만나야겠다는 말을 한다. 일본인 납북문제를 해결하겠다는 거다. 일본에는 북한에 주기로 교섭이 거의 끝났던 100억~200억 달러 규모의 '청구권 자금'이라는 미끼가 있다. 북한으로서는 이 돈이 엄청난 유혹일 수가 있다. 그런데 우리는 지금 800만 달러의

영양지원과 모자보건사업을 위한 지원을 두고 퍼주기가 시작되었다니 뭐니 하는 의견이 나오고 있다.

- 할증까지 계산한 한국의 상속세 실질최고세율은 65%로 OECD 평균의 26.6%의 2배는 넘는 세계최고수준이다. 창업주가 판 기업이 사모펀드 등 기업사냥꾼의 손에 들어가면 핵심 노하우와 기술, 창업가 정신이 사라지고 빈껍데기로 변질하기 쉽다. 그래서 OECD 국가중 노르웨이, 호주를 비롯해 10여개국이 상속세를 폐지했고 미국도 상속세 폐지를 추진하고 있다. 일본도 상속세 부담을 크게 완화하는 제도개편을 단행했다.

- 트럼프는 일본을 '인도-태평양 전략'의 가장 중요한 파트너로 삼고 중국을 견제하는 방파제로 이용하고 있고 아베는 미국의 대행자로 나서고 있다. 아베 정부는 그러면서 중일관계를 획기적으로 개선하는 치밀한 국가전략을 병행하고 있다.

- 현재 원전 해외수출능력을 가진 나라는 미국, 프랑스, 일본, 러시아, 중국, 한국 6개국밖에 없다.

- 주 60시간 이상 노동을 하거나 야간교대 작업을 하면 심혈관 질병 발생위험을 47.7% 높이고 야간교대작업은 일반 근로자에 비해 심혈관 질환 발생비율을 22.4%나 높인다고 한다. 그 이유는 과로가 스트레스 호르몬과 아드레날린 호르몬 분비를 촉진시키기 때문이라 한다. 어쩔 수 없이 장시간노동을 하거나 야간작업을 하는 사람은 튀김, 과자 등 포화지방이 많은 음식을 피하고 매일 30분 이상 유산소 운동을 하는 게 좋다.

- **지구 온난화로 영구동토층**이 줄어들어 지구온난화가 가속화된다는 경고가 나오고 있다. 극지방 땅밑에는 약 80~100m에 달하는 영구동토

층이 있는데 시베리아, 캐나다 북부 알래스카에 있다. 영구동토층은 그 면적이 2100m2에 지구표면의 14 % 정도라고 한다. 이 영구동토층에 지구온도를 올리는 온실가스를 잔뜩 품고 있다는 거다. 영구동토층이 녹아내리면 지구온난화가 가속화된다는 것이다. 영구동토층이 줄어들면서 앞으로 300년동안 2000억톤의 온실가스가 나올 거라고 추정하고 있다. 영구동토층 중 땅 전체가 푹 꺼져내려 호수가 생기는 경우를 열카르스트 호수라 하는데 이 열카르스트 호수는 서서히 녹는 토양층보다 메탄을 최대 400배나 배출하고 메탄은 이산화탄소보다 20배 넘게 온실효과가 큰 기체이다. 정말 지구온난화가 큰 문제다.

- 세계 희토류 생산의 90%를 차지하는 중국이 희토류를 대미 보복수단으로 삼을 뜻을 비추자 미 화학기업 블루라인이 호주 최대 희토류 생산업체 라이너스와 손잡고 미 텍사스에 희토류 정련공장 건설을 추진하고 있다고 밝혔다. 미국은 중국의 희토류에 80% 이상을 의존해 오다 호주와 손잡고 공장을 신설하여 미국과 전세계에 안정적으로 희토류를 공급하겠다고 중국에 맞불을 놓았다.

- 희토류는 전자산업, 통신, 항공산업, 국방산업 등에 없어서는 안되는 4차산업혁명의 쌀이라고 불린다.

- 북한은 지난 2015년부터 영국 과학계와 백두산 주변의 화산, 지진활동 분석을 공동으로 진행하고 있다. 백두산은 활화산으로 10세기 중반 대폭발이후 조용하다 2002-2005년 백두산 주변에서 3000여 차례의 크고 작은 지진이 발생했고 그후 10년간 지진이 없다가 최근 2-3년 사이 다시 지진이 잦아지고 있고 백두산의 지면이 최근 7cm 정도 부풀어 올랐다는 거다. 백두산 지하에는 점성이 높은 마그마와 고온, 고압의 가스가 오랫동안 갇혀있어 관심이 커지고 있다.

– 지금 시진핑 중국은 위대한 중화민족의 부흥이란 꿈을 실현하기 위해 미국의 패권을 넘어서는 대전략을 추진 중이다. 따라서 중국은 미국과의 군사적 충돌을 피하면서 주변국을 자기편으로 만들려고 한다. 중국은 동북아에서 통일된 한반도가 중국적 질서로 복귀해야 된다고 생각한다. 따라서 중국은 한반도에서 주한미군 철수와 한미동맹 해체를 끊임없이 추구한다. 그러나 우리의 대중국외교역량은 역설적으로 한미동맹과 한일관계를 강화할 때 더욱 커질 수 있다.

국제에너지기구 IEA가 20년만에 원전보고서를 냈다.

보고서의 핵심은 주요선진국에서 탈원전 속도가 빠른 반면 태양광, 풍력 등 신재생에너지의 발전속도는 느려 에너지수급대란이 불가피하다는 것이었다. IEA는 모든 에너지에 대해 가치중립적인 기구다. 그런데 일부국가에서 원전투자가 정체되고 있는 이유는 당초계획보다 공기가 늘어지는 경우가 많고 건설비용이 당초보다 3배까지 불어나는 경우가 잦기 때문이라는 것이다. 그런데 유일하게 한국은 건설기간, 건설비용에서 당초 구상대로 맞춰 원전을 건설해내는 원전 건설실력이 으뜸이라는 것이다. 우리가 초일류로 끌어올린 분야를 우리 스스로 허무는 일은 없어야 한다.

– 2019년 1분기 기업이 가지고 나간 해외직접투자액이 141억 달러로 38년 만에 최대를 기록됐다. 그중 일자리 창출이나 경기촉진효과가 큰 제조업의 비중이 41%에 달했다. 반면 외국기업의 국내 직접투자는 전기 대비 36% 줄었다. 한국기업이나 외국기업이나 국내투자를 기피하는 이유는 다르지 않을 것이다. 그 원인을 분석하여 대책을 강구해야 할 것이다.

육식대국 미국에 채식열풍이 불고 있다.

2009년 설립된 비욘드 미트라는 미국회사는 콩, 버섯, 호박 등에서 추출한 식물성 단백질을 이용해 일반 고기와 똑같은 맛이 나는 인조고기를 만드는 업체이다. 이 Beyond Meat 회사가 2019년 2월에 뉴욕증시에 상장되었는데 첫날 주가가 163% 상장 하면서 시가 총액이 37억 7600만 달러를 기록해 올해 기업공개업체중 최고 실적을 기록했다. 이처럼 미국에서 채식열풍이 불고 있는 이유는 반려동물증가 등으로 동물의 권리를 옹호하는 사람이 늘고 있고 환경오염에 대한 위기감이 채식을 부추기고 있기 때문이다. 사육용 동물들이 다량의 이산화탄소를 배출하고 도축과정에서도 엄청난 양의 물이 소모되어 지구환경을 나쁘게 한다는 이유이다. 이러한 채식열풍은 젊은 사람들에게 두드러지게 나타나는 현상으로 채식주의는 앞으로도 계속 늘 것으로 생각 된다,

- **노벨경제학상 수상자 폴 로머 뉴욕대 교수**는 미국의 신자유주의는 더 이상 세계에서 통용되는 경제성장이론이 아니라고 했다. 지금 미국과 중국의 무역갈등도 단순한 교역에 대한 의견불일치가 아니고 근본적으로 정부의 역할에 대한 양국의 인식 차이에서 비롯된 문제라고 했다. 로머 교수는 기술진보와 아이디어의 발견이 장기적 경제성장을 가져온다는 "내생적 성장이론"의 선구자다. 기존 주류경제학이 생산요소 가운데 노동과 자본에 중점을 두고 있는 반면 로머 교수는 기술혁신과 이를 위한 연구개발을 강조한다.
- 아시아에서 높은 경제성장율을 자랑하는 인도, 인도네시아, 베트남은 인구측면에서도 잠자는 거인이다. 인도 인구 13억 7000만, 인도네시아 2억 7000만, 베트남 1억 명으로 경제적 잠재력이 뛰어난 국가에 관심

을 가져야 한다.

- **르네상스의 시작**은 신은 인간에게 관심이 없다는 사실에서 시작되었다. 그래서 신의 노여움을 풀고 사랑을 얻기 위해 행하는 모든 행위와 의식은 불필요한 것이다. 신이 아니라 현존하는 우리의 삶을 행복하게 만들어야 한다는 것이 쾌락주의 철학이다. 인간 그 자체의 삶이 중요하다고 주장했던 에피쿠로스 철학에다 그때 창궐했던 페스트가 삶과 죽음에 대해 새로운 인식을 가져왔다. 페스트 환자를 위해 기도하던 목사나 수도사들이 페스트에 감염되어 죽는 현실을 보고 인간중심의 르네상스가 촉발되어 암흑의 중세역사가 잠을 깨게 되었다.

- 독일 프랑크푸르트에서 자동차로 2시간 거리에 여의도 면적의 3배가 넘는 땅에 세계최대 복합화학공장 바스프가 자리잡고 있다. 이 바스프 화학공장에서 잘 썩는 플라스틱을 개발했다. 그러나 일반 플라스틱보다 비싼게 문제다. 그러나 바스프는 1980년대부터 상용화를 시작해 시장을 키워가고 있다.

- **2008년 미국발 금융위기때** 미국 연방준비제도가 통화스와프와 4조 5000억 달러에 달하는 양적완화정책으로 전세계에 달러를 주지 않았다면 당시 금융위기의 규모는 상상할 수 없을 정도로 컸을 것이라고 한다. 당시 금융위기가 발생하자 한국도 원화가치와 한국증시가 폭락하면서 2600억 달러의 외환보유고가 2000억 달러선까지 쭉쭉 빠지다가 그해 10월 한국이 미국과 300억 달러의 통화스와프를 맺으면서 한숨을 돌릴 수 있었다.

제1부

2019
~
2020

핀란드의 벤처기업 솔라푸드는 최근 미생물을 이용하여 물과 이산화탄소로 가루형태의 식용 담백질을 만드는 데 성공했다고 한다.

제조과정은 전기로 물을 산소와 수소로 분해한다. 수소는 공기중의 이산화탄소와 결합해 발효탱크에 있는 미생물의 먹이로 쓰인다. 최종발효산물을 건조하면 각종 상품에 쓸 수 있는 밀가루 형태의 식용 단백질이 된다. 솔라푸드는 2021년까지 시판에 들어간다고 한다. 인류가 배출하는 온실가스의 4분의 1이 농축산업과 수산업의 식품생산과정에서 발생하는데 이산화탄소 배출없이 식용 담백질 생산이 가능해진다.

- **블룸버그 통신**은 1960년대 한일 국교 정상화는 박정희 정부의 의지라기보다 미국이 서로 화해하라는 강력한 권고에 의한 것이었다고 했다. 미국이 당시 적대국인 소련, 북한 등을 견제하기 위해 한일 국교 정상화를 추진했고 이를 통해 한, 미, 일 3국 동맹체제가 구축되었다.
- 1965년 일본의 외환보유액은 21억 달러였다. 그때 우리가 받은 보상금 5억 달러는 일본외환보유액의 거의 4분의 1이었다.
- **북한의 무역적자**는 2016년 2억 3199만 달러, 2017년에는 14억 8134만 달러, 2018년에는 수입이 23억 1296만 달러. 수출은 2억 9404만 달러로 무역적자가 20억 1892만 달러였다. 무역적자가 급증한 이유는 경제제재 때문이었다.
- **미중 무역전쟁의 핵심쟁점**은 중국의 대미무역흑자 축소, 중국시장의 개방확대, 중국경제시스템의 구조적 변화 3가지 이슈다. 이를 위해 중국은 미국산 농산물 수입을 늘리고 인위적으로 위안화 평가

R의 공포 , J의 공포

'R의 공포'란 Recession(경기침체)의 공포를 말하고 'J의 공포'란 Japanification 의 일본형 장기불황을 의미한다 .

절하(환율인상)를 하지 말라는 거다. 두 번째 쟁점인 시장개방은 금융, 제조업, 농산물 등 단계적으로 확대하고 있으나 중국이 가장 반발하는 것은 3번째 경제시스템의 구조적 변화요구로 지식재산권 절취 근절, 기술 강제이전 요구 근절, 중국제조업 육성계획인 "중국제조 2025"의 폐지, 국영기업에 대한 중국정부의 보조금 지급 축소와 폐지이다. 이 3번째 요구는 중국만의 독자적인 산업정책을 포기하라는 것이라며 반발하고 있다.

- 선박온실가스를 줄이도록 하는 국제규제도입에 따라 수소연료전지추진선박개발을 위해 정부, 대기업, 학계가 원[one]팀을 구성하기로 했다. 정부는 5년간 420억 원의 예산을 투입하여 수소선박 건조를 위한 핵심 기술개발연구센터를 설립하고 내년부터는 정부가 수소선박, 액화수소운송선 상용화를 위해 6000억 원을 지원하는 본격사업화가 추진된다.

- 손정의가 문재인 대통령을 만나 첫째도 AI, 둘째도 AI, 셋째도 AI, AI에 전념해야 한다고 했다. 4차산업기반의 핵심기반인 인공지능에서 한국은 상당히 앞서 가는 나라였으나 이해집단의 반대와 정부규제 때문에 AI기술선두주자인 미국과 중국에 따라 가기가 불가능한 정도로 밀리고 있다. 미래 먹거리를 위해 AI에 대한 관심과 투자가 절실한 때다.

- 2018년 상반기 대비 2019년 상반기의 일본의 무역흑자액이 87%나 격감하고 있고 아베노믹스는 1년에 900조 원의 돈을 찍어내어 통화량을 늘리지 않으면 일본경제는 유지가 어렵다는 정책이다. 또 한국 국가채무비율은 39.5%인데 일본은 233%이고 OECD평균은 113%이다. 이런 상황에서 일본이 우리나라에 대해 수출규제정책을 취했다. 수출규제를 한 이유는 한국이 일본의 기술전수를 받아 일본산 소재를 싸게 가져와

비싼 반도체를 만들어 이익을 크게 남긴다고 본다. 이에 한국의 IT 산업을 일본이 되찾고 IT산업의 주도권을 다시 가져가겠다는 거다. 여기에 미국이 일본의 수출규제를 적극 중재하지 않는 이유는 중국이 한국업체로부터 메모리 반도체를 공급받기 때문에 중국도 한국으로부터 메모리 반도체를 충분히 공급받을 수 없어 타격을 받는다는 계산이기 때문이다. 또 한국이 생산 못한 반도체를 미국의 반도체 기업인 마이크론과 인텔이 공급할 수 있다는 것이다.

- **美中 사이의 무역전쟁**으로 가장 큰 피해를 보는 국가가 한국이다. 2019.1~7월 주요국가의 대중국 수출액을 집계한 결과 한국은 전년보다 15.2% 감소한 991억 달러이고 일본은 7.2% 감소한 962억달러 대만은 6.1% 감소한 938억 달러였다. 대중국 수출 상위국가 10개국중 분쟁 당사국인 미국을 제외하고 한국의 수출감소폭이 가장 컸다.

미국은 부동산투자의 귀재이다.

미국 트럼프 대통령은 최근 덴마크 땅인 그린란드(약 217만km2)를 사겠다는 의사를 밝혔다. 그린란드는 북극에 있는 세계에서 가장 큰 섬인데 석유, 천연가스, 광물이 풍부한 땅인데 덴마크 총리는 한마디로 땅을 팔지 않겠다고 했다. 미국은 지금 세계에서 3번째로 넓은 국토를 가진 국가인데 처음 영국에서 독립했을 당시에는 고작 동부 13개주에 불과한 국가였다. 그런데 지금 미국 영토의 약 38%인 374만 km2가 돈을 주고 사들인 국토이다.

- **2018년 미국 특허등록 상위 300대 기업, 기관 명단**에서 한국기업들은 특허경쟁에서 일본기업을 앞서기 시작했다. 특히 삼성전자와 LG전자는

나란히 톱10에 이름을 올렸다. 톱 10에 2, 3곳의 기업을 올렸던 일본은 올해 캐논 한 곳만 톱10안에 남았다. 삼성전자는 2018년에 5836건의 특허를 등록해 12년 연속 2위 자리를 지켰다. 1위는 미국의 IBM으로 9088건의 특허를 등록했다.

- 솔루션 저널리즘은 "문제는 비명을 지르지만 해법은 속삭인다"는 식으로 사회문제에 대하여 해법 위주로 보도하는 저널리즘이다.

- 소재, 부품, 장비 국산화 성공조건 소재 부품 장비 실업은 일본과 독일이 잡고 있고 한국, 대만, 중국이 따라 잡으려고 하는 정도다. 수요기업이 구매를 약속해 주고 기술과 자금을 지원해 주는 상생협력의 체제를 구축하도록 하는 게 가장 좋은 방안이다. 그리고 규제를 완화하여 소재, 부품, 장비 산업의 국산화를 촉진시켜야 한다.

- 중국의 기술 절도 방법은 노벨상 수상자나 세계일류대학의 종신교수에게 천문학적인 돈을 제공하여 특히 중국에 정착할 경우 정부기금으로 연구비, 주거비, 외에 고액의 연봉까지 주어 지난 10년간 7000여명의 중국 국내외 학자가 이 계획의 대상자로 선발되었다.

- 이스라엘이 구글, 페이스북, 애플 등 거대 정보통신기업의 서버에서 개인정보를 빼낼 수 있는 페가수스라는 만능 스파이 프로그램을 개발하였다고 한다. 어떤 잠긴 문도 열 수 있는 만능열쇠가 개발되어 IT업체에 비상경보가 떨어졌다.

한국경제연구원 조사결과

반도체, 기계, 석유화학, 디스플레이, 섬유 등 우리나라 9대 수출주력 품목에서 2019년 현재 우리나라가 점유율 1위인 메모리와 일본이 1위인 자동차를 제외한 7개 품목에서 중국이 1위를 달리고 있지만 5년 뒤인 2024년에는 자동차마저 중국이 1위에 올라서면서 메모리 반도체만 빼고 모두 중국이 1위에 올라서면서 우리의 주력 수출품 9개중 메모리 반도체만 빼고 8개 품목에서 중국이 1위를 차지 한다는 예측이다. 시장점유율뿐만 아니라 기술경쟁력에서도 한국을 100으로 봤을 때 2019년 6월 현재 일본이 102.8, 한국 100, 중국 79.8이 2024년에는 한국 100, 일본 97.4, 중국 89.1로 우리가 1위에 올라서고 중국이 추격할 것으로 예측했다.

대통령이 경제4단체장에 들은 애로사항
1. 근로시간 단축에 따른 생산성 감소
2. 기업환경 개선(기업 기 살리기)
3. 규제 완화 확대
4. 정부가 국회입법을 기다리지 말고 하위입법이나 해석을 통하여 기업애로사항 해소에 적극 나서줌.
5. 유턴기업 인센티브 적극 확대
6. 일본 수출규제에 따른 대, 중, 소 기업간 상생모델 지속 지원 등

‑ 영국 이코노미스트는 한국전력과 웨스팅하우스가 원전산업에서 지리멸렬한 사이에 러시아 국영원전기업인 로사톰이 정부의 지원을 받으며 세계 원전시장을 장악해가고 있다고 했다

피케티의 '자본과 이데올로기'
'2013년 '21C자본'으로 세상을 들썩하게 했던 파리경제대교수 피케티가 6년만에 '자본과 이데올로기'라는 저서를 내놓았다. 21C자본이 불평등의 원인을 파헤친 서적이라면 자본과 이데올로기는 제도의 변혁을 통해 불평등

의 해법을 찾는 정치서적이라는 평가를 받는다. 피케티는 1980년대를 불평등의 변곡점을 봤다. 미국은 레이건이, 영국은 대처가 시장의 자유화를 극대화하여 불평등이 크게 확대, 심화되었다고 했다. 당시 좌파도 이런 불평등을 방치했다고 한다. 그래서 피케티는 도발적인 대안을 제시했다. 25세가 되는 모든 남녀에게 성인 1인당 평균자산의 60%인 12만 유로 (1억 5700만 원)을 지급하자고 한다. 핀란드 등에서 논의되고 있는 '기본소득'보다 더 나아가 '기본자산'을 주자는 주장이다. 이를 위해 최상위 부자들에게는 재산세, 상속세를 90% 세율로 적용하자고 한다. 그러나 실현가능성에 의문이 제기된다. 90% 세율을 적용할 경우 자산가치가 급락할 것이며 이런 부작용에 대한 언급이 없다.

- 한국민과 일본국민은 중요시하는 관점이 다르다. 일본은 약속을 중시하는 반면 한국은 정의를 중시하는 경향이 있다.
- 리커창 중국총리가 작년(2018) 문재인 대통령에게 북중 접경지역인 단둥에서 북한을 거쳐 서울까지 연결되는 고속철 건설을 제안한 것으로 알려졌다. 정세현 평통자문회의 부의장이 밝혔다. 당시 사드문제로 중국과 불편한 관계였는데도 단둥에서 서울까지 고속철도를 놓자고 했다 한다. 대북체제로 당장 고속철도 연결이 어려운 상황이나 남북철도 연결은 공공인프라에 해당 비상업적 공공인프라는 유엔대북제재위원회의 사전승인을 받으면 예외적인 조치로 추진할 수 있다.

전자코와 전자눈 시대의 조기진단
밤에 사진을 찍으면 정상적인 눈은 붉게 나온다. 그러나 망막아세포종이란 희소암에 걸렸거나 백내장 같은 킬병에 걸리면 사진에 눈동자가 희게 나온다. 연구원들이 인공지능이 정상적인 눈과 백색 동공에 나타나는 눈사진을 가려내도록 훈련을 시켰다. 그 결과 병원진단보다 훨씬 빨리 병든눈을 찾아낼 수 있었다. 또 날숨을 추적해 폐암을 진단하는 기술이 국내에서 개발되었다. 한국전자통신연구원 이대식 연구원은 폐암환자와 정상인의 날숨을 휘발성 유기화합물의 성분이 다르다는 사실을 이용하여 약 75%의 진단 정확도를 보였다 한다. 여기에 그치지 않고 위암, 대장암 등 환자의 날숨을 분석하여 다양한 암을 조기진단하고 기술도 개발하겠다고 했다.

- 미민주당 대선 후보 앤드루 양(Andrew yang)은 18세 이상 성인에게 매달 1000달러(약 120만)씩 지급하는 보편적 기본소득을 공약했다. 미 민주당의 좌파적 공약이 돋보인다.
- **우리나라의 300인 이상 기업의 80%가 호봉제**를 채택하고 있다. 매년 호봉이 올라가면서 임금이 올라가는 연공급 임금체제로 30년 이상 근속자 임금이 1년 미만 근속자의 4.4배(2016년기준)에 이른다. 호봉제 연공급으로 혜택을 받는 계층이 대기업 귀족노조이다. 현대자동차 노조원 중 48%가 억대연봉을 누리고 있다. 호봉제는 생산성과 보상의 불일치로 인해 중장년근로자의 조기퇴출, 정규직 채용 기피 등의 부작용을 낳고 있다. 호봉제만 없애도 청년실업과 정규직, 비정규직 격차를 줄일 수 있다. 호봉제 폐지로 동일노동 동일임금을 살려야 한다.

홀로코스트

제 2차 세계대전중 나치 독일의 유태인 대학살을 요약하여 홀로코스트라한다 .

- **세계 배터리 시장**이 2025년경 메모리 반도체 시장을 추월할 것으로 전망된다. 배터리시장 분석업체 SNE 리서치에 따르면 배터리시장은 년평균 23% 성장해 올해(2019) 530억 달러에서 2025년에는 1670억 달

러로 성장할 것으로 예상되고 반도체시장은 년 1.8% 성장하여 2025년
에는 1500억 달러로 전망된다. 이런 배터리 시장 성장은 전기차 성장에
기인한다. 지난해(2018) 전기차 비중 5%는 2025년에는 30%까지 늘
어나고 전기차용 배터리도 매년 30%까지 늘어날 것으로 예측되었다.
2025년까지 세계 배터리 설비투자액은 849억 달러에 이를 전망이다.

- 미국은 민주당이나 공화당이나 모두 세계의 분쟁조정자 역할을 떠안는
데 피로감이 극에 달해있어 동맹 보존에 미국세금을 쓰지 말고 미국민
을 위해 세금을 써야 한다고 공감하고 있다.

- **2020년의 국가예산안**이 513조원으로 500조를 넘어섰다고 보수와 야
당 측에서 슈퍼예산이라고 야단이다. 그러나 우리나라 재정규모는
GDP 대비 32.5% 정도로 내년에도 40%를 넘지 않을 전망이다. 선진
복지국가로 가기 위해서는 재정규모가 지금 수준보다 훨씬 늘어나야
한다.

- 북한 김정은이 남쪽관광시설물을 철거하라고 하여 금강산 관광객들이
개별적으로 입장료를 내는 방법이 거론되고 있다. 현대 아산이 관광비
를 모아 북한에 지급하는 것은 대북제재 위반이 되기 때문이다. 그러나
금강산 개별관광은 대북제재에 저촉되지 않는다.

- 미국이 일본, 호주 등 아시아 지역 동맹들과 함께 인도 태평양 전략을
구사하여 중러를 견제압박하자 이에 맞서 중러도 동맹체제를 굳히는
형국이다. 특히 미국이 러시아와 중거리핵 전력 조약을 폐기한 뒤 중거
리 미사일을 아시아지역에 배치를 검토하는 것이 중러를 밀착시켜 한
반도를 중심으로 새로운 냉전체제가 구축되고 있다.

- **이란과 시리아의 핵미사일 개발**의 배후에 북한이 있고 이스라엘은 이
고리를 끊기 위해 은밀한 첩보전을 펼쳐 왔다. 그래서 150여명이 죽고

1300여명이 부상한 2004년 북한 통천역 폭발사고도 이스라엘의 공작일 수 있다는 의혹도 있다. 당시 사망자 중에 북한과 핵 교류를 위해 북한을 방문하던 시리아의 핵 과학자 10여 명이 포함돼 있었기 때문이다. 특히 북한은 미사일 항법장치에 강점이 있고 이란은 고체연료에 전문성이 있어 상호보완적이다. 1992년과 1999년 이스라엘이 북한에 대규모 경제지원을 하는 댓가로 북한이 중동에 무기판매는 중단하려 했으나 미국의 반대로 무산된 바 있다.

- 공룡 멸종직후 쥐만 하던 포유류가 30-70만년 사이에 늑대크기로 커졌는데 콩의 단백질이 포유류의 몸집을 늑대만큼 키운 일등공산임이 밝혀졌다.

- 한국경제연구원의 조사결과 세금 100원 깎아주면 GDP는 102원 늘고 정부지출 100원 늘리면 GDP는 58원 늘어난다. 정부지출보다 감세효과는 약 1.8배 높다.

- 북한의 외화난이 가중되자 자본주의 퇴폐문화로 낙인찍힌 노래방, 술집 등의 개인영업이 허용되고 약국, 식당들이 줄지어 개업하고 있다고 한다. 또 관광산업으로 활로를 찾겠다는 의도를 갖고 있다고 한다.

- 사드대란은 문재인 대통령이 1. 추가적으로 사드배치를 하지 않고 2. 미국의 MD에 참여하지 않고 3. 한, 미, 일 3국동맹을 추구하지 않겠다고 3불 정책을 밝히면서 간신히 봉합되었다. 그런데 지소미아 종료결정 번복은 이러한 3불정책을 흔들게 된다. 지소미아 연장으로 중국과 러시아가 결속을 하게 만든다. 지소미아 연장으로 한미일과 북중러의 신냉전체제를 만들기 때문에 문제가 있다.

- **OECD 한국경제 담당관 크리스토퍼 앙드레 씨**는 한국은 국가채무가 GDP에 비해 낮아 재정건전성이 좋으나 장기적인 재정지출 계획을 세

워 지출해야 한다고 했다. 한국경제는 우수한 인력자원, 반도체 등 기술 분야 제조업이 강하고 교통, 통신 등 기초 인프라가 훌륭하고 경제 구조가 현대적이라는 장점이 있으나 생산성이 낮다는 단점이 있어 인적 자원을 효율적으로 배치하여 생산성을 늘려야 한다. 고령화에 맞서 여성인력의 활용도를 높이고 기술혁신에 매진하여 그로 인해 도태되는 인력 [일자리)에 연연하지 말고 도태되는 인력은 교육훈른을 강화하여 새로운 일자리에 재배치해야 한다.

- **IMF의 미중 무역전쟁 보고서**에 따르면 미중무역 협상이 성공해도 한국은 큰 피해를 입는다고 했다. 왜냐하면 중국이 대미흑자를 줄이기 위해 한국, 일본, 유럽 등에서 수입하던 상품을 미국산으로 대체하기 때문이다. 중국이 대미 무역흑자를 제로로 되게 할 때 EU 는 대중국 수출이 610억 달러 감소하고 일본은 540억 달러 감소하고 한국은 460억 달러 감소할 것으로 예측했다. 2018년 우리나라 대중국수출액은 1621억달러인데 460억 달러는 이의 28%에 해당하는 금액이다. 미중 무역협정이 실패하는 경우에도 미국은 5500억 달러의 중국제품에 대해 관세를 부과하게 되고 중국은 미국상품 1850억 달러에 대해 관세를 부과하게 되어 한국은 미국과 중국 모두에게 수출이 감소할 것이다.

- 지구상에 말은 있어도 글이 없는 찌아찌아족 피그미족 등 소수민족들이 한글로 표기를 하기 시작했다. 왜냐하면 한글의 가장 큰 장점이 현지어 발음을 거의 정확하게 옮길 수 있기 때문이다.

- **유전자 검사로 여러 가지 질병에 대해 미리 대처**하는 시대가 되었다. 예컨대 부정맥 관련 유전자 만도 수십가지를 찾아냈다. 폐암유전자가 있으면 저선량CT로 매년 폐암 검사진단을 받고 금연을 하며 미리 대처한다. 미국 영화배우 엔젤리나 졸리는 유방암 위험유전자가 있다는 검사

결과를 듣고 미리 양측 유방을 절제하여 몸속 유전자를 밖으로 내보내 유방암을 미리 막은 사례도 있다.

– 한국에 중국 유학생이 7만 명에 이른바 학교마다 유학생회가 구성되어 주한중국대사관이 관리하고 있다. 2008년 베이징 올림픽때 성화봉송 과정에서 중국의 티베트 탄압에 항의하는 서울시민에게 돌을 던지며 쇠 파이프를 휘두르는 집단 폭력에 중국유학생이 가담한 적이 있다. 홍콩 시위를 지지하다 폭력을 휘두를 수도 있어 조심스럽다.

– **상속세 10년 법칙**을 알고 있어야 한다. 현행 세법에 따르면 각종 공제 등을 통해 상속재산 5억원(배우자 있는 경우 10억 원)이하는 상속세가 과세되지 않는다. 그러나 상속재산은 상속개시일(사망일) 10년 이내에 증여한 재산도 상속재산에 더해서 계산한다. 또 고인이 10년 이내에 사용용도가 불분명한 자금은 상속세가 과세되기 때문에 고인의 10년 이내 쓴 돈은 용도를 분명히 밝힐 수 있어야 한다.

– 서영호 KB증권전무는 국채 10년 물 금리가 0%대인 고령사회가 4~5년 안에 우리나라에도 올 가능성이 크다고 했다. 그러면 부동산시장에는 전세가 사라지고 월세중심의 시장이 된다고 했다. 또 급여소득의 현재가치가 큰 폭으로 상승한다고 했다. 월급쟁이의 밸류(가치)가 크게 상승한다고 했다. 이자소득이 감소하니 이자소득세가 줄어들어 상속세와 증여세의 부담이 높아질 가능성 커지고 거액 자산가들이 상속, 증여세 회피를 위해 현금 보유를 선호하게 되어 1가구 1금고시대가 될 가능성이 있다고 했다.

– 2019. 11. 14일 부산 해운대 벡스코에서 '지스타 2019'가 열렸다. 이날 방준혁 넷마블 의장은 이젠 게임산업은 과거처럼 스피드를 경쟁력삼아 운영하는 시대는 가고 '웰메이드 게임'으로 승부를 보는 시대가 도래했

다고 했다. 2017년 사드갈등이 터진 후 약 3년간 한국은 중국시장에서 중국정부의 신규게임 허가증을 1개도 받지 못하고 있는 사이 일본과 중국업체가 밀월관계를 맺어 중국은 일본 게임업체에 자국시장을 열어주고 그 댓가로 일본은 중국을 북미, 유럽 시장 공략의 파트너로 삼고 있다. 중국은 자국시장을 내주고 기술을 배우는 나라인데 한국게임에는 문을 열어주지 않으니 한국 대신 일본이 그 자리를 차지해 버렸다. 중국은 한국게임업체로부터 배울건 다 배우고 사드문제를 계기로 한국게임에는 등을 돌려버렸다. 따라서 사드경제보복을 빨리 종식시켜 중국시장에서 한국게임의 영업허가증 발급을 재개시켜야 한다.

- **미국의 싱크탱크 브루킹스 연구소**가 중국이 북한의 핵보유국 지위를 인정할 준비를 하고 있다는 보고서를 발표했다. 중국은 북한비핵화라는 '허구적 목표'를 유지하면서 실제로는 북한의 핵보유를 용인할 준비가 되어있다고 했다. 미중협력을 견인했던 북한 비핵화라는 공동의 목표가 사라지고 미중 모두 앞으로 비핵화보다 북한핵의 관리로 나아갈 가능성이 있다.

- **중국이 세계 지재권의 수장자리에 도전한다.** 중국은 지난해 특허권을 154만건 신청해 전세계 신청건수의 46%를 차지했다. 2위 미국 54만 7000건의 3배에 가까운 규모이다. 전세계 실용신안권의 96%, 디자인권의 54% 상표권의 51%도 중국이 신청했다. 중국이 남의 나라 지재권을 베끼는 나라에서 지식재산권을 보호해야 하는 입장이 되었다는 것이다. 그러나 미국내의 전문가들은 중국의 기업비밀 절도로 미국이 년간 500억 달러의 손해를 보고 있다고 추산하는 상황에서 고양이한테 생선가게를 맡길 수 없다는 입장이어서 귀추가 주목된다.

- 문재인 정부가 경기부양 명목으로 확장재정정책을 쓰고 있지만 재정지

출 효과가 낮은 복지분야에만 재원이 집중돼 경기부양효과가 크지 않을 거라는 비판이 있다. 확장재정이 경기부양효과를 거두려면 SOC(사회간접자본)과 R&D(연구개발)에 대한 예산배정을 늘려야 하는데 재정을 지출했을 때 경기부양 효과가 큰 SOC는 불과 2000억 원 증가에 그쳤고 R&D에는 4조 6000억 원 증가에 그쳤다.

- 문정인 통일외교안보특별보좌관은 미국의회의 동의없이 트럼프가 독자적으로 줄일 수 있는 주한미군은 500명 정도인데 이 정도의 주한미군 감축은 우리 안보에 별 영향이 없다고 하며 우리 정부도 편안한 자세로 미국과 협상할 수 있을 것이라고 했다. 유시민도 미국의 방위비 인상 내용대로면 주한미군 1인당 2억 원짜리 용병을 쓰는 것인데 이게 무슨 동맹인가 했다. 그는 상징적으로 공군만 좀 남겨두고 지상군은 다 철수해도 된다고 했다.

- **필만 러프 핵무기 철폐 국제캠페인(ICAN)** 회장은 만약 인도-파키스탄의 소규모 핵 전쟁으로도 26년간 핵겨울이 지속되며 이에 따른 식량감소로 최대 20억명이 사망할 수 있다고 했다. 사실 핵무기는 인류 전체의 생존을 위협하는 지구적 자살폭탄이라고 했다.

- 러시아 동부와 중국을 잇는 중러 동부가스관 연결사업은 총 길이가 8000km이다. 이 가스관을 통하여 30년간 연간 380억㎥의 가스를 러시아가 중국에 공급하는데 이는 연간 중국가스 소비량의 약 13.6%이다. 중국은 30년간 가스를 공급받는 대가로 러시아에 4000억 달러를 지급하기로 했다. 시진핑 시대 들어 중국과 러시아는 에너지뿐만 아니라 군사 경제 등 각 분야에서도 밀착하는 모습을 보이고 있다.

- **셰일오일**은 퇴적암의 일종인 셰일(혈암)층에 갇혀있는 원유를 암석층 사이에 고압의 물과 화학물질 화합물을 쏘아넣어 원유와 가스를 빼내

는 방법으로 생산한다. 미국은 10년전부터 셰일오일 생산이 본격화 하면서 중동산 원유의존도가 크게 낮아졌고 작년엔(2018) 사우디아라비아와 러시아를 제치고 세계최대 산유국에 오르기도 했다. 미국이 중동산 원유에 의존하지 않게 되면서 트럼프는 시리아에서 미군을 철수시키는 등 미국 우선주의정책을 펼칠 수 있게 되었다.

- **우리 국민의 생애주기에** 따르면 돈이 가장 많이 드는 연령은 16세로 나타났다. 이는 사교육비 때문인 것으로 확인됐다. 그리고 태어나서 26세까지는 소득보다 지출이 많은 적자인생을 살다가 27~58세까지 흑자인상을 살고 그 이후는 다시 적자인생으로 돌아서는 것으로 나타났다. 반대로 일생에서 가장 흑자를 내는 시기는 41세로 나타났다. 이처럼 생애주기에 따라 필연적으로 소득과 지출의 불균형이 발생하게 되는데 정부가 개입해 이를 조정하는 역할을 해 줘야 한다. 2016년에는 정부가 노동연령층에서 세금 113조원을 걷어 유년층이 58조 원, 노년층에 55조 원을 나눠줬다.

- **미국과 유럽의 대서양 동맹이** 안보문제뿐만 아니라 통화 주권에서도 분열상을 나타내기 시작했다. 원인은 트럼프와 EU와 방위비 문제로 모욕적인 압력까지 행사한 때문이다. GDP 20%의 방위비를 충족하는 회원국 정상들만 따로 모아 오찬을 하는 등 방위비 분담문제를 압박했다. 여기에 미국의 패권에 대응해 유럽도 독자적인 노선을 가야 한다는 주장이 나왔다. 즉 달러화에 맞서 유로화의 지배력을 강화해 유럽의 통화주권을 지켜야 한다는 것이다. 현재 EU가 수입하는 석유, 가스 등 에너지의 80% 이상이 달러화로 결대되고 있는데 이를 유로화 결재로 바꾸자는 주장이 나온다. 달러화가 금융위기, 미국의 보호무역 등으로 점점 신뢰를 잃어가고 있어 달러패권이 점차 붕괴될 조짐을 보여주고

있기 때문이다. 그러나 아직까지는 유로화가 탈 달러화 하기란 역부족이란 분석이 우세하다. 모두가 달러화로 저축하고 보유하고 거래하기 때문이다.

중국은 안면인식 결재 시스템에 가장 앞서 있는 나라이다. 얼굴로 지불하기를 선택하면 1초안에 얼굴정보를 확인하고 연결된 은행계좌에서 결재할 금액만큼 돈이 빠져나간다. 항공기 탑승권 기차승차권 등도 탑승권이나 승차권없이 탑승이나 승차를 할 수 있다. 이런 안면인식기술은 시민감시목적에 이용될 수도 있다.

- 중국과 러시아가 12.16일 유엔안보리에 남북철도 도로 협력 프로젝트를 대북제재 대상에서 면제하는 내용의 결의안 초안이 제안된 후 12.18일에는 문 대통령이 한 스웨덴 비즈니스 포럼기조연설에서 남북의 도로와 철도가 연결되면 유라시아 대륙을 거쳐 스칸디나비아까지 육로가 열릴 것이라고 했다.
- 고래는 지구상에서 가장 큰 동물이다. 그런데 고래종류에 따라 먹이가 다른데 이빨고래는 대왕오징어 같은 먹이를 먹는데 대왕오징어가 부족해 몸집이 더 커질 수 없고 크릴을 잡아먹는 대왕고래나 혹등고래는 크릴을 걸러먹는데 크릴은 바다속에 많기 때문에 크릴을 먹는 고래는 앞으로도 몸집이 더 커질 가능성이 있다.
- 좌파가 가장 중요시하는 가치는 평등이고 우파가 가장 중요시하는 가치는 자유이다. 그러나 자유는 그 범위가 점점 좁아지고 있고 평등은 그 범위가 점점 넓어지고 있다.
- OECD통계에 따르면 우리나라 부동산 보유세는 다소 낮지만 거래세

(취득, 등록, 양도세)는 OECD 최고 수준이다. 부동산거래세와 보유세를 합친 세수가 GDP에서 차지하는 비중이 한국은 3.9%로 영국의 4.3에 이어 OECD 32개국중 2위다. 따라서 거래세를 좀 낮추고 보유세를 높여야 한다는 지적이 나온다.

- 한국IT기업 NAVER가 일본에서 원격진료사업을 시작했다. 한국은 원격의료가 법으로 금지되어 있기 때문이다. 일본은 2015년부터 중국은 2016년부터 시작한 원격진료를 우리는 아직도 금지하고 있다. 차량호출서비스 타다는 해외에서 5억달러를 투자받으려다 타다의 불허로 무산되고 공유차량 모델에서 새사업기회를 찾으려는 국내자본은 해외로 빠져나가고 있다.

- 미국은 불법이라고 규정한 것은 제외하고 모두 다 할 수 있다는 네거티브 규제를 하고 있고 우리나라는 허가 없이는 모두 할 수 없다는 포지티브 규제를 하고 있다. 여기에다 미국은 감세정책으로 대표되는 친기업정책이 네거티브 규제와 만나면서 혁신기업에 날개를 달아주어 차량공유, 자율주행차 원격의료 등 새로운 서비스산업을 선점해가고 있다.

- **일본 나카소네 총리**는 일본이 반드시 넘어야 할 국가적 장벽이 원자력과 항공우주라고 했다. 나카소네는 일본엔화의 대폭 절상을 결의했던 플라자합의를 수용하면서 미국으로부터 일본의 핵재처리를 허용받았다. 현재 일본은 플루토늄 30t을 확보하고 있다. 이는 핵무기 5000개를 만들 수 있는 분량이다. 또 3개월 내에 핵무기를 만들 수 있는 기술력을 갖고 있다. 고체연료 위성로켓으로 ICBM기술을 확보했다. 우주광물을 갖고 온다는 명분으로 탄두 대기권 재진입 실험도 성공했다. (조선일보주필 양상훈)

- **미국 5대 테크기업** 애플, MS, 구글, 아마존, 페이스북의 시가총액이 5

조 달러이다. 이 5대 기업 시가총액 5조 달러는 세계 3위 경제대국 일본 GDP 5조 706억 달러와 비슷하고 4위인 독일 GDP 4조 291억 달러보다 많으며 한국 GDP 1조 6556억 달러의 3년치 GDP를 다 모아야 미국 5대 테크기업을 살 수 있다. 4차산업혁명의 핵심기술인 인공지능은 물론이고 그 이후의 기술에서도 미국의 주도권은 흔들리지 않을 것이다.

- 지난해에 이어 올해도 중일 양국의 총리가 상대방의 지방을 함께 다니면서 밀착하고 있다. 2012년 일본의 센카쿠열도 국유화로 단교 직전까지 갔던 양국이 밀착하고 있다. 아베가 구상한 인도 태평양 전략과 중국의 일대일로는 양립하기 어려우나 일본은 중국의 일대일로 사업에 협력하기로 약속했다. 사드로 한중관계 냉각, 소재 부품 수출규제로 한일관계 최악 상태에서 중일관계 밀착은 한국에 어떤 영향을 미칠까? 또 일본은 북한과도 교류를 확대시키기로 바라고 있다. 중일이 한반도를 자기 멋대로 처리할 수도 있을 것 같아 두려운 생각마저 든다. (이하원 조선일보 도쿄특파원)

- 2019년 말 우리나라 벤처기업 3만 6065개사 중 2052개사를 표본조사한 결과 전체 벤처기업에 고용된 인원은 약 71만 5000명으로 나와 이는 삼성, 현대차, LG, SK 4대기업의 고용인원 합계보다 약 5만 명이 더 많다. 지난해 전체 벤처기업의 매출액은 192조 원으로 추산되고 이는 삼성의 267조에 이어 2위인 SK 183조보다 많은 금액이다. 또 매출액 대비 R&D 비율이 약 5.5%로 추산되어 대기업의 비율 1.5%나 중소기업의 R&D 비율 0.7% 보다 훨씬 더 높았다. 벤처기업의 산업별 분야를 보면 신소재 (9.9%) 사물인터넷(9.4%). 빅데이터(8.7%) 에너지신산업(8.5%) 클라우드(8.2%) 핀테크(7.7%) 등이다.

- 일본이 한국에 대한 수출을 중단했던 반도체 소재 3개 중 불화수소의 한국 수출도 허가함으로써 3개 소재 모두가 다시 수출이 가능해졌다. 한국이 이 3개 소재의 국산화에 나서자 모리타 화학 등 일본소재산업 기업이 일본정부에 수차례 수출재개를 요구해 왔기 때문에 일본정부도 수출을 허락했다. 2021

- 국민들은 국가이익 대신 소속정당이익을 위하여 정쟁을 벌리는 것을 제일 싫어한다. 국회의원의 공천기준은 국가이익을 우선하는 의정활동이 제1의 공천기준이 되어야 한다. (서강대 임성은 교수)

- 시니어 비즈니스 학회 회장 김형수(호서대교수)씨는 2025년이 되면 5명 중 1명이 노인인 초고령사회가 된다고 하며 이러한 복지요구를 해결하는 해법은 공공과 민간이 역할부담을 해야 한다고 했다. 특히 민간부문의 역할을 늘려야 하는데 정부가 민간 부문의 역할을 정책적으로 지원해야 한다고 했다.

- 가짜 뉴스는 진짜 뉴스보다 6배 빨리 전파된다고 한다. 인류를 파괴하는 가짜뉴스가 정말 경악스럽다.

- **미국 정보기관 NIC**은 2025년 쯤엔 2차대전이후 미국주도로 구축된 세계질서가 중국과 인도 등의 부상으로 거의 와해될 것으로 예측했다. 또 2030년 쯤엔 아시아가 인구뿐만 아니라 경제력과 군사력 등에서 북미와 유럽을 합친 것을 넘어설 것으로 예측했다. 여기에 인도네시아, 네덜란드, 남아프리카 공화국 등의 부상으로 세계의 패권국이란 존재 자체가 사라질 것이란 전망을 내놓았다. 또 NIC는 2025년 쯤엔 남북통일이 되거나 남북이 아예 근접한 상황이 될 수 있을 것이라고 했다.

- **NIC의 2025년 예측** 1.서양에서 동양으로 경제적이동 2.군사, 영토 경쟁 재연 우려 3.국가주도 자본주의 강화 4.기존 세계 질서의 와해

- 처칠의 명언 하나 -현재와 과거가 싸우느라 미래가 죽어가고 있다.
- 인간이 하수도를 만들기 전에는 인간은 하루에 10g의 인간 배설물을 물이나 음식을 통하여 섭취해왔는데 인간이 하수도를 만들고 인간 수명이 약 20년 늘어났다.
- **일본인 우치다 다쓰루** 등이 지은 '인구감소사회는 위험하다는 착각'이란 책에서 과거엔 가족이 든든한 울타리가 되었으나 지금은 돈이 나를 보호해주며 결혼은 남자든 여자든 타산이 맞지 않는 선택이 되었다. 인구 감소시대에는 머릿수보다 머리의 질이 더 중요하다. 4차산업혁명 성패는 두뇌에 달려있다. 직원 5만 명의 구글 시가총액이 22만 명을 거느린 GM의 열배가 넘는다는 게 이를 증명하고 있다.
- **버블 붕괴의 대명사** 긴자지역의 땅값이 고공행진하면서 도쿄의 땅값이 아베노믹스가 본격화된 2013년을 기점으로 지속적으로 상승하고 있다. 상승률이 두드러진 곳이 상업지역인데 일본에서 땅값이 가장 비싼 긴자 메이지야 긴자빌딩의 땅값은 1㎡당 우리돈 4억6670만 원이다.
- **이란군 실세 솔레이마니 사령관**을 폭사시킨 미군의 군사용 드론(무인기)은 리퍼라고 명명되는 드론인데 2001년에 개발되어 2016년 기준 모두 195대를 보유하고 있다. 하늘의 암살자라 부르는 리퍼는 미 본토에서 조종하여 적국의 핵심 인물을 핀셋처럼 제거한다. 리퍼트 길이가 11m 너비가 20.1m로 950마력의 엔진을 장착하여 시속 482km로 비행하며 대당 1700kg의 무기를 장착할 수 있다. 주한미군에도 리퍼보다 다소 작은 그레이이글이라는 요인 암살용 드론이 배치돼 있다.
- 세계 최대 인터넷기업 구글은 유방암과 폐암진단에서 AI가 실제 의사보다 정확도에서 앞섰다고 발표했다. 뇌종양 진단에서 의사는 20~30분이 걸렸는데 AI는 150초 안에 진단을 끝냈다.

살아있는 콘크리트 개발

미국 콜로라도대의 월 스루바르 교수와 연구진은 먼저 원하는 모양의 틀에 광합성 세균인 시아노 박테리아와 젤라틴, 모래를 넣고 고온에서 햇볕을 비쳤다. 몇시간이 지나자 시아노 박테리아는 모래 주위로 탄산칼슘 결정을 만들었고 이후 온도를 낮추고 수분을 제거하면 단단한 콘크리트가 되었다. 바다에서 단단한 조개껍질이 만들어지는 것과 같은 과정이다. 박테리아로 만든 콘크리트는 마치 살아있는 생물처럼 손상된 부분을 스스로 치료하고 증식도 한다.

- 무분별한 포경으로 1970년대 600마리까지 줄었던 남아공의 혹등고래가 남아공 정부의 노력으로 현재 3만 여 마리로 늘어났다. 고래는 배설물을 통해 바다에 철분을 제공하고 호흡을 통해 해양 산성화를 불러오는 이산화탄소를 체내지방 등으로 흡수한다. 철분은 바다 먹이사슬의 가장 밑에 있는 식물성 프랑크톤의 필수영양소이며 고래수의 감소는 해양 먹이사슬의 붕괴를 의미한다. 고래의 생태계를 보존해 관광자원으로 만들면 포경수익보다 수십배의 이익을 가져온다고 했다.

- 산천은 인간의 역사와 무관하지 않다. 사람은 먼저 그가 살고 있는 산천을 닮는다고 했다. (우석대 김두규 교수)

- 초고가 아파트 가격이 절반으로 떨어지면 비인기 지역 아파트는 절반보다 훨씬 더 많이 떨어진다는 게 정설이다. 시장이 몰락할 때 우량자산보다 비우량자산이 훨씬 더 충격을 받는다는 게 경제상식이다. (조선일보 산업1부장 김덕한)

- 국민들은 국가이익대신 소속정당의 이익을 위하여 정쟁을 벌리는 것을 가장 싫어한다. 국회의원의 공천 기준은 국가이익을 우선한 의정활동이 제1의 공천 기준이 되어야 한다(서강대 임성은 교수)

- **미래학자 제러미 리프킨**은 풍력에너지와 태양에너지 발전 비용이 급락하면서 석탄 석유 보다 저렴해 지면서 2028년쯤 화석연료 문명의 종말이 올 것이라고 했다. 이데로 가면 지구 온난화로 인류가 대멸종에 처할 수도 있다며 발전소 정유소 등 100조 달러에 달하는 화석연료 사업 관련 자산이 좌초 하게 될 것이라고 했다. 리프킨은 특히 한국은 세계 7번째로 이산화탄소를 많이 배출하고 12번째로 온실가스를 많이 배출하는 나라로 화석연료 좌초자산에 가장 취약한 나라라고 했다. 이런 상황에서 지구 온란화에 대비한 탄소 재로 사회를 만드는데 20년 만에 못할 이유가 없다고 했다.

- **시니어 비즈니스 학회** 회장 김형수(호서대 교수)씨는 2025년이 되면 5명중 1명이 노인인 초고령 사회가 되는데 모든 것을 복지 국가제도로 대응해서는 안되고 이러한 복지요구를 해결하는 해법은 공공과 민간이 역할분담을 해야 한다고 했다. 특히 민간부문의 역할을 정책적으로 지원해야 한다고 했다.

- 김정은은 사실상의 신년사로 볼수 있는 2020년의 노동당 중앙위 전원회의 보고에서 자력을 23회, 정면돌파를 22회 언급했다. 전대미문의 난관이라며 경제난을 피력했다.

- 청와대 안보실 내에서 대북제재를 놓고 남북관계에 우선을 두자고 하는 자주파와 한·미동행에 우선을 두자고 하는 주장이 대립 했다가 문재인 대통령은 남북관계 자주파의 손을 들어줬다.

- 버블 붕괴의 대명사 긴자지역의 땅값이 고공행진 하면서 도쿄의 땅값이 아베노믹스가 본격화된 2013년을 기점으로 지속적으로 상승하고 있다. 상승률이 두드러진 곳이 상업지역이다.

- 전기 자동차 대중화에 걸림돌이 되어온 긴 충전시간을 해결하는 기술이 미국펜실베니아 대학 연구진이 10분간의 충전으로 320㎞를 주행할 수 있는 벳터리를 개발했으나 폭발할 위험성 때문에 상용화 까지는 약 10년이 더 걸릴 것이라고 전망하고 있다.

- 미국 콜로라도대 연구진이 바다에서 조개껍질이 만들어지는 과정을 거쳐 살아있는 콘크리트를 개발했다. 박테리아로 만든 이 콘크리트는 마치 살아 있는 생물처럼 손상된 부분을 스스로 치료하고 증식도 한다.

- 산천은 인간의 역사와 무관하지 않다. 사람은 먼저 그 산천을 닮는다고 했다.(우석대 교수 김두규)

- 미래학자 코마스 플레이 에게 미래 한국을 위한 조언을 묻자 한국이 국가간 초대형 산업을 주도하라고 했다. 국가간 장벽이 무너진 시대이니 내수시장에만 매달리지 말고 일본과 지하철을 뚫던가 등의 사업을 주도하라고 했다. 북한과의 관계는 북한내 스마트콘 인구가 많이 늘어나니까 사람들이 쉽게 소통할 수 있어 북한과의 관계가 극적으로 변할수 있다고 했다. (박순찬 특파원)

- 유럽인의 아메리카 대륙 침략때 천연두와 홍역 같은 유럽발 전염병이 아메리카

기사읽기 선수되기

경제기사 비평가 이상민씨는 기사를 보는 3 부류의 방식이 있다고 한다. 하수는 내용을 본다. 중수는 출처를 본다. 선수는 바이라인(작성자)을 본다. 중수는 기사를 읽다가 미심쩍으면 통계청 홈페이지를 본다. 즉 기사의 출처를 본다. 선수는 읽다가 이상하거나 기사가 좋으면 바이라인(작성자)을 본다. 선수는 기자 이름만 봐도 훌륭한 기자, 엉터리 기자 이름을 줄줄 댈 수 있는 사람이다. 글을 쓴 기자 이름만 보면 그 기사가 어떤 기사인지 알아차린다고 했다.

원주민 95%를 몰살시켰다.
- 검찰권의 가장 큰 힘은 수사권과 기소권이 결합돼 있다는데 있다. 따라서 검찰개혁은 수사권과 기소권의 남용을 어떻게 막을 것인지 대안을 제시해야 한다.
- 2015년 완도 김 수출액은 4억 1,000만원 이던 것이 2019년에는 141억 2,000만원으로 4년 만에 35배로 급증했다. 우리나라 김생산지 대표 완도에는 70~80대 노인들도 1년에 3억원정도 버는게 보통이라 한다. 1986년 체르노빌 원전사고 이후 김이 인체의 방사능 오염을 막는다는게 밝혀져 유럽 시장이 급속히 확대되고 있다.
- 중국이 지금 미국 패권에 도전하고 있다. 그러나 미국은 중국의 도전을 물리칠 강력한 힘이 있다. 바로 인구이다. 2050년경 중국은 초고령사회로 진입하고 인구가 14억에서 12억으로 감소할 것이다. 그런데 미국은 3억에서 4억5,000만으로 50% 증가하고 젊은 인구 구조를 유지한다. 이것은 세계에서 가장 똑똑한 인력이 유입되기 때문이다. 21세기가 여전히 미국의 세기가 될 것이다. 우리가 중국에 저자세일 필요가 없다.(전 국립외교원장 윤덕민)
- MIT와 공동연구진은 인공지능(AI)을 활용하여 내성을 가진 박테리아도 죽일 수 있는 강력한 항생제 할리신(halicin) 항생제를 개발했다고 발표 했다.할리신을 인체에 적용하기 위해 제약회사 등과 협력해 추가연구를 계속한다는 계획이다.

박승 전 한은총재와 조선일보 논설위원 강경희 씨와의 인터뷰 내용
- 주당 근로시간을 52시간으로 줄이면 소득이 30% 정도 감소한다.
- 과거 성장 모델에 향수를 가진 분들이 낙수 효과로 횡귀(거짓된 문구)

하다는 의견도 있으나 나는 그것이 맞지 않는 얘기라고 본다.

- 양극화 문제는 기업에만 맡기지 말고 정부가 상당부분 가계소득을 지원해야 한다고 본다.

- 한국 경제 위기의 본질은 '저성장의 위기'가 아니고 민생의 위기다. 이제 2%의 저성장을 정상으로 받아드려야 한다.한구도 이젠 ① 수출의 감소 ② 인구감소 ③ 임금과 집값 등 고비용 사회로 진입하여 저성장이 불가피한 사회가 되었다. 그래서 우리가 가야할 길은 2%대의 저성장이면서 양극화가 해결되는 '양질의 저성장'이다.

- 일본은 내수가 우리의 3배, 미국은 14배이다. 미국이나 일본은 내수시장이 크니까 내수시장을 보고 기업이 투자를 하나까 경제가 그런대로 흘러가나 우리는 수출시장 하나만 보고 달려 왔는데 수출이 막히니 기업이 투자를 할 수 없다.

- 북한 내부에서 '청년을 그냥 두면 큰일이 터진다'는 이야기가 나오고 있다. 북한도 대형시장이 500여개이고 휴대폰 사용자도 600만명을 넘고 있어 외부와의 소통이 이루어지고 있어 통제가 어려워 반정부 활동을 두려워 하고 있다.

- 세계 경제 포럼에서 국가경쟁력은 13위인데 노사협력은 141개국 중 130위다. 노조는 억대임금을 받는 고소득 정구직 노동자의 이익을 대변 하면서 국가사회에 대한 배려와 협조는 미흡하다. 기득권이 조직화 되어 있어 주 52 시간 근무제를 하면서 탄력근로제를 도입해야 기업도 살고 국가경제도 살아 날수 있다.

- 경제가 성장해도 국민생활이 뒷걸음질하는 빈곤화 성장의 근본원인이 부동산 문제다. 집이 축재 수단으로 가는 다리를 끊어야 한다. 보유세를 지금보다 2배이상 올려야 하고 거레세는 낮추어 응능부담이 되어

야 한다. 분양가 상한제도 분양가만 낮추면 입주당첨자가 초과이익을 얻게 된다. 따라서 분양가 상한제를 하려면 아파트 추첨 할 때 임대주택 건설 기여금을 많이 써낸 순서대로 당첨시켜 초과이익을 사회가 갖게 해야 된다. 수요만 억제 한다고 집값이 안 잡힌다. 대규모 임대주택 공급이 따라줘야 한다. 부유층은 민간이 짓는 비싼 집에 살더라도 서민과 젊은이는 안심하고 공공주택에 살 수 있게 정부가 노력해야 한다.

- 영국 런던에는 집세를 아끼려고 배에서 사는 사람이 늘고 있다. 운송용 배가 아닌 거주용 배가 있다. 런던에 10년전만 해도 2,000척 정도 있었으나 지금은 5,000척 정도로 늘었다. 배를 빌리면 한달에 300파운드 하지만 집을 빌리면 원룸이 보통 900파운드 줘야 한다. 서울시민도 한강에 배를 띄워 살날이 올 것 같다. (런던 박소의 탐험대장)

- 한국은 2018년에 1인당 국민소득 3만달러를 돌파 했다.

- 김연철 통일부 장관은 2020. 2. 18일 국회보고에서 우리 국민의 북한 개별 관광은 유엔 제재는 물론 미국의 독자적인 제재에도 해당되지 않는다고 했다. 따라서 우리정부는 다시 북한 개별관광을 추진 하겠다고 했다.

- 미국은 1993년 원격의료가 시작되었다. 일본은 2015년, 중국도 2015년 시작되었다. 그래서 중국은 병원에 가지 않고 스마트폰으로 원격 진단을 받는 서비스가 현재 약 1억명이 넘는 큰 시장이 되었다.

- 중국이 티베트에 목을 매는 이유는 인접한 강대국인 인도를 막으려면 중국과 인도사이에 자연이 만리장성인 히말라야 산맥을 장악해야 할 필요성이 있기 때문이다.(팀 마셜저 '지리의힘')

- 삼성전자가 차세대 베터리로 주목 받는 '전고체 전지' (All Solid State Battery)를 개발했다고 발표했다. 1회 충전에 800㎞를 주행할 수 있

다고 한다.

- 러시아가 미국 세일 업체의 도산을 유도하기 위해 사우디와의 감산합의를 깨니까 원유생산량이 늘면서 가격이 인하되면서 국제유가가 30%이상 폭락 하면서 미국 세일업체가 경영난에 시달리고 있다.

- '반대의 놀라운 힘'의 저자 샬렌 네메스는 실험을 해 보니 조직의 의사결정 과정에서 문제점을 발견하고도 반대자가 되는게 부담스러워 입을 다문 직장인의 비율이 70%나 된다고 한다. 제대로 된 조직이라면 다른 목소리를 내는 사람을 조직의 부패를 막아주는 소금처럼 그를 소중히 여겨야 한다고 했다.

- 2020년 현재 북한의 1인당 GDP가 약 790달러(약 101만원)으로 추정 된다고 한다.

- 코로나는 인구의 60%가 면역력을 가져야 확산이 멈추어 질 수 있다.

- 올림픽을 1년 연기하면 경기장 관리비, 인건비 등 하루에 200억원의 비용이 들어가 1년치 경제적 손실 7조 3000억원의 손실이 발생 한다.

- **일본 올림픽 후원사**들은 4~5년 전부터 로봇, 수소차 등 첨단기술에 수조원의 R&D 비용을 쏟아 부어 수십억명이 지켜보는 도쿄올림픽에 선보인후 상용화를 추진하려 했으나 올림픽이 열리지 않아 진퇴양난에 빠져있다 한다. 도쿄 올림픽 특수를 노렸던 한국기업들도 울상이다.

- 금리는 역사적으로 계속 내려가는 추세다. 그래서 고금리 시대가 오기는 어렵다.

- **무기체계의 수명**을 30년 정도로 보는데 이에 따라 1990~2019년 30년 동안을 비교해 보면 한국의 국방비 총액은 약 684조원에 달하고 북한은 70조원 안팎으로 추정되어 이러한 결과를 반영하듯 미국의 군사력 평가 전문기관인 '글러벌 파이어 파워'는 2020년 군사력 순위 평가에서

한국은 세계 6위 북한은 세계 25위로 평가 했다. (정욱식컬럼)

– 사회주의는 공산주의로 가는 낮은 단계의 체제이나 공산주의는 반드시 독재정치 체제를 하고 사회주의는 반드시 그렇지는 않다. 그러나 양 체제는 모두 개인의 사유재산 소지를 허락하지 않는다.

– 勝敗는 兵家之常事다.(승패는 병가지상사다). 이기고 지는 것은 병가에서 일상적인 일이다.

– **세계 지식재산권 기구(WIPO)**가 2019년 국제특허출원 건수가 중국이 5만8990건의 특허를 출원해 2위인 5만 7840건을 출원한 미국을 제치고 세계 1위에 올라섰다. 3위는 일본 4위는 독일, 5위는 한국이었다. 개별기업으로는 화웨이가 1위(4411건) 2위는 미쓰비시 전기(2661건) 3위는 삼성전자(2334건)이었다. 중국의 이런 성과는 "중국 제조 2025"를 내세워 자국업체의 연구개발 분야에 정부가 보조금을 집중 투입한 결과이다.

– **국경없는 기자회(RSF)**가 발표한 2020년 세계 언론자유지수 순위에서 한국은 42위를 기록하여 지난해에 이어 아시아에서 1위를 기록했다. 박근혜 정부 시절인 2015년에는 60위를 기록했다가 문재인 정부들어 많이 회복되었다.

– 우리나라는 가계 부채가 많아서 전체 빚(GDP의 236%)으로 보면 부채 과다국인 미국(254%), 중국(257%)에 크게 뒤지지 않는다. 그러나 미국, 일본 같은 기축 통화국이나 준기축 통화국 과는 달리 빚을 늘리면 위기는 반드시 오게 되어 있다. 따라서 세출구조를 조절하여 부채를 줄이는데 노력해야 한다.(김대기 단국대 초빙교수)

– 2억 5,000만년전 생물중 96%가 소멸한 대재앙은 고작 5도 정도의 기온상승에서 시작되었다. 원흉은 대기중 이산화탄소의 농도 상승이었

다. 그런데 오늘날 인류는 그때보다 훨씬 빠른 속도로 이산화탄소를 쏟아내고 있다. 이 추세대로 가면 지구는 불과 30년후 인간이 거주하기에 부적합한 행성으로 바뀔 수 있다.이대로 가면 2100년쯤에는 기온이 4도 상승한다. 북극 영구 동토 등도 녹아 내리고 있다. 그 영구 동토층엔 인류가 한번도 경험 하지 못한 박테리아나 바이러스가 갇혀 있을 지도 모른다. 오늘 당장 탄소배출을 중단해도 21세기가 끝날때쯤 2도정도의 기온상승은 피할 수 없다. 해수면은 1.2m에서 최대 2.4m 까지 상승한다. 인류는 한 세대 안에 온난화를 해결해야 살아남을 수 있다. (2050 거주 불능지구 데이비스 월리스웰즈 지음 김재경 옮김)

- 문재인 대통령은 4.27 수석보좌관 회의에서 가장 현실적이고 가장 실천적인 남북협력의 길을 찾아 나서겠다고 했다. 코로나 남북공동대처, 남북철도연결, 실향민 상호방문, 비무장지대의 국제평화지대화 등을 추진하겠다고 했다.

- **이익공유제**는 대기업이 목표한 이익보다 더 많은 이익을 냈을 때 이 초과이익의 일부를 협력중소기업에 나누어 주는 제도인데 반시장적 사유재산권 침해라는 반론이 일어나고 있다.

- 중국은 2020년 5월중 디지털 화폐가 발행될 것이라고 한다. 디지털 화폐는 별도의 은행계좌 연동 없이도 스마트폰에 직접 저장하고 송금·결재 등을 진행할 수 있게 설계되어 있다. 이러한 화폐 혁명에는 인민폐를 기축통화로 삼아 새로운 글로벌 금융질서를 세우고자 하는 중국의 야망이 있다. 중국은 2022년 베이징 동계 올림픽 때 디지털 화폐를 전면 활용한다는 방침을 세우고 있다.

- **미국의 방위비 인상요**구를 절대 받아들여서는 안된다. 미국은 당초 50억 달러의 방위비를 요구하다 13억 달러로 최종 제안했다. 37억 달러

를 깎아 줬으니 받아라는 것이다. 그러나 현재 방위비 분담금중 미사용 금액이 2조원 안팎에 달하고 있어 지금도 남아 도는 수준이라 오히려 깎아야 한다.(2019년 분담금 1조 389억원이었음) 방위비 분담금을 올려줄 경우 그 남은 돈을 어디에 쓰느냐가 문제다 미국은 그 남는 돈을 전략자산 전개 및 배치에 사용하려 할 것이다. 핵추진 항공모함, 핵추진 잠수함 등의 전개 및 배치에 사용하려 할 것이다. 미군의 전략자산 전개 및 배치에 대단히 민감한 북한은 크게 반발할 것이며 한국이 전략 무기 경쟁의 한복판에 휘말릴 위험성에 놓이게 된다. 전략·자산의 전개 및 배치와 주한미군 규모를 축소하면 한미 양국의 부담이 줄어들고 미중 패권경쟁에 한국이 휘말리는 위험을 줄이고 북한에 비핵화 결단을 촉구하는 지렛대가 될 수도 있다. 이미 한국은 세계 군사력 6위에 올라 있어 한미동맹의 하향 조정은 한미 모두에게 이익이 될 수도 있다. (2020.5.8. 정욱식 평화네트워크 대표)

- 김무성 전 의원이 YTN 인터뷰에서 극우 유튜브가 우파를 다 죽였다고 했다. 극우 유튜브가 사리에 맞지 않는 소리를 하는걸 국민이 보고 극우한테 나라를 맡겼다간 큰일 나겠다고 생각한 국민들이 모두 좌파로 돌아서 버렸다는 거다.

- 30조원에 이르는 3차 추경이 적자국채 발행으로 조달되면 우리나라 국가 부채 비율이 단번에 45%대로 뛰어 오를 수 있다고 야단이다. 그러나 유럽연합도 국가채무 비율을 60% 이내로 해야 한다는 기준이 있다. 그런 기준에 비하면 아직까진 크게 걱정할 수준은 아니나 한국의 고령화 속도를 생각할 때 국가 재정 여유를 좀 두어야 한다는 주장이다.(연세대 성태윤 교수)

- 이번 4.15 총선에서 민주당과 통합당의 의석수 차이는 크게 났지만

253개의 지역구에서 정당 득표율은 민주당이 49.9% 통합당이 41.5%로 8.4% 차이다.

- 커피의 기원은 아프리카 북동부 지금의 에디오피아에서 유래 되었다 하는데 한 염소지기가 염소를 풀어놓고 놀게 했는데 염소들이 돌아오지 않아 가보니 빨간 열매를 먹고 활기차게 뛰어노는 모습을 보았다는 거다. 집에 돌아와서도 계속 잠을자지 않았다는 거다. 이 빨간 열매가 커피였다. 이 커피가 이슬람제국(금주국가)를 거쳐 유럽으로 세계로 퍼져 나갔는데 지금은 매일 20억잔의 커피가 소비되고 있다고 한다. (음식경제사 저자 권은중)

- 조선일보가 20대 국회에서 꼭 처리해야할 경제현안을 경제단체에 대해 설문조사를 해본 결과 원격진료를 허용하는 의료법과 R&D 투자세액 공제율을 높여 달라는 요구가 가장 많았다는 거다.조성훈 연세대 교수도 임시 투자세액공제는 감소세수보다 더 큰 생산유발 고용유발 효과가 있다고 했다.

- **트럼프 미국 대통령**은 5월14일 인터뷰에서 '중국과 모든 관계를 끊을 수 있다'고 했다. 그 경우 한해 5,000억 달러를 절약할 수 있다고 했다. 중국내의 생산기지를 미국으로 회수 하든가 인도, 베트남 등 미국이 믿을 수 있는 국가들로 옮겨서 중국에 의존하는 세계 공급망을 재편 하겠다는 거다.

- **우리의 경제력은 세계 12위** 정도인데 우리의 군사력은 2018년에는 세계 7위에서 2019년에는 세계 6위 이기 때문에 군사안보의 비중을 줄여서 인간안보와의 균형을 도모하는 것이 충분히 가능한 상태이다. 군사비 감축은 신뢰의 위기에 빠진 남북관계에 새로운 돌파구를 만들 수 있고 전 세계적인 위기 대처에 선도국가로서의 위상도 확립할 수 있다. (정욱

식 평화메트리크 대표 2020.5.20.)

- **중국에 의존한 글로벌 공급망**이 코로나 사태로 흔들리면서 각국이 세계에 나가있는 자국기업을 불러들이는 리쇼어링(reshoring, 제조업 본국회귀) 정책을 강화하고 있는데 한국은 급속한 최저임금인상 과격한 주 52시간 근무제로 기업의 부담을 늘리는 정책을 고수할 경우 기업유턴 정책에서 승리할 수 없다는 주장이 제기되고 있다.

- **미국 상무부가 제3국에서 제조한 반도체**라도 미국기술을 활용한 제품은 중국화웨이에 팔지 못하는 조치를 내렸다.철이 굴뚝산업의 쌀인 것처럼 반도체는 테크산업의 쌀이다. 중국 정부는 4~5년전부터 자국 반도체 기업인 SMIC 등에 정부돈을 펀드형태로 수십조식 투자해 왔다.일본도 반도체 산업 부활을 위해 인텔과 TSMC(대만업체) 등의 생산 개발 거점을 유치하려는 프로젝트를 비밀리에 추진하고 있다.

- 청와대가 4.15 총선 승리의 분위기를 타고 남북 철도 연결에 대해 미국과 협의를 했다고 하자 미국은 비핵화의 진전이 없는 상태에서 한국이 독자적으로 남북경협에 속도를 내서는 안된다고 했다.

- 핀란드가 모든 국민에게 균등한 액수를 지급하는 보편적 복지제도인 기본소득 보장제 실험을 2년간 해본 결과를 발표했다.기본소득을 받은 사람들이 기본소득 대신 실업수당을 받은 비교집단 보다는 삶의 만족도가 더 높다는 특징이 나타났다고 밝혔다. 우울한 감정이나 외로움을 덜느꼈고 국가 사회에 대한 신뢰도가 높았다고 했다.

- 중국은 홍콩 보안법으로 홍콩의 통치권을 확립한데 이어 대만에 대한 무력사용을 경고했다. 이에 미의회의 고위관계자는 태평양에서 중국이 도전을 상상할 수 없을 정도로 압도적인 군사력을 구축해야 한다고 말하고 있다.

- 미국 편에 서서 중국의 코로나 책임론을 거론한 호주 총리 때문에 호주 소고기 수출의 24%를 차지하는 중국이 문을 잠그기 시작했고 호주산 보리에 대해 최대 80% 까지 관세를 부과하게 했다. 지금 호주 매체들은 2017년 중국 사드 보복으로 한국 경제에 미친 영향이 약 8조 5,000억원에 달했다는 보도를 하고 있다.

- 현재 스웨덴, 독일, 프랑스, 일본 등 59개국이 부모의 자녀 체벌을 법으로 금지하고 있다.

- 서상목 전 보건복지부 장관은 기본소득제도는 세계 최고수준의 노인 빈곤문제, 자살문제를 해결할 수 있다고 했다. 북유럽도 복잡하고 실효성이 떨어지는 복지제도를 개혁하는 수단으로 기본소득이 등장했다. 모든 사람에게 기본소득을 지급한다 해도 누진세 세율 구조상 어차피 부자에게 증세가 이루어지기 때문에 빈곤층과 부자에게 같은 액수를 준다해도 역차별 문제가 생기지 않는다고 했다. 기본소득 한다고 복지제도를 없애자는게 아니고 중복된 제도를 조정하여 저소득층을 실질적으로 보호해 주자는 것이다.

- **미·북 정상회담**이 노딜로 끝나면서, 북한이 한국과 미국을 불신하게 하여 북한이 중·러와 밀착 하면서 시주석에게 조언을 구하며 경제적 원조를 호소하고 있다. 따라서 문대통령의 한반도 중재자 역할은 시진핑 주석에게 빼앗겼고 2018년과 같은 짧은 평화가 온다해도 한국의 간여가 아닌 미·북 사이에서 결정될 것이라고 했다.

- **중국의 제조 2025전략**은 2025년까지 부품과 중간재의 70~80%를 자체생산 공급하고 2035년에 선진국을 추월하겠다는 야심찬 계획이다. 이중 중국이 가장 어려움을 느끼는 분야가 반도체이다. 지금 중국의 반도체 자급율은 20% 정도이다. 특히 메모리 반도체는 거의 한국에 의

존하고 있다. 기술격차도 3~5년 정도 난다고 본다. 따라서 중국이 한국의 반도체 산업을 뛰어 넘으려면 상당한 시간이 걸릴 것으로 보인다. (진대제)

- 2013년 '21C자본'을 펴낸 피케티가 6년만에 '자본과 이데올로기'를 펴 냈다. 전자는 불평등의 기원을 파해친 책이고 후자는 불평등의 해법을 찾는 저서이다. 피케티는 교육엘리트(브라만 좌파)와 자산엘리트(상인우파) 간의 공생이 이루어져 오히려 불평등을 키웠다고 했다. 즉 좌파 엘리트 계층이 재분배 기능을 하지 않은게 문제라고 했다. 피케티는 기본소득만으로는 안되고 기본자산이라야 한다며 젊은이에게 집을 마련해 주거나 창업을 할 수 있는 종잣돈을 주자고 했다. 프랑스는 성인 평균자산의 60%에 해당하는 12만 유로 (한화 약 1억6,200만원)을 20세가 된 모든 젊은이에게 주고 있다는 것이다. 이를 위해서는 매우 높은 누진세가 필요하다고 했다. 성공한 이들이 모두 자신의 노력만으로 성공한 것 같이 생각하나 사실은 사회의 축적된 지식에 의존한 결과라는 것이다. 그는 코로나 이후 세상을 낙관한다고 하며 트럼프는 권력을 잃게 될 것이라고 보았다.

- 미국이 한국에 대해 '경제번영 네트워크(EPN)를 제안 했으나 한국은 최대무역 파트너인 중국과 맞서기는 지극히 어려운 입장이다. 한국이 미국의 EPN을 따를 경우 중국은 100% 한국에 대해 경제보복을 할 것이다. 따라서 빅터 차는 미국이 한국 보복에 대해 한국을 지원하겠다는 확실한 약속이 없는 한 한국으로 하여금 중국에 맞서는 것을 요구해서는 안된다고 했다.

- 한·일 수출 규제 갈등이 발생한지 1년이 되었지만 문재인 대통령은 일본의 수출규제 1년간 단 한건의 생산차질이 일어나지 않았고 소재, 부

품, 장비산업의 국산화를 당기는 등 성과를 이루어 냈다고 했다. 특히 탄산칼륨의 경우 일본산제품보다 더 저렴하게 판매해 일본의 항의까지 받고 있다.

– 미국의 싱크탱크 전략 국제문제 연구소(CSIS)는 가장 심각한 위험은 백인우월주의자라고 했다. 특히 2020년에는미국내 테러중 90%가 극우단체의 테러였다고 했다.

– **국가핵융합 연구소**는 미국, EU, 일본, 러시아, 중국, 인도 등이 참여하고 있는 국제핵융합실험로(ITER)의 핵심부품인 스패너와 펜치를 국내에서 개발 했다고 했다. 이제 ITER의 부품개발이 모두 끝나 본격적인 조립에 들어가면 128종의 장비중 44종이 제작비용과 중요도의 90%를 차지한다고 한다. 태양은 중력이 강하기 때문에 1500만도 환경에서도 핵융합이 일어나나 중력이 약한 지구에서는 핵융합을 일으키려면 1억도 이상의 초고은 플라스마를 만들어야 한다. 이제부터 조립에 들어가면 2025년 까지는 인공태양이 완성될 것을 목표로 하고 있으며 ITER의 건설지는 프랑스에 있다.

– **LNG 수출 1위 카타르**가 6월 1일 현대중공업, 대우조선 해양, 삼성중공업 등 3사와 2027년 까지 100척의 LNG 운반선 건조공간(슬롯)을 확보하는 계약을 체결했다. 조선업에서는 대규모 발주계약전에 미리 건조공간(슬롯)을 확보하는게 일반적이다. 카타르 LNG 업체가 23조원이 넘는 LNG선 발주는 역대 최대 규모가 될 것이라고 했다. LNG선 발주는 중국과 경쟁을 하나 중국보다 한국이 기술 1위이기 때문에 한국에 대량 발주 했다고 한다.

– 미국의 16세 이하 세대에선 사상 처음으로 백인이 소수인종으로 되었다고 한다. 어린 세대부터 주류교체가 일어난 것은 출산율의 차이 때문

이다.

- 북한의 남북공동연락사무소 폭파 ,문재인 대통령 비난 등은 2017년 대북제재가 강화된 이후 돼지열병과 코로나로 김정은 집권이후 최악의 상태가 된게 원인이라는 것이다. 북한은 대중 무역의존도가 95%에 달하는데 무역적자가 2016년엔 5억5,800만 달러, 2017년엔 16억7,700만 달러, 2019년에는 23억 7,300만 달러로 늘어나고 있다.

- **독일의 경제학자 슈텔터**는 코로나로 보호주의가 강화되고, 반세계화가 두드러지고 있어 대외 의존도가 높은 한국은 아시아 지역내 수출을 늘리고 내수를 활성화해야 한다고 조언했다.

- **미국의 R&D 투자액**은 1960년도에는 전 세대 R&D 투자액의 69%에 해당되었으나 미국의 투자액이 점점 줄어들면서 중국의 R&D 투자액이 미국을 바짝 추격하자 미 조지 타운대 글로벌 R&D와 동맹의 새로운 시대라는 보고서가 발간되었다. 그 내용은 중국에 대항하여 미국이 R&D 동맹을 강화해야 한다고 했다. 미국이 R&D 동맹을 맺어야 할 것으로 한국, 일본, 독일, 인도, 프랑스, 영국을 지목했다. 6개국의 R&D 투자액은 일본이 1710억 달러 한국 980억 달러, 독일 1410억달러, 인도 740억 달러, 프랑스 680억 달러, 영국 530억 달러로 이들 6개국을 합치면 6050억 달러로 미국이나 중국보다 많다. 중국과 협력을 강화하고 있는 러시아는 R&D 투자액이 전세계의 2%에 불과하다.

- 기업이 주도하는 노동개혁이 요구된다. 연간 필요한 인력을 졸업시즌을 전후해서 한꺼번에 뽑아 그룹사에 배치하여 동일한 월급을 주는 현재의 채용방식은 노동시장을 경직화시킨다. 선진국 큰 회사들은 부서장들이 채용권한을 가지고 필요할 때 필요한 사람을 뽑아 쓰고 보수도 개별적으로 정한다. 또 호봉제를 폐지하고 연봉제, 성과급, 직무급 등

다양한 임금체제를 만들어 가야한다.(박병원)

- 케인즈는 불황에선 재정적자를 감수하면서 돈을 풀어야 하나 늘어난 국가 채무를 줄여 재정을 흑자로 되돌려 놓아야 한다는 원칙이 있었다.

- 북극 주위에서 1년 내내 얼어있는 곳을 영구 동토층이라 하는데 그 두께가 약 100m나 된다고 한다. 시베리아, 카나다 북부, 알레스카 등 북반부 전체 면적의 이 영구 동토층이라 한다. 이 영구동토층에는 지구온도를 높이는 온실가스를 잔뜩 품고 있다고 한다. 영구동토층에는 얼어 붙기전 수만년 전의 동식물 사체가 많아 지구 온난화로 동토층이 녹으면 부패가 시작되면서 이산화탄소와 매탄가스 같은 온실가스를 방출하기 시작하여 약 1조 6,000억톤의 탄소를 내뿜어 지구온난화를 가속화 시킨다고 한다.

- 중국이 남중국해의 90%를 중국영해라고 주장하며 인공섬을 건설하여 군사 기지화해서 베트남, 말레이시아, 인도네시아, 브루나이 등과 분쟁을 일으키고 있는데 미국은 중국의 남중국해 영유권 주장은 불법이며 항해의 자유가 보장되어야 한다고 했다.

- 정세현 민주평통 수석 부의장은 미국이 북한을 불러 냈다가 약속을 이행하지 않아서 그 배신감 때문에 북한이 자기수단을 강화하도록 만들었고 그 결과 핵보유국이 되었다고 했다. 미국은 북한의 핵문제를 해결할듯 하면서 결국 해결이 되지 않도록 판을 흔들어서 한반도를 무기시장으로 만드는게 목적이라고 했다. 북한이 완전히 핵을 제로(0)로 만들면 미국의 대북제재를 완화해 주겠다는게 하노이 협상 내용이라고 했다. 주한 미군 철수 감축설에 대해서는 우리가 아무리 미국을 섭섭하게 해도, 방위비 분담금을 올려 주지 않아도 주한 미군은 철수하지 못한다며 주한미군이 6.25 직후처럼 한국을 지켜주는게 아니고 마국의

동아시아 지역 이권을 지키고 있는 거라고 했다.

- **국가채무(D1)**에 비영리기관의 부채를 더한게 일반정부부채(D2)라고 하는데 이 일반정부부채에 대해 IMF의 권고 상한선이 60%이다. 따라서 기재부는 일반 정부 부채 비율이 60%를 넘지 않도록 견재할 역할이 중요하다. (서울대 안동현 교수)

- 한국 정부는 차세대 반도체 기술개발에 향후 10년간 1조원을 투자하겠다는데 중국은 향후 10년간 170조원을 투자하겠다고 한다.한국 전체 수출의 20% 이상이 반도체이다. 반도체는 IT 제품은 물론 각종 정밀무기에 필수적인 제품이다. 한국의 반도체기술 개발에 이 정도의 투자로 족하겠는가?

- 일본과 중국이 태평양 상에 있는 침대 2개 크기 만한 암초를 두고 다투고 있다. 원래 이 암초는 가로 2m, 세로 5m 정도 되는 암초였는데 일본이 여기에 수억달러를 쏟아 부어 지름 50m, 높이 3m 콘크리트 인공물과 방파제를 만들어 국토 최남단이라며 영토라고 주장해 왔다. 그러나 인공적인 시설물을 국제법에서 영토로 인정받지 못한다.

- **LG 화학의 전기차 배터리**는 금년 1월~5월까지 세계시장 점유율 24.2%로 세계 1위를 기록했다. LG 화학의 이런 실적은 세계 최고 수준의 기술력 때문으로 밧테리 분야에서 1만 7,000여개의 특허를 가지고 있다. 전기차 배터리를 양산할 수 있는 국가는 한국, 중국, 일본 3개국 정도에 불과하다.

- 한국의 취득세, 등록세, 인지세 등 부동산 거래 관련 세금은 GDP의 약 1.5%수준으로 이는 OECD 평균 0.4%보다 약 3.75배나 높다. 부동산 보유세는 GDP의 약 0.8% OECD 평균인 1.1% 보다는 다소 낮다. 거래세와 보유세를 합해보면 OECD 36개국중 7번째로 세금이 많은 국

가이다.

- 정부 출범 당시(2017년) 한국의 군사력은 세계 12위였는데 2020년 현재는 세계 6위의 군사강국이 되었다.김정은이 이런 사실을 두고 배신감을 갖지 않을 수 없다. 이런 상황에서도 한·미 군사훈련을 중단하지 않고 신무기 개발과 도입에 열을 올리면서 한반도 평화 프로세스를 어떻게 실행할 수 있다는 말인가!

- **하바롭스크와 블라디보스크 등 러시아 극동지역 도시**에서 소련붕괴 이후 최대규모의 반정부 시위가 일어나고 있다. 모스크바 중심의 국정에 극동의 지역경제는 침체를 거듭하며 극동지역은 러시아 영토의 이나 되나 극동이 러시아 GDP에서 차지하는 비중은 4~6%에 그치고 있어 불만이 누적되어 왔다. 푸틴은 극동시위 발생 초기에 2024년까지 2조루불(약32조원)을 투자 하겠다는 당근을 내놓았으나 시위는 진정되지 않았다. 한국이 러시아 극동지역 투자에 관심을 가질 때다.

- 30대 중국인이 유학 목적으로 한국에 와서 아파트를 8채나 사들인 후 고액의 월세를 받고 있는 사실이 드러났다. 외국인은 과세 당국이 가족 구성원을 파악하기 어려워 종부세, 양도세를 중과 하기가 어렵다는 점도 문제다. 중국인 부부가 각각 아파트 1채씩 갖고 있어도 같은 가구임을 입증 못하면 각각 1주택자가 되어 다주택 가구가 안될 수도 있다. 뉴질렌드는 2018년에 외국인은 신규주택은 구매할 수 있으나 기존 주택은 구매할 수 없도록 규제하고 있다.

- 오동훈 산업통상 자원부 장관은 우리나라 GDP 대비 R&D 투자 비율은 세계 1위이나 혁신적 연구개발성과는 미미한 실정이라며 R&D 시스템 전반에 대한 혁신이 필요하다고 했다. 예컨대 시장 변화에 따라 유연하게 연구개발 목표와 전략을 변경할 수 있게 하든가, 국제공동 과

제 수행 기회를 확대 할 기회를 많이 만들어 준다든가 신산업 창출이 가능한 도전적 R&D를 수행하여 성과를 낸다든가 하는 개선이 필요하다 했다.

- 이란에 대한 유엔 제재를 복원하자는 미국의 제안에 대해 안보리 이사국 15개국중 13개 국가가 반대했다.

- 일본에 한류붐을 일으켰던 "21세기 새로운 한일파트너쉽"은 김대중 대통령과 오부치 게이조 총리 사이에 맺어졌다.

- 한국은 의사인력이 인구 1,000명당 2.3명으로 OECD 평균 보다 한참 낮은 의사부족 국가이다.

- **전환은 생존문제다.** 그런데 보수언론은 원자력만 말한다. 경제성이 있다는 이야기다. 하지만 지난 10년간 태양광 패널 가격은 85%나 떨어졌다. 원자력의 경우는 설비비용이 이렇게 떨어지지 않고 막대한 설비 비용이 투입되어야 한다. 또 재생에너지 가격은 10년 이내에 50% 더 떨어질 것으로 추정된다. 보수 언론은 원자력이 200조원의 이익을 가져오는 시장이라고 과장 하는데 그러면 미국, 케나다, 일본, 프랑스 등은 왜 원자력을 포기하는가? 기후 위기는 회복이란게 없는 위기다. 기후 위기가 오면 마트에 먹을게 없어진다. 지난 5억4000만년 동안 대멸종 사건이 5차례 있었다. 대멸종 사건의 공통점은 먹이사슬의 제일 꼭대기에 올라간 종이 한 마리도 살아남지 못하고 멸종했다. 기후 위기는 개인이 바뀐다고 해결될 문제가 아니고 세상을 바꿔야 하다. 대령생산, 대량소비, 대량폐기의 페러다임은 이제 폐기해야 한다. 지구인구 77억명이 충분히 먹고 쓸수 있는 생산이 이루어지고 있는데 지구 한 구석엔 결핍을 느낀다. 성장을 못해서가 아니고 서로 나누지 않아서다. 이것이 성찰을 하게하고 변혁의 시발점이 되어야 한다. (조선호 대기과학자)

- 문재인 정부는 전기 수소차 보급과 해상 풍력 단지를 골자로 하는 그린뉴딜 전략을 내 놓았다. 즉 정부가 뉴딜펀드까지 만들어 전략산업을 밀어주겠다는 전략이다.

한국같이 인구는 많고 자원이 없는 나라는 대외정책에서 결판이 난다.

남한이 북한에 이긴 것은 박정희 경제정책이 자급자족 경제를 선호했던 김일성의 정책보다 우월했기 때문이다. 이스라엘은 벤처 투자가 세계 1위인 나라이다. 한국과는 경제구조가 상호 보완적 관계에서 한국에는 제조에는 강하나 이스라엘은 기술에는 강하나 제조에는 약한 정반대의 구조다. 따라서 한국과 이스라엘은 서로 힘을 합치면 무한한 가능성이 생길 수 있다. 그다음 관심 국가는 인도다. 한국이 중국의 리스크에 대한 최선의 대비책이 인도다. 지난해 설문조사 결과 세계적 대기업 450곳 중 76%가 중국으로 공급망을 이전했거나 이전할 계획이라고 한다. 시티그룹은 2040년 까지 인도경제가 세계 1위가 될 것이라고 전망하고 있다. 인구도 중국과 비슷한 13억 6000만으로 안심하고 배팅할 수 있는 나라라는 거다. 이스라엘은 우리에겐 기회이고 인도는 안심을 줄 수 있는 나라다. (전성철 글로발 스탠다드 연구원 회장)

반도체, 디스플레이, 배터리 등 한국의 첨단기술과 인력을 빼가려는 중국의 시도가 노골적이다.

최고 연봉에 주택제공, 자녀의 청화대 입학보장 등 갖가지 제안으로 한국의 첨단 기술 인력을 빼가려고 설치고 있다. 중국내에서 반도체 사업을 영위하는 기업에 대해서는 10년간 법인세를 감면해 주겠다는 제안도 한다. 대만의 TSMC가 미국에 공장을 짓는 등 대만이 미국과 가까워 지면서 중국은 한국인재 영입이 유일한 방법이 되어가고 있다. 중국은 2025년 까지 반도체 자급율 70%를 달성하는 반도체 국를 꿈꾸고 있지만 미국의 견제로 현재 자급율은 15.7%에 머물고 있다. 우리도 첨단기술인력의 중국 유출을 막기 위해 대책이 필요하다고 한다. 직업선택의 자유가 있어 기술인력의 이직을 무조건 막을 수 없기 때문에 핵심기술 보유자를 정부가 나서서 보호하는 장치가 필요하다고 한다.

- 이수혁 주미대사는 한국이 미국과 중국 사이에 끼어서 선택을 강요받는 국가가 아니라 스스로 선택할 수 있는 국가라는 자부심을 갖는다고 했다. 그는 또 중국과의 관계는 한국은 중국이 최대 무역파트너란 사실도 고려 되어야 한다고 했다.
- 독일은 냉전시대부터 러시아와 파이프라인 건설에 참여하여 값싼 가스 공급을 받아 탈석탄과 탈원전을 동시에 추진하여 신재생 에너지 확대를 추진해 왔다. 미국은 러시아와 독일의 밀착을 견재하려 했으나 안보동맹과 국익은 별개라는 독일을 어쩔수 없었다.
- 문재인 정부는 저탄소 경제로 전환하기 위해 한국판 뉴딜정책을 발표했다. 그린 뉴딜 산업에 11조 3000억원을 투입하여 2025년까지 풍력과 태양광발전 설비를 구축한다는 계획이다. 그러나 풍력과 태양광 발전은 후발주자인 관계로 내수시장 확대로 기술과 가격 경쟁력을 확보한 후에 세계시장 진출을 노려야 할 입장이다.
- 문재인 정부는 정부예산 3조원, 국책은행 출자금 4조원, 은행과 연기금 등 민간자금 13조원을 합친 20조원 규모의 정책형 뉴딜펀드를 조성한다는 계획을 발표했다. 문정부는 시중의 유동성을 생산적인 곳으로 이동시켜 국민들에게 자본이익을 챙겨주는 시도를 한 것이다. 그래

서 이 20조원의 뉴딜펀드를 만들어 내년부터 일반 투자자 들에게 판매하겠다고 했다. 국채금리 이상의 수익률과 원금 보장을 내걸어 일반투자자들에게 폭발적인 인기를 누릴 것 같다.

- **LG 화학**은 배터리 분야에서 2만 2,016건의 특허를 보유하고 있어 올 1~7월 점유율 세계 1위 (25.1%)를 차지했다. LG 화학은 전기차 배터리 외에도 로봇, 전기선박, 드론 등으로 배터리 공급처를 확대해 가고 있다. 최근에는 무인기에 차세대 배터리로 꼽히는 리튬 황 배터리를 탑재해 일반항공기가 비행하기 어려운 고도 12 ~22㎞ 성층권 비행에 성공하기도 했다.

- **영국 옥스퍼드대 부설 연구소**에서 언론의 신뢰도를 조사한 결과 한국의 뉴스 신뢰도가 40개국 중 최하위 였다고 문재인 대통령이 지적하면서 언론 스스로의 성찰이 필요하다고 지적했다. 언론에 대한 징벌적 손해배상제도가 추진되고 있는 상황에서 대통령의 언론에 대한 인터뷰가 관심을 끈다.

- **이탈리아가 국회의원 숫자**를 3분의 1 이상 줄이는 의회 개혁에 성공했다. 상원은 315명에서 200명으로 하원은 630명에서 400명으로 줄이는 국민투표에서 찬성 69.4% 반대 30.4%로 통과시켰다. 독재를 막으려 의회를 키웠더니 부패가 심해지고 정쟁만 더 심해져 의원수를 줄여 5년간 세금 6,850억원으로 절감시켰다.

- **가스 하이드레이트(gas hydrate)**가 주목을 받고 있다. 가스 하이드레이트는 영구동토나 심해 등 0℃ 이하의 저온과 높은 압력에서 천연가스와 물이 결합해서 생성된 고체연료이다. 그곳의 가스가 90%가 메탄이어서 메탄 하이드레이트라고도 한다. 메탄은 탈 때 이산화탄소 등이 적게 배출되어 지구 온난화 방지에 좋은 에너지다. 가스 하이드레이트는

매장량도 많아 석탄, 석유 매장량을 합친 것 보다 2배정도 많은량으로 인류가 500년간 쓸 수 있는 량이다. 우리나라도 독도 주변 심해에 많이 매장되어 있으나 채취가 쉽지 않다고 한다. 시추 과정에서 매탄가스가 퍼져 나가면 지구온난화를 가속화 시킬수도 있기 때문이다. 수온이 상승하면 메탄가스가 분리되어 방출되지 않게 하려면 해양수온 온도를 낮춰야 한다. 일본은 2013년 세계 최초로 난카이 해역 1,000m에서 가스 하이드레이트 생산을 시작하였으나 상업생산은 아직 못하고 있다. 미국은 알레스카에서 중국은 남중국해에서 채굴을 시작하고 있다. (김형자 과학칼럼 리스트)

- **전기차 배터리의 수요**가 급증하고 있다. 매년 25%씩 성장할 것으로 예측되고 있다. 전기차 배터리 시장은 한·중·일이 경쟁을 하고 있는데 세계 10위권 안에 LG화학이 1위, 삼성SDI 4위, SK이노베이션 6위 등 한국이 3개업체, 중국이 5개, 일본이 2개 회사가 있다. 리튬과 코발트가 전기차 배터리의 핵심 원재료인데 한국은 핵심원재료의 자급율이 0%이고, 대부분 중국으로부터 수입하고 있다. 핵심원재료의 자급율을 높이는 대책이 필요하다.

- 전국 광역 자치단체들이 행정통합을 위한 공론화에 나서고 있다. 대구경북이 선두주자이고 광주전남과 부산, 울산 경남이 뒤 따르고 있다. 중복된 사업을 피하고 행정비용을 절감하고 경쟁력 강화 등을 노리고 있다. 대구의 1人당 GDP가 광역단체 중 최하위 인데 경북과 합쳐서 경쟁력을 높인다는 구상이다.

- 현대, 기아차는 2020년 상반기 수소차는 2,879대를 판매하여 세계에서 제일 많이 판매했고 전기차는 6만707대를 판매하여 세계 4위에 올랐다.

- 스가 총리는 징용배상 판결로 압류된 일본기업의 자산을 현금화 하지 않겠다고 약속해야 한국을 방문할 수 있다고 했다.
- 독일 통일 30년이 되었지만 동독출신 독일인은 서독출신 독일인의 80% 소득 수준에 머무르고 있다. 그래서 독일 총리 메르켈은 완전한 동·서독 통일에는 50년도 부족할지 모른다고 했다.
- 민주당 외교통상위원회 전체회의에서 야당 반대에도 불구하고 '한반도 종전선언 촉구결의안'과 '한반도 평화를 위한 개별관광 허용 촉구안'을 상정했다.
- 이수혁 주미대사가 국정감사에서 한국이 70년 전에 미국을 선택했다고 앞으로도 70년간 미국을 선택하는 것은 아니다. 미국이 6.25때 한국을 도왔던 것과 행후 한미동맹은 별개 라고 한데 대해 야당은 주미대사가 듣도 보도 못한 궤변을 늘어 놓았다고 비난했다. 지난 6월 특파원과의 인터뷰에서도 미·중 갈등과 관련해 이제는 우리가 미·중 사이에서 선택할 수 있는 국가라는 자부심을 갖는다고 해서 부적절한 발언이라고 비난을 받아 왔다.
- 정욱식은 컬럼에서 종전선언과 비핵화를 아우를 수 있는 대안인 평화협정협상 개시와 한반도 비핵지대 조약검토를 새로운 출발점으로 잡아보자고 했다.
- 지구상에는 식물이 약 35만종이 있는데 이중 식용가능한 식물이 7,039종인데 이중 417종만 농작물로 간주하고 있다. 2060년이 되면 인구가 지금의 78억에서 100억명으로 늘어날 전망이다. 지금처럼 소수의 농작물로는 이 인구를 지탱할 수 없게 된다는 것이다.
- 미국이 대만에 첨단무기 7종의 판매를 추진하고 있다. 여러종류의 첨단무기를 동시에 파는 것은 드문일이다. 중국은 미국의 이런 조치를 반대

하며 대만 민중에게 큰 재앙만 가져올 것이라고 했다.

- **비타민D**는 뼈를 튼튼히 하는 영양소로 알려져 있다. 면역기능을 올려주는 효과도 있어 침입한 미생물을 효과적으로 사멸시키는데 도움을 준다. 비타민D를 충분히 흡수하는 사람은 그렇지 않은 사람에 비해 감기 발병율을 70%나 낮출 수 있다. 비타민D가 부족하면 코로나에 감염될 확률이 58% 이상 높다는 연구결과도 있다. 여름에는 하루에 10~20분만 햇빛에 노출되어도 충분한 비타민D가 만들어지나 옷으로 감싼 겨울에는 약제를 복용하여 비타민D를 보충할 필요가 있다. (서울대 병원 내과 이은봉 교수)

중국이 세계 최초로 디지털 화폐 사용으로 달러 패권에 도전장을 던졌다.

중국 정부가 2014년부터 연구를 시작한 디지털 위안화라는 공식 이름이 붙여진 디지털 화폐는 말 그대로 지폐라는 실체 없이 전자장부에 숫자로만 존재하는 통화다. 국가 중앙은행이 직접 발행하며, 가치가 실제 화폐처럼 일정하다는 점에서 변동성이 큰 비트코인등 가상 화폐와 구분된다. 결재 시스템이 별도로 존재해 달러중심의 기존 국제금융체제에서 자유롭다. 미국이 중국을 국제 결재망에서 배제하는 극단적인 제재를 취할 가능성에 대비해 디지털 위안화를 중심으로 하는 글로벌 결재망을 구축 하려는 계산이다. 중국의 디지털 위안화 추첨에 당첨된 시민은 디지털 위안화 앱을 다운받고 자신이 거래하는 은행을 클릭한 후 간단하게 돈을 받을 수 있다. 일종의 디지털 지갑이 만들어진 셈이다. 이 앱에는 200위안의 잔고가 표시되고 선전시 뤄후구의 3,389개 오푸라인 매장에서 현금처럼 사용할 수 있다.

이 앱의 일반 간편 결제 서비스와 결정적으로 다른점은 인터넷 연결 없이도 결제가 가능하다는 점이다. 중국은 디지털 화폐를 무기로 달러 중심의 글로벌 금융, 무역체제에 도전하겠다는 야심이다. 금년 5월 글로벌 결재 통화 비중에서 위안화는 전체의 1.7%이고 미국 달러는 40.88%의 비중이다. 디지털 위안화가 대규모로 국제결재 서비스를 시작하게 되면 swift 시스템은 큰 타격을 입을 전망이다. 유럽 중앙은행(ECB)도 '디지털유로' 발행을 고려하고 있다고 하고 현금사용율이 높은 일본도 디지털 화폐 검증작업을 내년부터 시작 하겠다고 했다. 한국은행도 내년부터 가상환경에서 디지털 화폐 테스트를 시작하겠다고 했다.

- 문재인 대통령은 2025년까지 전기차, 수소차 등 그린 모빌리티에 20조이상 투자할 계획이라고 10월 30일에 밝혔다. 2022년을 미래차 대중화의 원년으로 삼고 2025년 까지 전기차 113만대 수소차 20만대를 보급 하다고 했다. 2027년 세계최초의 레벨 4 수준의 자율 주행차를 상용화 하고 2030년까지 1,000개의 자동차 부품기업을 미래차 사업으로 전환하겠다고 했다.
- **반중 퀴드(the Ouad)**가 출범했다. 미국, 일본, 호주, 인도 4개국 외상이 도쿄에서 만나 해양안보와 주권의 존중을 강조해 사실상 중국 견재에 한 목소리를 냈다. 퀴드(the Ouad)는 미, 일, 호주, 인도의 4각 안보협력체를 말한다. 퀴드 4국은 이 협력체에 한국과 뉴질렌드를 포함시키는 것도 구상중이다. 퀴드는 법치에 기반한 자유롭고 개방된 인도, 태평양을 지향하며 사실상 중국 견재에 목적이 있다.
- 법무부가 징벌적 손해배상제 전면 확대를 골자로 하는 상법개정안을 입법예고 하면서 언론 보도 피해와 관련해서도 언론사의 고의 중과실이 인정될 경우 실제 손해액의 최대 5배 이내에서 배상할 수 있도록 한데 대해 언론자유 못지 않게 언론의 책임성 강화가 필요하다는 의견이 많

았다.

- 미국 국무차관이 중국의 화웨이 제재에 한국도 동참할 것을 권유 받은 강경화 외무부 장관은 화웨이 제재 참여 여부를 민간업체가 판단할 문제라고 말하고 정부 관여가 불가능 하다고 했다. 크라크 차관은 이에 대해 화웨이 장비를 계속 사용한다면 정보보호에 타격을 받을 수 있다고 했다. 그러나 한국정부는 화웨이 장비를 사지 말라는 지시를 할 수도 없고 현행법령상 민간기업이 판단할 문제라고 말하고 있다. 다만 통신망 자체의 보안 문제는 정부가 관여할 사항으로 미국측의 우려를 듣고 협의해 가고 있다고 했다.

경제 성장률은 산출하는 방식에는 크게 3가지로 나눌 수 있다.

전년동기 대비, 전분기대비, 그리고 전기대비 년율이 그것이다. 한국은 2005년까지 전년동기비율을 사용해 왔으나, 2006년부터 전기비율로 전기 GDP 통계를 공포하고 있다. 전년동기비율은 1년동안 일어난 일이 반영된 것이어서 최근의 변화를 순발력 있게 반영하지 못하는 단점이 있다. 반면 전분기 대비 방식은 최근 상황을 신속하게 반영할 수 있는 장접이 있다. 전분기 대비 년율은 미국 등 몇 개 나라가 사용하는 방식으로 년율의 가장 큰 장점은 년간 성장률과 비교하기가 편하다는 점이다. 그러나 경제 규모가 커지면 성장률이 그리 크게 움직이지 않는데 경제활력이 너무 떨어져 보인다는 보완하는 장점이 있다. 따라서 다른나라와 성장률을 비교 하려면 그 나라가 채택하고 있는 성장률이 어떤 경우의 성장률 인지를 검토해 보아야 한다.

- **중국인이 지난해 보유한 국내 토지**는 19.3㎢로 여의도 면적(2.9㎢)의

약 6배 규모이다. 토지뿐 아니라 아파트 연립주택 등 집합건물 외국인 취득 건수는 1만 5342건 이었는데 이중 1만 105건이 중국인이 취득했다. 비거 주자의 주택구입을 금지시키거나 취득세 양도소득세를 올려 양도차익을 얻지 못하게 하는 규제가 필요하다.

- 과거 내연기관 자동차 시대에는 존재도 없던 중국이 배터리, 전기모터, 열제어 부품 등 전기차용 부품을 세계 전기차 업체에 납품하고 있다. 그런데 우리는 자동차 부품업체중 16.8%인 부품업체만 전기차, 수소차 부품을 생산하고 있다. 기존 내연기관의 전기, 수소차 부품생산업체로 전환이 필요하나, 전환이 잘 이루어지지 않고 있다. 금융권이 특별 대출 프로그램을 만들거나 직접 투자하는 미래차 투자 펀드를 조성해 주는 정책이 필요하다.

- 오늘 당장 온실가스 배출을 멈춰도 기온의 추가 상승은 피할 수 없다고 전문가 들은 말한다. 그러나 이젠 인류는 지구파괴를 통한 성장이란 산업사회 성장 페러다임에서 벗어나고 있다. 예컨대 미국의 철강 사용량이 2015년에 비해 2000년에는 15%나 줄었고 석유소비도 2028년 쯤에는 정점에 이른후 감소세로 돌아설 전망이다. 경작지는 1982년 이후 지금까지 워싱턴주 만큼 줄었지만 농작물 생산량은 오히려 35% 까지 증가 했다. 2008년 이후 2017년까지 미국의 에너지 총사용량도 2% 감소했다. 지구온난화 문제도 신재생에너지와 원자력 기술의 발전과 인공태양 건설에 희망을 걸고 있다.

- **집단 소송제**는 기업들 상대로 피해자 50인 이상이 손해배상 소송을 제기해 이기면 소송에 참여 하지 않은 피해자도 같은 배상을 받게 하는 제도이다. 지금까지는 증권분야에만 적용했으나 앞으로는 모든 기업에 확대 적용 하겠다는게 정부방침이다.

- **세계적인 경제학자 배로 하버드대 교수**는 중국이 2030년대 초·중반에서 중국 GDP가 미국 GDP를 추월한다 해도 중국은 세계 초강대국이 될수 없다고 했다. 그 원인은 GDP는 중국이 추월한다 해도 1인당 GDP는 미국을 추월할 수 없기 때문이라 한다. 금년 중국의 1인당 GDP는 1만 839달러로 미국의 1인당 GDP 6만3051 달러의 17%에 불과하기 때문이라고 했다. 한 국가가 진정한 강대국이 되기 위해서는 1인당 GDP가 중요하기 때문이다. 또 중국의 팽창주의적 외교 정책과 거버넌스(통치체제)도 글러벌 리더로 올라서기엔 걸림돌이 된다고 했다.

간염은 A, B, C형이 있다.

급성인 A형은 감기처럼 앓고 지나가지만 B, C형은 만성염증을 일으킨다. 특히 B형은 C형과 달리 마땅한 치료제가 없다. B형은 만성염증이 반복되어 간경화가 되고 더 심해지면 간암이 된다. 지금은 B형 간염 백신이 개발되어 젊은 층은 거의 없지만 30~60대의 3%가 간염 보유자다. B형 간염에 걸린 사람은 일반인보다 간암에 걸릴 확률이 최대 200배나 높다. 검사법은 에너지를 보낸뒤 오는 신호를 통해 간이 얼마나 딱딱해졌는지를 보고 간경화와 간암을 진단하는 기술을 세브란스 병원 김범경 교수가 고안해 냈다.

- **특전사**가 10㎞ 날라가 북 수뇌부를 제거할 수 있는 킬러드론 도입을 추진하고 있다. 약 100억원을 들여 이스라엘제 2개 기종이 경합하고 있는데 1~2년내에 도입될 것으로 보인다.
- 중국이 대만 군사 개입을 준비하기 위해 중국 남동부에 극초음속 미사일 부대를 배치하고 있다고 홍콩언론이 보도했다.
- **바이든의 북핵 해결방안**은 우선 트럼프처럼 톱다운(하향식) 외교를 지

양하고 실무협상→고위급 협상→정상회담 형식으로 상향식 외교로 복
귀할 것이라고 했다. 또 오바마 시절 이란과 맺었던 핵협상 모델을 모
범으로 보고 있다. 즉 ① 모든 핵프로그램의 공개 ② 국제사찰단 감시
하의 우라늄 농축과 재처리 인프라동결 ③ 핵탄두미사일의 일부폐기와
경제 제재의 제한적인 해제 맞 교환 등을 미·북간에 고려해 볼만한 잠
정적 합의 요소로 생각했다.

- 러시아가 마하 8의 극초음속 순항 미사일 시험발사에 성공했다고 한
다. 지금 마하 5를 넘으면 요격이 불가능한 상태다.

- 임금 근로자 1,000명당 연평균 노동손실 일수는 한국이 41.8일, 프랑
스 40일, 영국 19.5일 미국 6.7일, 독일 4.3일, 일본 0.2일 순위로 한
국의 노동 손실 일수는 일본의 209배, 독일의 9.7배에 달했다.

- 올해(2020) 반도체 업체 인수·합병 금액은 1150억 달러로 사상 최대
를 기록했다. 이는 내년이후 다가올 반도체 업황 수퍼사이클(장기호황)
의 전조라는 것이다.

- **국립해양조사원**은 지난 30년(1990~2019) 동안 우리나라 전 연안의
평균 해수면이 해마다 3.12㎜ 씩 높아지는 것이 확인 되었다고 밝혔다.
또 한반도 해수면 상승속도가 최근 10년 사이에 더 빨라졌다는 사실
도 밝혔다. 지난 30년간 해역별 평균 해수면 상승속도가 제주 부근이
가장 높았고(4.20㎜), 그 다음 동해안(3.83㎜), 남해안(2.66㎜), 서해
안(2.57㎜) 순서였다.

- 일본이 선제적으로 공격 가능한 장사정 순항 미사일을 개발하기로 하
여 국내외에 파장을 일으키고 있다. 일본은 기존의 미사일의 사거리를
수백키로 미터로 늘리고 레이더 망을 피할 수 있도록 미사일을 개량하
여 선제공격을 할 수 있게 335억엔(약 3491억원)을 투입하기로 했다.

일본은 헌법에 공격받을 때에만 방위력 행사가 가능하다는 전수방위 원칙을 지켜 왔으나 미사일 등의 위기를 구실로 삼아 선제 공격이 가능하도록 안보정책을 바꾸겠다고 나오니 당장 중국이 강하게 반발하며 전수 방위의 약속을 지킬 것을 촉구하고 있다.

- 문재인 정부가 대북 전단금지법이 법사위를 통과 시키자 미 고위관리들이 이런 법안을 통과 시키는 것은 잘못이라며 비판 했고 국제 인권 단체는 이 법안에 대해 유엔 제소를 예고 했다.

- 문재인 대통령이 금년 10.28일 국회시정연설에서 2050년 탄소 중립을 목표로 나아가겠다고 밝혔다. 탄소중립은 온실가스 배출량을 줄이면서 배출량을 상쇄할 만큼의 신재생에너지를 확대해 실제적인 배출량을 제로(0)로 만든다는 것이다. 세계적으로 70여개국이 탄소중립을 선언 했다. 중국도 2060년 까지, 일본은 2050년 까지 탄소 중립을 선언한 상태다.

종전 협정과 평화협정의 관계를 정확히 알아야 한다.

정전협정이 67년간 재발 전쟁없이 평화롭게 유지되어 왔다면 이것이 사실상 종전이요 법적 종전은 평화협정이 체결되어야 이루어진다. 모든 평화협정의 제1조가 "이 협정아 발효되는 날 전쟁상태가 종료된다"고 규정하고 있는 것도 그 때문이다.(천영우 전 외교안보수석)

- 바이든, 대통령에 당선되자 대북제재가 장기화 될 것이라는 인식이 확산 되면서 식량가격이 2배 이상 폭등하고 사재기 현상까지 나타나 내부단속 강화와 북한 당국의 식량 방출로 다시 가격이 하락 했지만 올해 수해와 경제제재로 계속 식량 사정이 어려울 것이며 경제성장률도 고난의 행군 시절인 1997년의 -6.5% 보다 더 낮은 -10%에 머물 것

으로 보인다고 한다.

중국이 5개년(2020~2025) 계획과 2035년 까지의 15년 장기계획을 발표했다.
중국공산당 중앙위원회 제5차 전체회의에서 제시된 주요 장기 목표는 1
인당 국민소득 3만달러 달성과 첨단기술 국산화이다. 구체적으로 보면 전
체 신차 판매량 중 전기, 수소차 판매량 현재 5%를 2035년에는 50% 이
상으로 늘리겠다는 것이고 반면 내연기관의 차는 현재 95%에서 2035년에
는 0%로 줄인다는 계획이다. 또 지난 5월부터 시진핑이 쌍순환이란 말을
자주 해 왔는데 트럼프의 견재로 수출이 어려워 졌으니 내수를 살려 경제
를 활성화하고 쌍순환의 다른 한면은 외순환으로 외부에 의존해온 첨단기
술을 국산화한다는 계획이다. 15년 앞을 보고 국산기술개발에 사활을 걸
겠다는 것이다. 인공지능(AI), 반도체, 항공우주기술을 중요한 프로젝트로
언급하고 있다. 구체적으로 메모리반도체, 자율주행차 AI기술, 전기차, 수
소차, 양자컴퓨터, 항공우주, SG 통신장비에 사활을 걸겠다는 거다. 특히
반도체 기술을 두고 한·중이 치열한 경쟁을 할 것으로 판단되어 반도체 기
술 격차를 더욱 확대하는 노력이 필요하다.(조선일보 남민우 기자)

- DSR은 주택대출원리금 상환액+기타 대출원리금 상환액을 연간 소득
  으로 나눈값이고 DTI는 주택대출원리금 상환액+기타대출이자 상환액
  을 연간소득으로 나눈 값이다. 정부는 DSR을 40% 기준을 차주별로
  일괄 적용하는 방법을 강구중이다.
- **부산 항만공사**가 2018년부터 최근까지 북한과 접촉하며 북한 나진항
  개발협력사업을 논의해온 것으로 확인되었다. 조선족 김모씨가 사장으
  로 있는 훈춘 금성 해운 물류 유한공사가 2018년 2월 북측 인사를 통

해 북한 항만 공사측에 나진항 개발사업 지원이 가능한지 의사를 타진해 옴에 따라 이러한 논의가 이루어져 왔다.

- 우리나라 중소기업의 수가 90% 이상이고 고용의 80%를 담당하고 있다. 중소기업이 우리기업의 근간이다. 최저임금 인상이나 근로시간 단축 등의 조치를 취할 때 정말 중소기업의 입장을 배려해야 한다.

- 지난해 전세계에서 최고의 수입을 올린 유튜버는 미국의 8살짜리 어린이 유튜버 라이언 카지였다. 그의 한해 수입은 2600만 달러(약 303억원)로 추정된다. 3위는 다섯 살짜리 러시아 소녀 아나스타샤 라드전 스카야로 약 1800만 달러 정도다

- **희토류**는 금이나 석탄처럼 한곳에 집중적으로 분포돼 있지 않아 채굴하기가 어렵다. 정제, 가공과정도 약 20단계로 거쳐야 하는 까다로운 광물이다. 전세게 매장량은 약 1억 2000만톤 정도로 추정된다. 미국의 매장량은 140만톤으로 알려지고 있다. 한국 광물자원공사는 북한에 2000만~4800만 톤의 희토류가 매장되어 있는 것으로 추정하고 있다. 이 추정치가 맞다면 중국과 맞먹는 매장량이다. 일부에서는 북한의 매장량이 전세계 매장량의 10배가 넘는다는 주장도 있다. 그 용도는 컴퓨터 하드디스크, 스마트폰 배터리, 전기차, 비행기 제트엔진, 태양열 발전 위성통신 등에 쓰이며 따라서 희토류를 4차 산업의 쌀이라고 부르기도 한다. (김형자 과학 칼럼리스트)

- 왕이 중국외교부장이 최근 한·일 순방에서 양국 정부 공통으로 '코로나 방역'과 한중일 경제 협력을 강조했다. 한·중·일이 자유 무역협정(FTA)을 적극적으로 추진해 보자고 하고 한중일이 FTA에 박차를 가하여 역내 포괄적 경제 동반자 협정(RCEP) 보다 높은 수준의 경제 협력이 이루어지길 기대한다 했다.

– 중국은 민간에 반도체 기업경영을 맡기고 뒤에서 자금을 대 왔는데 민간기업이 미국의 견재로 제대로 성과를 못내자 중국정부가 핵심 반도체 기업을 국유하며 경영 전면에 나서는 방향으로 바뀌고 있다. 이런 과정에서 중국은 일본에 손을 내밀고 있다. 과거 반도체 1위였던 일본은 반도체 사업은 붕괴했지만 인재와 기술은 여전히 세계 최고 수준이다. 중국은 이런 일본의 반도체 인재와 기술에 러브콜을 던지고 있다.

2020년의 국내게임업체 주요 뉴스를 모아본다.

국내 주요 게임사 넥슨, 엔씨소프트, 넷마블 3곳이 연매출 7조원을 합작하는 시대가 되었다. 작년 전체 매출은 15조 5750억원이었고 올해에는 약 17조원이 될 것으로 추정된다. 코로나로 야외 활동에 제약이 생기면서 실내에서 게임을 즐기는 이용자가 많아졌기 때문이다. 특히 모바일 게임이 크게 성장했다. 2013년 모방일 게임이 시장에서 29.1% 점유율 이었던게 2019년에는 57.5%로 급증했다. 지난 2일에는 컴투스의 모바일 게임이 중국으로부터 게임 서비스 허가를 샤드 보복이후 3년 9개월 만에 받아 40조원에 이르는 중국시장 재 진출을 기대하고 있다. 또 2020년 중국 아시아 게임에서 축구와 수영같이 게임이 정식 종목으로 채택되어 게임의 위상도 높아졌다.

– 미국의 경제학자 헨리조지를 언급하며 유시민 씨가 땅으로 부자가 된다는 생각을 할 수 없는 세상이 되었으면 좋겠다고 하자 서울대 경제학과 후배인 윤희숙 의원이 헨리조지의 사상은 가치를 창출하는 경제활동에는 세금을 매기면 안 된다는 것이고 토지를 제외한 모든 세금을 철폐해야 한다는 것이라고 응수했다.
– **강원도를 액화수소 특화산업**으로 육성하기 위해 강원도 삼척, 강릉, 동

해, 평창 4개 시군에 약 25만㎡의 부지에 강원 액화수소 산업 규재 자유 특구로 지정했다. 액화수소란 초저온 상태로 수소를 액화 시킨 것이다. 사업의 구체적 내용은 ① 액화수소 생산시설(배관, 벨브)제작 ② 액화수소용기 및 저장탱크 제작 ③ 액화수소저장 및 운송용 탱크로리 제작 ④ 액화수소 충전소 구축 ⑤ 이동형 액화수소 충전소 구축 ⑥ 액화수소 연료전지 선박제작 및 운행 ⑦ 액화수소드론 운행 제작 및 운행 등 7개 사업이다.

- **설악산 국립공원에 오색케이블카**를 놓으려는 양양군의 노력이 결실을 보게 되었다. 2015년 8월 국립공원 위원회에서 최종 사업 승인을 받았으나 환경부가 부 동의 결정을 내리자 양양군은 행정심판을 청구하여 행정 심판에서 승소하여 오색 케이블카를 설치할 수 있게 되었다. 따라서 양양군은 2022년 하반기에 케이블카를 착공할 계획이다. 환경단체들의 반대가 끊이지 않아 계획대로 추진이 될 수 있을지 의문이다.

- **네덜란드의 반도체 장비업체 ASML**은 반도체 미세공정에 없어서는 안되는 EUV(Extreme Ultraviolet 극자외선) 장비를 만드는 세계유일의 회사이다. 전세계 노광장비 시장은 ASML과 일본의 케논, 니콘 단 3개 업체인데 이중 ASML의 시장 점유율이 85.3%로 압도적인 1위이다. ASML이 EUV 장비를 개발하고 상용화 하는데 20년이 걸렸다. EUV는 기술적으로 초고난도이기 때문에 ASML도 한해에 30~40대 밖에 생산하지 못한다. 현재 세계 1위 파운트리업체 대만의 TSMC가 EUV 장비 40대를 보유하고 있고 삼성전자가 18대 보유하고 있다. 내년엔 TSMC가 EUV 장비 30대를 삼성전자가 10대 정도를 더 확보할 계획으로 있어 이 두 업체가 파운드리 시장의 과점 체제를 유지해 갈 것으로 보인다. 메모리 반도체 업체들이 EUV 장비확보 경쟁을 벌릴 것이며

ASML이 어느 업체에 장비를 먼저 공급 하느냐에 따라 EUV 공정을 적용한 D램 출시 시점이 달라지고 차세대 반도체 시장의 패권이 결정될 전망이다.

제 2 부

시사
컬럼모음

01
미·중 통화전쟁,
우리는 어느 편에 서야 하나?

기온도 떨어지고 시원한 가을날씨가 되어 글 읽기에 좋은 계절이 왔다. 그래서 여기 조용히 생각하면서 읽을 수 있는 내용을 하나 올린다.

어느 나라가 통화가치를 떨어뜨리는 것은 자국의 수출업자에게 보조금을 지불하고 수입품에 대해서는 관세를 부과하는 것과 같은 효과를 나타내어 일종의 불공정 경쟁행위가 된다.

중국은 1980년 1달러=1.5위안 이던 것이 지금은 8.28위안화로 통화가치를 떨어뜨려 막대한 무역흑자를 내고 있다. 미국은 그동안 대미흑자를 내는 국가에 대해서는 자본자유화와 변동환율제도를 선택도록 권유하여 흑자국의 통화를 평가 절상시켜 대미흑자를 줄이게 하고 자본자유화로 미국의 금융자본이 흑자국에 진출해 무역적자가 난 달러를 뒤찾아오는 정책을 써왔다.

그러나 중국은 미국의 압력에도 불구하고 고정환율제도로 환율이 하락하는 것을 막고 자본자유화를 시행하지 않아 무역에서 벌어들인 달러를 지켜왔다. 무역흑자의 원인이 인건비가 싸 경쟁력이 생긴 것이지 환율 때문이 아니라는 등의 이유를 대면서 미국의 요구를 일축해 왔다. 그래서 최근 미국과 중국이 환율논쟁을 벌리면서 통화전쟁을 하고 있다.

미국이 중국을 환율조작국 이라고 중국을 압박하며 위안화 절상을 요구하고 있고 또한 대중국 무역보복법을 제정하였다. 이와 같이 미·중 화폐전쟁을 보면 겉으로는 미국이 공격적이고 중국이 방어적인 모양세가 되어 있다. 그렇지만 속 내용은 중국이 칼자루를 쥐고 있다. 왜냐하면 미국은 돈(달러)을 빌려야 하는 입장이고 중국은 돈(달러)를 가지고 있는 국가이기 때문이다.

중국은 미국달러를 금년초에 2조2000억 달러를 보유하고 있었고 지금은 그 보다 더 많은 달러를 보유하고 있다. 중국은 이런 막대한 달러를 가지고 미국의 기업, 부동산, 기술을 무제한 사들이고 미국이 지배하고 있었던 세계의 자원을 중국이 싹쓸이 하면서 한편으론 위안화의 국제화와 기축통화화를 추구하고 있다.

이런 상황에서 금융위기이후 경제적 패권이 미국에서 중국으로 급속히 넘어가고 있다. 이런 상황에서 G20정상회의에서 미국이 중국위안화 절상문제를 들고 나올 것이 명약관화하다. 의장국인 우리나라가 난처한 입장에 처할 수 밖에 없다.

미국편을 들것인가, 중국편을 들 것인가? 당연히 미국편을 들어야 한다고 생각할 수도 있으나, 이명박 정부식으로 무조건 미국편을 들어 위안화 절상 압력에 앞장선다든가 해서는 앞으로 국익을 크게 해칠 수 있다고 생각된다.

더욱이 우리나라는 중국에 대해 막대한 무역흑자를 내고 있어 노골적으로 미국 편을 들다가는 중국에게 원화절상 압력을 받을 수도 있다. 또 장기적으로는 자원 등 수출입상의 여러가지 불이익을 받을 수도 있다. 여기에 지난해 연말 작고한 사뮤얼슨 교수의 다음과 같은 충고를 되새겨 보아야할 것으로 생각된다.

"20년 후에는 중국이 미국의 국내총생산을 앞지를 전망이다. 이런 상황에서 한국이 미·중 사이에서 취해야 할 노선은 미국과 중국간 국제협력에 협조는 하되, 그 어느나라에도 맹종을 하여서는 아니된다. 그러나 한국은 미국과 중국 그 어느나라에도 우호적인 관계를 유지해야 한다. 미국이나 중국 어느나라에 대해서도 이기주의나 공격적인 행동은 삼가야 한다".(2010.12.9.)

02
한국인이 행복해지기 위한 조건

　신묘년 새해 첫날 조선일보에서 기획기사로 한국인이 행복하지 않는 이유를 조사한 기사가 실렸다.

　그 조사에 의하면 한국인을 불행하게 만드는 요인이 크게 두 가지로 요약되는데 그중 하나는 재물에 대한 지나친 집착이고 두번째는 안보 요인이라고 조사되었다고 한다. 이중 안보위협에 의한 불행을 해소하는 방법은 내가 평소에 인터넷에 올린 글을 보면 알 수 있을 것 같아서 여기서는 재물에 대한 집착 때문에 오는 불행문제를 가지고 생각해 보기로 한다.

　보통은 GDP가 15,000불이 되면 효용체감의 법칙이 적용되어 돈은 거의 행복감에 영향을 미치지 않는다고 한다.

　예컨데 점심때가 되어 먹자골목을 지나다가, 삼계탕을 보고 삼계탕을 먹고 싶은데 포켓에 2,000원 밖에 없었다고 하자, 그때 10,000원이 생겨 삼계탕을 먹을 수 있었다고 하면 그 10,000원의 효용가치는 굉장이 크고 그 행복감은 크게 느낄 수 있었다고 할 수 있다.

　그러나 포켓에 100만원이 있는데 10,000원이 추가로 생겼다고 하자 이 경우 10,000원은 효용가치도 느낄 수 없고 행복감도 그리 느낄 수 없을 것이다. 그런데 우리는 지금 1인당 GDP 2만 달러, 세계경제규모 13위인 한국인이 끊임없는 재물에 대한 집착으로 시달리고 있다고 한다. 15,000달러가 넘어서고서도 효용체감의 법칙이 작용하지 않고 돈이 행복감을 크게 좌우한다고 하니 한국인의 물질주의 가치관은 정말 강하다고 할 수 있다.

조선일보의 조사에서도 한국인의 물질주의 가치관은 미국인의 3배, 일본인의 2배라고 조사되었다고 한다. 이는 한국인이 행복을 좌우 하는 것은 물질이라고 생각하는 오해에서 비롯된 것이 아닌가 생각된다.

경제학에서는 인간의 행복=소유/욕망으로 표시하고 있다. 위 공식에서 행복을 크게 하려면 분자인 소유를 크게 하고 분모인 욕망을 적게 하면 행복이 커지는 공식으로 되어 있다. 그러나 그렇지가 않다. 왜냐하면, 인간은 욕망은 무한한데 이를 충족시켜주는 재화는 한정되어 있는 것이 경제학이 생겨난 원인이다.

그래서 위 행복 공식에서 분모인 욕망이 무한대이니 분자인 소유가 아무리 커져도 행복은 어제나 0(ZERO)가 되어 인간은 경제적으로는 절대로 행복해질 수 없다는 이야기가 된다.

그럼에도 한국인은 이를 모르고 물질에서 행복을 찾으려고 하니 행복해질 수 없다는 이야기가 된다. 그래서 한국인이 행복해지기 위해서는 제일 먼저 깨달아야 할일은 행복은 물질에서 찾을 수 없다는 사실이다.

그러면 행복은 어디에서 찾아야 할까? 깨끗한 환경, 건강한 생활, 인간에 대한 사랑, 등 돈 이외의 것에서 행복을 찾는 노력이 필요하다 하겠다.

그렇게 생각의 방향을 바꾸면, 왜 4대강개발 사업을 걱정하는지, 왜 신자유주의 경제 정책에 찬성하지 않는지, 이해하게 될 것이고, 지금 논란이 되고 있는 무상급식 문제도 반대편의 의견을 이해할 수 있을 것으로 생각된다.

또한 세금을 더 올려야 한다고 주장하는 좌파를 탐욕스런 우파들이 이해를 할 수 있을 것으로 생각된다. 필자는 인간에 대한 사랑을 강조하고 싶은데, 특히 젊고 예쁜 여자에 대한 사랑을 강조하고 싶다.(2011.1.10.)

03
한국조세구조의 문제점과 복지

　요즘 복지문제가 화두가 되면서 복지 그 자체는 활발한 토론이 이루어 지면서 그를 가능케 하는 재원인 조세 수입에 대해서는 별다른 논의가 이루어 지지 않고 있다. 원래 재정 지출은 조세수입을 예측하고 그 조세수입에 맞추어 재정지출 규모가 결정된다. 따라서 균형재정에서는 조세수입과 재정지출 규모가 항상 일치되게 재정계획이 수립되기 때문에 조그마한 지출의 추가액이 생기더라도 조세수입이 부족하게 되어 있다. 그래서 복지를 확대하자는 주장이 나오면 이를 반대하는 입장에서는 재정적자가 난다며 반대를 하는데, 이는 조세수입을 그대로 두고 생각하기 때문이다.

　그래서 복지를 확대하자는 이야기를 하려면 조세수입구조를 확대하는 방안과 동시에 이야기되어야 하는데 이를 지키지 않아 복지를 확대하자는 사람이 궁지에 몰리곤 한다.

　오늘은 우리나라 조세구조의 문제점과 복지와의 관련성을 보기로 한다.우리나라는 해방이후 미국의 원조에 의하여 재정지출을 해왔기 때문에 조세에 대한 의존도와 관심이 적었다. 그러다가 6.25 이후 경제 개발 계획이 수립되면서 조세에 대한 관심이 높아지고 경제개발을 지원하는 조세구조가 구축되게 되었다. 경제개발을 촉진하는 조세구조란 저축성향이 큰 소득에 경감하고 소비성향이 큰 소득에 중과하는 조세구조를 말한다. 즉 사회전체의 저축을 최대한 크게 하여 그 재원으로 투자를 늘리는 조세구조를 구축하는데 집중하여 왔다. 이런 개발연대의 조세구조가 지금도 그대로 유지되고 있어 이제는 여러가지 문제점을 노정하고 있다.

먼저 우리나라 직접세와 간접세의 비중을 보면 직접세가 약 48%이고 간접세의 비중이 52%로 간접세의 비중이 더 높다. 간접세는 부유층이나 서민층을 가리지 않고 무차별적으로 과세되는 부가가치세, 유류세, 특별소비세 등으로 간접세 비중이 높다는 것은 조세 부담이 역진적이며, 소비를 억재하고 저축을 장려하는 조세구조임을 말해주고 있다.

직접세는 소득세, 법인세, 재산재세 등 누진세 구조로 응능부담이 되는 조세이다. 그래서 직접세 비중이 높을 수록 소득재분배 효과가 큰 조세구조이고 간접세 비중이 높을수록 역진적인 조세구조이다. 그래서 복지하면 복지비 지출이 얼마인가만 관심을 가지는데 조세구조를 어떻게 하는가에 따라 복지의 수준이 크게 달라진다는 사실에 관심을 가져야 한다. 어째든 소비를 억재하고 저축을 증대시키는 조세구조는 공급능력이 부족한 저개발국에서는 정당성과 당위성을 갖는다. 그러나, 생산력이 확대되어 공급능력이 수요를 초과하는 사회가 되면 저축이 미덕이 아니고 소비가 미덕인 사회가 된다.

우리 사회도 경제가 발전하여 생산력이 수요나 소비를 초과하는 사회가 되어 적절한 수준의 소득재분배나 복지의 확대가 경제의 활력을 증대시키는 사회가 되었다. 그런데도 복지비 지출을 늘리면 경제가, 재정이 적자가 되어 경제를 망치는 일로만 생각하는 것은 잘못된 것이다. 불황기에 적절한 수준의 소득 재분배나 복지비 지출의 확대는 오히려 경제에 활력을 불러 올 수도 있다.

복지비 지출의 확대에 따르는 조세수입의 확대문제를 보기로 하자. 김광수 경제연구소의 자료에 의하면 우리경제는 자산경제구조가 약 7,500조 원으로 평가되고 있고 이는 생산경제구조의 약 7배가 된다고 한다. 그런데도 주식, 부동산 등 자산경제에서 나오는 조세수입은 전체 조세수입의 약 17.8%에 불과하여 조세의 많은 부분이 생산경제에서 발생하는 근로소득에서 조세수입을 올리고 있다. 이수치를 자세히 들여다보면 복지 확대에 따르는 재원이 어디에 숨어 있는지 금방 알아 차릴 것이다.

더욱 중요한 사실은 자산경제 구조에 대한 과세는 생산경제 구조에 대한 과세보다 경제를 위축시키지 않는다는 사실이다. 또 앞에서도 지적했듯이 대한민국 건국이후 미국원조에 의해 재정을 운영해 왔기 때문에 조세에 무관심 했고 탈세에 대한 처벌도 경미 했는데 그 전통이 아직 남아 있어 탈세를 예사로 생각하는 사회가 되어 있다. 국가중요 인사의 청문회에서 사회전반에 탈세가 얼마나 만연되어 있는가를 알 수 있을 것이다.

조세범 처벌법을 강화해서 탈세가 적발되면 곡소리가 나도록 해야 한다. 그러면 세율을 올리지 않더라도 무상급식으로 국가가 망한다고 야단인데 간단하게 해결되고 정의로운 사회가 되는데 크게 기여할 것이다.(2011.1.22.)

04
복지정책 토론에서 잘못된 편견들

  복지문제를 토론하다가 논쟁이 벌어져 마무리가 안되고 중단되어, 마무리를 해야겠다. 그래서 오늘은 복지정책 토론과정에서 잘못 알려진 것 같은 느낌을 받은 분야에 대한 나의 견해를 정리해 보기로 한다.

  첫번째로 지적할 사항은 복지정책의 확대를 반대하는 입장에서는 우리나라 복지수준이 다른 나라와 비교해도 상당한 수준에 와 있는 것처럼 생각하고 있다는 생각이든다. 그러나 사실은 우리나라 복지수준은 GDP대비 복지비 지출비율이 OECD 31개국 중 최하위 수준이다. 이런 사실은 왜 우리가 GDP대비 복지비 지출액이 최하위 수준이어야 하나, 의문을 가지는 것이 당연하며, 복지 확대정책이 포퓰리즘 이라고 논의 자체를 거부할 상황이 아니라는 생각이든다.

  적어도 복지확대 문제를 들고 나오면 그 자체가 뭐 큰 잘못을 저지른 것처럼 생각하는 하는 것은 잘못된 것이다. 이런 풍토는 보수언론이 만들어 낸 것이라고 생각한다. 나도 사실 복지문제에 관한 글을 올릴 때는 또 누가 나를 빨갱이라고 하지 않나 하는 생각을 하게 된다.

둘째로 지적하고 싶은 것은 한번 올라간 복지수준은 내리기가 불가능 하다는 편견인데 올라간 복지수준을 내린다는 게 그리 쉬운 일은 아니라는 것은 맞다. 그러나 만약 우리경제 능력에 과분한 복지수준으로 이를 내려야 할 상황이라면 다음 정권을 잡겠다는 정당이 국민을 설득하며 복지수준을 내리겠다는 공약을 하여 그 정당이 승리하고 복지수준을 내리는데 반대한 정당은 참폐를 면치 못할 것이다.

우리나라도 4대 연금의 수혜를 큰 저항없이 내린 경험이 있고 또 앞으로도 내릴 예정이 되어 있다. 우리나라 복지수준이 너무 높아 복지수준을 내려야 할 상황은 수십년 후에나 벌어질 상황이기 때문에 그때의 우리국민 수준은 지금보다 훨씬 높아진다고 보기 때문에 복지수준을 내리는데 훨씬 더 쉬워질 것이라고 생각된다. 그런대도 세계최하위 수준의 국가가 높아질 복지수준을 내리기가 어렵다고 복지수준 확대정책의 논의마저 거부하는 것은 아무리 생각해도 잘못된 편견이것 같다.

셋째로 지적하고 싶은 것은 복지비 지출 자체가 국민경제에 마이너스 효과를 가져 오는 것으로 단정을 하고 토론에 임하는 것 같은 편견이다. 그러나, 경제 발전 과정을 생산력이 부족하여 소비에 비해 공급이 부족한 경우와 경제가 발전하여 생산력이 소비수준을 초과하여 공급과잉이 되는 경우로 나누어 볼 때 전자의 경우는 복지비 지출 자체가 국민경제에 마이너스 효과를 가져 온다는 것은 맞다.

그러나 후자의 경우는 적정수준의 복지비 지출은 소비를 증대시켜 불황인 경제에 오히려 활력을 불어넣는 요인이 된다. 우리 경제도 이제 생산력이 증대되어 공급이 소비를 초과하는 경제가 되어 소비부족으로 불황을 격는 사회가 되어 적정수준의 복지비 지출은 국민 경제에 오히려 활력을 불어넣는 사회가 되었다.

넷째로 지적하고 싶은 것은 경제정책의 목적이 경제의 성장과 발전이라는 고정관념에 사로잡혀 있지 않나 하는 점이다.

국가경제정책의 최종목표는 국민 후생을 극대화 하는 것이며 성장이나 발전은 그수단에 불과 하다는 점이다.

그런데도 우리 사회는 수단과 목적에 대한 가치의 전도 현상이 나타나고 있다는 사실이다. 최고의 복지는 일자리 창출이라고 하면서 오로지 성장만 강조하는데 소비가 떨어져서 불황이 오면 공장의 가동율이 떨어져서 있던 일자리도 없어진다. 그래서 성장과 함께 소비 진작책이 동시에 병행되어야 지속 가능한 성장이 가능하게 되며, 이와같은 지속가능 한 성장은 어느 정도의 복지수준에 의해 지탱되고 유지될 수 있다.

세상의 이치가 다 그렇듯이 어느 한쪽 예컨데 성장만 강조되거나, 다른 한쪽 예컨데, 복지만 강조되어서는 지속적인 성장이 불가능 하게된다. 그리고 요즘 언론에서도 한국사회가 국민소득 2만불이 넘어 섰는데도 자살율이 높고 불행하다는 문제 제기만 하고 해법을 제시하지는 않는데 이런 기사의 이면을 들어다보고 왜 그런지 해법은 무엇인지를 생각해 봐야 한다. 이 외에도 보편적 복지는 잘못된 제도이고 선별적 복지만 옳은 제도라고 생각하는 편견도 잘못된 것이다.

지금 세계는 미국은 선별적 복지제도를 유럽은 보편적 복지제도를 채택하고 있는데 의무교육아동에 대한 무상급식문제는 오히려 보편적 복지가 더 장점이 많다는 복지전문가의 평가가 있다. 요컨데 두 복지제도 모두가 상황에 따라 사용 가능 한 복지제도 인데 보편적 복지는 잘못된 것이고 선별적 복지만 옳다는 식의 편견은 잘못된 것이다.(2011.2.13.)

05
돈만 있으면 한국이 가장 살기좋은 나라다?

어제 정부당국과 정치권(새누리당, 통합 민주당 포함)과의 복지에 관한 논쟁을 보면서 나도 한마디 해야겠다는 생각이 든다.

일상생활에서 대화중 흔히 들을 수 있는 말로 "돈만 있으면 우리나라가 가장 살기좋은 나라다"라는 말을 자주 듣게 된다.

이 말을 뒤짚어 보면 "돈 없는 사람은 우리나라가 가장 살기 힘든 나라다"라는 뜻이 될 수 있을 것 같다.

그래서 오늘은 이 말이 옳은 말인지 틀린 말인지를 한번 검토해 보기로 한다.

우선 국가가 국민의 소득에 대해 직접적인 관여를 하는 조세부터 보기로 한다. 해방이후 미국의 원조에 의해 재정 지출을 해왔기 때문에 재정이 조세에 의존할 필요가 없었기 때문에 돈 있는 사람들이 조세에 의한 스트레스를 전혀 받지 않다가 5.16 이후 경제개발 계획이 수립되면서 조세에 대한 관심이 높아지고 경제 개발을 촉진하는 조세 구조가 구축되었다. 경제개발을 촉진하는 조세구조란 저축을 많이 할 수 있는 소득에 경감하고 소비로다 써버릴 소득에 중과를 해서 저축을 늘리고 소비를 줄여 경제 개발을 위한 투자재원을 확보하겠다는 정책이다. 이러한 정책에 따라 주식이나 부동산 등 자산에서 나오는 소득에서 나오는 조세수입은 약 18%내외 이고 나머지 대부분의 조세는 근로소득에서 부담하는 조세이다. 또 조세가 GDP에서 차지하는 비율인 조세 부담율도 19% 내외로 낮은 수준에 머물고 있다. 그리고 GDP의 29%가 세금을 물지 않는 지하경제이며 이는 세계최고의 지하경제국 그리스의 30%와 비슷한 수준이다.

이와 같이 조세 부담이란 관점에서 보면 우리나라가 돈 있는 사람에게는 가장 살기 좋은 나라라는 이야기가 맞는 것 같다. 왜냐하면 이런 세제가 상대적으로 돈 있는 사람에게 유리한 세제였다. 조세 측면이 아니더라도 조선시대 까지 우리나라는 권력만 잡으면 돈, 여자 등 모든 것을 잡을 수 있는, 권력으로 가치가 일원화 되어 있는 사회였으나 이젠 거꾸로 돈만 있으면 권력도 잡을 수 있고 모든것을 잡을 수 있는 돈 하나로 가치 체계가 일원화되어 있는 사회가 되었다. 돈만 있으면 안통하는 일이 없고 안되는 일이 없는 사회가 되었다. 심지어 사법부 마저도 유전 무죄, 무전 유죄라는 말이 공공연히 이야기 되고 있다.

이만하면 우리나라는 돈만있으면 세상에서 가장 살기좋은 나라임이 틀린 말이 아닌 것 같다. 다음은 돈이 없는 사람은 우리나라가 가장 살기 힘든 나라라는 말이 옳은지 여부를 보기로 한다. 우선 자살율 최고 수준이란 생각이 먼저 떠오른다. 물론 경제적 어려움이 원인이라는 통계는 보지 못했으나 행복지수도 가장 낮다는 것이다. 경제적 요인이 크다는 짐작이 간다.

우리나라 복지비 지출액은 우리 GDP의 약 8.7%로 OECD 국가 중 최하위 수준이다. 이는 돈 없는 사람은 우리 나라가 OECD 국가 중 가장 살기 어려운 나라이라는 이야기가 아닌가? 물론 국방비 지출 때문이라는 측면도 있으나 국방비 지출을 감안하더라도 복지비지출이 낮은 편이다. 한 국가 안에서 어떤 계층에겐 가장살기 좋은 나라, 또다른 계층에겐 가장살기 힘든 나라, 갈등이 많을 수 밖에 없는 구조이다.

이와같이 돈만 있으면 가장 살기 좋은 나라라는 자조적인 사회가 되지 않으려면 돈 있는 사람이 좀 양보해야 한다는 생각이 든다. 즉 세금을 지금보다 좀더 부담하여 그 재원으로 없는 사람과 고통을 분담해야 한다는 생각이다. 그래서 정부도 복지확대를 주장하는 개인이나 단체를 복지 포퓰리즘으로 몰아 입을 막을것이 아니라, 진지한 자세로 경청하고 연구해서 현실적인 방안이 나올 수 있도록 하는 자세를 보여야 할 것 같다.

그렇다고 국가가 부도가 나더라도 복지를 확대하라는 이야기가 아니고 지금의 조세 부담률 19%를 유럽의 조세 부담율 22%~23% 정도 올리면 국민후생을 크게 향상 시킬 수 있다고 본다. 그리고 복지확대 뿐만 아니라, 정부가 경제에 관여하는 범위를 지금보다 더 확대하면 좀더 공정한 조정자로서의 역할이 강화되어 공정사회가 되는데 기여할 수 있지 않을까 생각된다.(2012.2.22.)

06
빨갱이에 대한 잣대의 변화

러시아에서 공산혁명이 일어났을 당시와 지금시점에서의 빨갱이와는 그 기준이 달라졌다는 것을 알아야 한다.

즉 자본주의가 심화되면서 생산과 소비의 불일치가 심화 되면서 1929년 대공황이 일어났다. 그 공황의 원인과 처방에 대한 대처 과정에서 2가지 대립된 견해가 나타나게 되었다. KEYNES와 같이 자본주의를 적극적으로 수정해야 된다는 주장과 자본주의적 색채를 더 강화해야 한다는 HAYEK로 양분되어 경제사적으로 중요한 의미를 갖는 논쟁이 벌어졌다.

그러나 2008년의 금융위기를 겪으면서 HAYEK가 창시한 강화된 자본주의인 신자유주의는 거센 비판을 받으면서 금융산업의 탐욕을 규탄하고 양극화를 비판하는 사태가 일어났다. 자본주의 체제가 완벽하지는 않지만 자본주의 경제 체제보다 더 나은 경제체제는 아직 없다. 그래서 보완하고 수정해야지 자본주의를 폐지해서는 안된다는게 경제학을 공부한 사람들의 일치된 견해다.

시장 만능과 극한경쟁의 승자독식 자본주의는 이제 설 땅이 없어졌다는 것은 부인할 수 없는 상황이 되었다. 그래서 자본주의 선봉장 미국에서도 금융업에 대한 통재를 강화하는 등 경제에 대한 정부역할을 강화하고 있다. 이런 상황에서 우리나라에서도 정운찬 전 서울대 총장이 재벌의 초과이익을 협력업체에 나누어 주어야 한다고 했다가 모재벌 회장으로 부터 그게 공산주의 이론이요? 사회주의 이론이요? 하면서 반격을 했다가 다시 역습을 받으면서 꼬리를 내렸다.

그 재벌 회장이 대학에 다닐 때 배운 기준에 의하면 정운찬이 빨갱이임이 틀림없었을 것이다. 그러나 그 많은 경제학자들 중 정운찬을 빨갱이라고 욕한 사람은 아무도 없었다. 즉 자본주의의 모순을 시정하여 자본주의의 수명을 연장하기 위한 정책은 그것이 반자본주의 성격을 가졌더라도 빨갱이라고 할 수 없다는 논리이다.

우리나라 정치권에서도 빨갱이니 하며 색깔론을 먼저 꺼냈다가는 먼저 꺼낸 사람이 재물이 된다는 것을 잘 알기 때문에 이젠 색깔론을 먼저 꺼내는 정치인이 없어졌다. 과거 색깔론에 희생된 정치인을 잘 알기 때문에 국민이 색깔론을 먼저 꺼내는 정치인을 용서하지 않는다.

다만 아직까지 보수언론에서나 종북좌파니 뭐니 하면서 색깔론을 자주 등장시키는 현상만 남아있다. 이런 언론도 결국 재벌회사나 대기업의 광고시장을 보는 아부이지 그 이상도 이하도 아니다.(2012.3.13.)

07
이번 총선의 승패기준은 각당의 당선된 국회의원수가 아니라, 시대정신이다

이번 총선에서 새누리당은 단독으로 과반의석을 확보함으로써 당초 예상과는 달리 압승을 거뒀고 민주통합당과 진보통합당은 완패 했다고 보는 시각이 있다.

각당이 이번 선거에서 당선된 국회의원 수만보고 선거의 승패를 따진다면 그렇게 볼 수도 있을 것 같다.

그러나 나는 이번 선거과정에서 새누리당이 보인 자세변화에 더큰 비중을 두고, 국민모두가 승리한 선거라고 말하고 싶다.

왜냐하면 이번 총선 과정을 통해 새누리당은 비상대책위원회를 구성하여 경제 민주화등 공약으로 정당을 구분할 수 없을 정도로 민주통합당 등 야권과의 정책 차이를 없애는데 노력해 왔다. 남북한 관계에서도 박근혜 대표는 "6.15와 10.4 남북선언을 존중해야 하며 남북한은 상호존중과 인정의 정신을 확고히 지켜 나가야 한다"고 하면서 남북한 유화정책을 선언했다.

또한 박근혜대표는 선거 막판 까지 "우리나라 경제, 정치, 교육, 사회 등 모든 분야에서 불공정을 과감하게 고치겠다. 절대 과거로 돌아가지 않겠다"고 했다. 과거 박대표의 언행에서 보듯이 박대표는 우직할 만큼 자기가 한말을 꼭 지키려고 하는 성품으로 의례적인 선거 결과 담화문이라고 보이지 않는다.

이런 여러가지 정황으로 봐서 이번 총선과정에서 박대표가 보인 태도 변화는 야권에 적을 두고 있는 나한테도 선거 결과에 관계없이 국민의 승리라는 생각이 들어 선거과정 내내 즐거운 기분이었다.

세계경제와 우리 경제가 처한 시대상황을 제대로 잘 파악한 것 같고 남북한 관계를 정확히 이해한 것 같기 때문이다. 즉 자본주의 경제는 어느 나라를 막론하고 정부가 관여하는 폭이 넓어져야할 상황이고 남북한 관계는 어떤 경우에도 전쟁이 일어나서는 안되는 상황이기 때문이다. 북한이 핵무기를 개발하지 않더라도 곳곳에 산재해 있는 원자력 발전소와 거미줄 같이 얽혀 있는 가스관, 주유소, 자동차등이 남한의 대도시를 하루아침에 불바다로 만들 수 있는 상황이기 때문이다.

이런 상황에서 전쟁을 해서는 안된다면 긴장을 완화하고 유화정책을 쓰면서 교류와 접촉을 하면서 북한주민이 남한정부를 선택할 때 까지 기다릴 수밖에 없지 않는가? 방어는 철저히 하면서.

사실 나는 민주당에 적을 두고 있지만 민주당이 꼭 집권해야 된다고 생각하지는 않는다. 민주당의 역할은 새누리당을 변화 시키는 역할로 충분하다고 생각한다. 민주당이 없다면 누가 새누리당을 변화시킬 수 있겠느냐? 그러나 민주당은 새누리당을 변화시킬 수는 있어도 집권을 하기에는 아직 성숙한 정당이라고 볼 수 없는 여러가지 징조들이 나타나고 있다고 본다.

한미FTA폐기. 제주도 군항건설 등에서 보듯이 물가에 둔 아이처럼 불안한 감을 주기 때문이다. 이번 총선에서 밝힌 박근혜의 의지가 확실한지 앞으로 계속 살펴본 후 확실 하다면 다음 대선에서는 나도 민주당의 적을 가지고도 박근혜 대표에게 한 표를 보탤 수도 있다. 새누리당이 개혁적이되면 민주당보다 더 안정적으로 개혁을 추진할 수 있을것 같다.

그러나 청와대는 이번선거 결과를 보고 "앞으로 일관된 정책으로 보답하겠다"고 했다.이번 총선 과정에서 MB노선이 같은 당 대표에게 철저히 배척 당하고도 이번 총선 승리가 MB의 승리 인양 착각하는 꼴이 너무 우습다. 그런 말을 하는 청와대 사람의 머리에 얼음물을 한바가치 퍼부어 주고 싶다. 바꾸라는 건데 일관된 정책이라니? 정신좀 차리라고….(2012.4.13.)

08
한국경제, 복지주장은
표퓰리즘이 아니고 필수다

얼마전 총선에서 여,야가 입을 모아 복지확대를 주장한 것은 희귀한 일인데 이러한 현상은 그간 복지를 외면하고 방치하여 민생이 파탄에 빠진 때문이다. 이는 우리 경제가 성장 만능주의에 빠져 복지관련 모든 지표에서 OECD 꼴찌를 면치 못하는 현실 때문이다.

그럼에도 불구하고 우리 보수언론은 복지 이야기만 나오면 표퓰리즘으로 몰아 많은 국민들이 복지확대 주장은 표퓰리즘이며 이는 국민에게 아편을 먹이는 것으로 생각하는 경향이 생겼다.

오죽했으면 우리 고등학교 동기의 혼사 주례사에서도 복지 표퓰리즘을 걱정하는 이야기가 나왔을까?

보수 언론이 국민을 오도해도 너무 오도 했다는 생각이 들어 다시 필을 들었다.

우선 첫째로 지적할 수 있는 것은 OECD 국가내에서 우리의 복지수준 문제이다.

최근 지표에 의하면 GDP대비 복지비 지출액이 약 8.7%정도로 OECD내

최하위 수준이다. 이런 상황에서 복지확대 주장을 표퓰리즘으로 보는 것은 말이 안된다.

다음 지적하고 싶은 것은 우리 국민의 상위 1%소득 계층의 연평균 소득이 3억 3728만으로 전체 국민소득의 16.6%를 상위 1%가 벌어들어 미국의 17.7%에 이어 부 쏠림현상이 OECD 국가중 2위에 랭크되었다는 조세 연구원의 자료이다.

이런 부 쏠림현상을 완화하는 방법은 복지수준을 향상시키는 방법밖에 없다.

세번째로 지적하고 싶은 것은 수출에 올인하는 정책으로 2010년의 경우 우리나라 GDP대비 무역 의존도가 97%로 무역이 기형적으로 높은 비율을 차지하고 있어 수출과 내수시장의 불균형이 심각한 상황에 이르러 우리 경제는 앞으로 수출과 내수의 균형이 지속적인 성장을 가능케 하는 조건이 되고 있다.

즉 우리 경제도 인구 5000만의 1인당 2만불이 넘는 내수시장을 무시할 수 없는 상태가 되어 수출과 내수의 균형이 최적점에 이르는 성장구조를 구축하는데 한국경제의 미래가 달려 있다 하겠다. 내수시장의 활성화로 그런 최적점의 구축에 복지확대가 크게 기여할수있다는 점이다.

네번째로 지적하고 싶은것은 한미FTA는 이미 비준을 끝낸 조약으로 폐기해서는 안되고 한미FTA가 가져오는 악영향을 최소화하기 위해서는 복지정책을 강화하는 수밖에 없다.

다섯번째 지적하고 싶은 것은 우리 경제 최대의 걸림돌은 이구동성으로 가계부채 문제라고 한다. 이는 가계부채 그 자체의 위험성도 위험성이지만 가계부채 때문에 가계소득이 이자 지불로 흘러 들어가 버리고 소비지출이 위축되어 오는 불황문제이다. 이런 문제를 해소 하는데도 복지확대가 큰 역할을 할 수 있다.

이런 상황에서도 많은 사람들이 복지확대 문제를 주장해서는 안되는 금기사항으로 생각하고 이런 사람들을 빨갱이라고 생각하는 사람들이 많다는 사실이다. 물론 복지 확대에도 순서가 있고 절차가 있어야 한다.

세입계획을 확정한 후 복지확대 예산을 편성하는 양입재출의 재정원칙을 지키지 않고 성급하게 추진하려다, 재원부족에 부딪혀 좌왕우왕 하는 경우를 흔히 보게 되는데 과거 경제 개발 5개년 계획처럼 복지확대 5개년 계획을 세워 체계적으로 추진해야 할 것이다. 그러기 위해선 복지와 관련된 통계나 지표를 투명하게 확정해야 한다.

골드만 삭스 보고서에 의하면 2020년 우리 국민소득은 1인당 47,000달러가 되고 2030년엔 78,000달러가 된다고 예측하고 있다.

이는 8년 후인 2020년에 우리 국민소득이 북유럽의 지금 평균소득수준 정도가 되고 2030년에는 북유럽 최고의 고소득 국가 노르웨이의 지금 소득수준이 된다는 이야기다.

8년후 우리의 복지수준이 지금의 북유럽 평균수준이 되려면 지금부터 체계적인 복지 계획을 세워 차근 착근 추진해 나가야 하며 8년간 가다렸다 8년후 한꺼번에 지금의 북유럽 수준으로 복지수준을 끌어 올릴 수는 없다. 복지확대주장이 정 불안하면 국민소득 증가율보다 복지수준 향상 속도를 낮게 하는 계획을 수립하면 될 것이다.

이런 한국국가의 미래 경제 예측을 생각하면서 차분히, 단계적으로 복지수준을 향상시켜 나가면서 우리국민에게 신뢰성 있는 복지 비젼을 제시하는 작업이 대선을 앞둔 우리 정치권이 해야 할 작업이라고 생각한다.(2012.4.24.)

09
내가 대통령을 선택하는 기준

　선거를 한달도 안남긴 시점에서 선거와 관련된 이야기를 하면 얻는 것보다 잃는 것이 많다는게 상식이다. 그러나 정론이면 무슨 손해볼 일이 있겠는가 하는 생각이 들어 글을 하나 올린다.

　안철수의 후보 사퇴로 야권의 단일후보가 가능하겠느냐는 언론보도가 많았는데도 결과적으로 대통령 선거는 보수와 진보의 1:1 대결 구도가 되었다. 안철수의 후보사퇴를 두고 주위에서 끙끙거리는 소리도 들리나 보수는 하나고 진보는 2가 되어서는 공정한 경쟁이 아니라는 생각이다. 즉 보수와 진보가 1:1이 되어야 국민의 의사표시가 대통령 선택에 정확히 반영될 수 있기 때문이다.

　그렇지 않으면 국민이 진보후보를 더 많이 지지했는데도 보수성향 대통령이 선출될 수 있기 때문이다. 싸움의 구도가 확정되었으니까 이제 어떤 대통령을 선택할 것인가의 선택의 기준이 남게 되었다.

　내가 대통령을 선택하는 기준은 3가지로 간추릴 수 있는데 첫째가 경제문제와 관련된 기준이고 두번째가 남북한과 관련된 기준이며 세번째기준은 미,중과 관련된 외교문제이다.

먼저 경제문제와 관련된 기준부터 보기로 한다. 내가 늘 만나는 친구중에 얼마전 까지 남미쪽에서 대사로 봉임하다가 제대한 외교관이 바깥에서는 한국경제를 높이 평가를 하는 언론보도를 많이 보았는데 한국에 와서 보니까 비판적인 시각이 많은데 그이유가 뭔지를 나한테 질문을 했다

그래서 내가 그 이유를 이렇게 설명해 주었다. 외국인이 보는 한국 경제의 모습은 한국경제라는 큰 숲을 보는 것이고 개별 나무를 보는 것이 아니다. 그런데 개별 나무들이 모여 숲을 만드나 몇 개의 큰 나무가 숲의 모양을 결정해 버리는 경우를 생각해 보라고 했다.

쉽게 말해 삼성, 현대, LG 등 몇 개의 재벌회사가 우리 국민경제의 모습을 결정해 버리기 때문에 국민경제의 모습이 아니라 재벌회사 몇 개의 모습이 국민경제의 모습이 되어 몇 개의 재벌회사가 흑자면 국민경제가 흑자가 되고 몇 개의 재벌회사가 성장하면 국민경제가 성장한 것으로 나타나므로 재벌회사 몇 개가 잘되면 국민경제 전체 모습이 좋게 나타난다고 설명했다.

즉 삼성, 현대 LG, SK 4대재벌의 매출액이 GDP의 63%를 차지하고 있다. 이런 막강한 영향력을 가진 재벌기업이 수직으로 뻗어가지 않고 수평으로 뻗어 나가 빵집, 떡볶이 집까지 퍼져 나가면 서민들이 먹고 살 터전이 없어질 수 밖에 없다.

이런 상황에서 한편에선 우리나라가 17년산 최고급 위스키 소비량이 2001년부터 작년까지 11년째 세계1위라는 거다. 인구 3억1천만의 미국보다 더 많이 소비 한다는 거다.위스키 뿐만 아니라 명품 소비에서도 가계소득 대비 명품소비가 차지하는 비율이 5%로 일본의 4%보다 많다는 것이다.

의류, 가방, 장신구, 보석류 등 명품 생산국이 신제품을 개발하면 한국시장 부터 공략하는게 판매의 정석처럼 되었다고 한다.

또 영국의 어느 기관이 조사한 해외 조세피난처로 도피시킨 자산이 70년 부터 2010년 사이에 중국이 1조 1890억 달러, 러시아가 7,980억 달러, 한 국이 7,790억 달러로 세계 3위라고 했다. 우리나라 조세부담율은 19.4% 로 유럽 대부분의 국가들이 24~25% 수준과 비교해도 낮은 수준에 머물 고 있다.

반면 한국은 OECD 국가중 노동시간은 가장 길고 저임금 근로자 [비정 규직등] 비중은 1위라고 한다. 복지비 지출액은 8.7%로 OECD 국가중 최 하위라고 한다. 이런 상황에서 경제민주화 문제가 제기된 것은 너무 당연한 귀결이다. 따라서 경제 민주화 조치를 가장 잘 이해하고 실천할 대통령을 뽑고 싶다.

두번째 기준은 남북한 문제이다.

남북한 문제에 대해서는 그간 몇번 언급해서 구체적인 대응책을 요구하 지 않겠다. 한 마디로 감정적인 대응에 너무 치우치지 않고 민족의 먼 장래 를 내다보고 김정은 치하에서 실의에 빠져 있는 북한 주민에게 좀 기다리면 여러분에게도 자유로운 세상에서 따뜻한 민족애를 느끼면서 평화롭게 살 수있는 그런 세상이 올 수 있다고 말할 수 있는 그런 대통령이 당선됐으면 한다.

단순히 표를 얻기 위해 남북한이 대화를 시작하겠다는 후보가 아니고 진 정 한민족의 평화와 번영을 위한 정책을 실시할 그런 대통령이면 기꺼이 한 표를 주겠다는 생각이다.

마지막으로 미국과 중국을 어떻게 다를 것인가의 외교정책 문제인데 한마 디로 한반도를 둘러싸고 미국과 중국이 싸우는 일이 없도록 한국이 처신을 잘 할 수 있는 대통령이었으면 한다.

미국의 대통령과 만나 히히 호호 하면서 미국 대통령의 애완견이 되어 중국이 일방적으로 북한을 지원, 지지 하도록 해서는 안된다. 미국도 중국도 섭섭하지 않게 해야 하고 한미동맹 관계니까 미국에 더 가까워야 하지만 중국과도 화혜와 협력이 이루어지도록 하기 위해 좀처럼 속내를 드러내지 않는 신중한 대통령이었으면 한다.

통일한국이 절대로 중국에 적대적인 국가가 되어서는 안된다는 균형감각이 있는 대통령이면 기꺼이 한 표를 보태고 싶다. 전체적으로 누구처럼 우리가 남이가 식의 사람을 선택하는 것이 아니라 어떤 생각을 가진 사람이며 어떤 정책을 가진 사람인가를 보고 투표하고 싶다.(2012.11.26.)

10
이젠 북한을 다루는 방법도
달라져야 할 것 같다

요즘 북한이 3차 핵실험을 할것인지를 두고 세계가 촉각을 곤두세우고 있다.

만약 북한이 핵실험을 포기한다면 우리도 종래의 진보 입장 대로 북한에 대해 유화정책이 계속 추진되어야 하나 만약 북한이 핵실험을 한다면 북한을 다루는 방법도 달라져야 할 것으로 생각된다.

이제까지 필자가 바란 대 북한정책은 가급적 핵 폐기는 판돈이 커지기 전에 미국과 6자회담에 맡겨 해결케 하고 우리는 북한을 가급적 자극하지 말고 유화정책을 쓰면서 남북한이 한번이라도 더 왕래하면서 북한주민들이 우리들을 거울삼아 자기들이 처한 위치를 정확히 깨달아 자각이 생기도록 하자는데 주안점을 두었다.

그러나 장거리 미사일 발사를 성공시키고 풀류토늄이 아닌 농축 우라늄에 의한 핵무기의 소형화에 박차를 가하는 상황에서는 대북정책도 당연히 달라져야 한다는 생각이다.오늘 드디어 핵실험을 하고 말았다.

우선 결론부터 말하면 핵폐기 유인정책은 이젠 포기해야 한다는 것이다.

핵폐기 유인 정책은 판돈이 커지기 전에 진작 좀 과감하게 해 봤으면 하는 아쉬움이 남는다. 그러나 이젠 그런 시점은 이미 지나 갔다고 생각된다. 북한이 핵 개발을 강행 하니까, 미국이나 우리는 북한에 대한 지원은 일체 할 수 없으니 북한에 대한 지원은 중국 혼자 맡도록 선언하는 것이다. 지금 북한 식량 부족분의 상당부분을 미국이나 유엔기구가 보충해 주고 있다. 이를 중국혼자 지원해 주라고 선언해야 한다. 그렇게 함으로서 중국도 북한을 지원하는데 점점 부담스런 존재가 되도록 하고 또 북한의 핵 개발이나 확산에 중국자신이 부담스럽게 함으로써 중국과 북한사이에 갈등이 생기도록 해야한다. 북한이 핵개발을 계속하고 확산 시키면 북한과 국경을 접하고 있는 중국이 점점 부담스럽게 될 것이고 우리 측 특히 일본과 대만의 핵개발에도 부담을 느낄 것이다. 북한이 핵실험을 강행하면 미국이 일본과 대만도 핵 개발을 허용 하도록 하여 중국과 북한의 틈세를 벌려놓는 정책을 써야할 것이다. 즉 북한 때문에 일본과 대만이 핵개발 했다고 중국이 북한을 원망하게 해야 한다.

　대신 미국과 우리가 할일은 북한 곳곳을 정밀타격 할 수 있는 무기를 도입하여 북한 도발시 북한 핵시설을 타격한다는 사실을 분명히 하여 도발을 못하도록 해야 할 것이다. 시간을 너무 끌다가 이젠 판돈이 너무 커져 핵폐기를 위한 6자회담은 포기하고 북한을 고립시키는 회담으로 성격을 바꿔야 할 것이다. 요는 수많은 핵무기를 가지고 재정적으로 해체의 길로 가야 했던 구 소련의 전철을 밟도록 하여 북한을 해체시키는 길 밖에 없다고 생각된다.

　그러한 경착륙의 과정은 이제까지 진보 쪽에서 추진해온 연착륙보다 훨씬 많은 위험과 충격이 올게 분명하지만 선택의 여지가 없는 막다른 골목에 봉착했다고 할 수 밖에 없다.(2013.2.10.)

11
남북한 당국의 개성공단
협상재개를 환영한다

　폐쇄 위기에 몰렸던 개성공단이 오는14일 개성에서 공단 정상화를 위한 7차회담을 갖기로 해서 개성공단이 재가동의 불씨를 살릴까 하는 기대감에 가슴이 두근거린다.

　2000년 김대중과 김정일이 합의하여 탄생한 개성공단은 매일매일 남북한 간에 통일이 이루어지는 장소였다. 북한 김영철 정찰국장도 개성공단이 자본주의의 황색바람이 부는 진원지가 될 수 있다며 걱정을 하던 입장 이었다. 우리 측에서 보면 남한사회를 알리고 자본주의를 알리는 창구로서 개성에다 공단이란 거대한 풍선을 갖다놓은 것과 같은 역할을 해왔다.

　임진강에서 북한사회를 향하여 아무리 풍선을 날려 보내도 개성공단 만한 역할을 할수 있을까? 개성공단은 남북한 간의 군사적 긴장을 완화하는 사업이고 단기적으로는 남북한 모두가 이익이 되는 경협 사업이며 장기적으로는 한반도의 통일에 대비한 민족 동질성을 회복시키는 통일의 씨앗을 심어 놓은 사업이었다. 이런 공단을 폐쇄니 뭐니 하면서 남북한 당국이 아무런 명분도 실리도 없는 자해 행위를 하는 모습을 보면서 무척 가슴 아픈 생각들을 해야 했다. 처음 폐쇄 이야기가 나올 때만 해도 남북한 양쪽은 한쪽은 폐쇄 하겠다고 협박을 하고 다른 쪽은 공단 근로자의 임금수입을 포기할 수 없어 폐쇄도 못할 놈들이 폐쇄 하겠다고 협박을 한다고 하면서 기싸움과 힘겨루기를 하더니 다시 공단을 재개하는 협상에서도 끈질기게 힘겨루기 하는 모습을 보면서 귀하게 탄생한 개성공단을 살렸으면 하는 마음 간절하였다.

이 말이 누구에겐 황당한 소리가 될지 모르겠지만 개성공단을 새누리당이 만든 공단이면 그렇게 까지 애착이 안갔을지도 모른다. 우리 민주당이 그것도 김대중이 만든 공단이라서 더 애착이 간다는 생각이다. 새누리당은 전 정부가 만들어 놓은 개성공단을 확장하거나 추가로 공단을 만들지는 못하고 전 정부가 만들어 놓은 공단마저 새누리당 집권시 없어졌다고 하면 대북정책을 잘 했다는 평가를 받기 어려울 것이라는 사실을 명심해야 할 것이다.

지금 북한은 미국과 대화를 하여 평화 협정을 체결하기 위해서 핵 농축시설을 확대하니 뭐니 하지만 미국은 북한과 그리쉽게 대화를 할 것 같지는 않다. 왜냐하면 미국의 입장에서는 한반도의 냉전구조와 동북아의 냉전상태가 미국 군산 복합체에 황금알을 안겨주는 거위이기 때문이다.

우리나라는 북한핵에 대응하여 전시작전 통재권의 환수시기를 연기하자고 하고 있다. 이런주장들이 불가피한 면도 있다고 보이나 결과적으로는 한반도 냉전구조 해체와는 반대방향으로 가는 결과를 가져온다.

이런 상황에서 남북한만이라도 한반도 냉전구조를 해체하기 위해서도 남북한이 서로 양보하고 협력해서 개성공단의 재가동이 될수 있도록 노력해야 한다.

북한을 인정하고 북과 공존 하려는 것보다는 북한을 굴복시키고 혼을 내쳐야 올바른 남북관계이고 화해협력과 평화공존의 주장은 종북세력으로 모는 우리 사회의 우경화 경향과 냉전구조를 심화시키는 사회 분위기를 개선하는 의미에서도 개성공단이 잘 가동되어 남북한 모두에게 경제적 이익을 가져오고 평화적 남북통일의 씨앗을 심는 일이 되기를 두손모아 기원한다.(2013.8.8.)

12
규제냐, 방임이냐의 경제사 이야기

　요즘 철도 민영화와 영리 의료 법인에 반대하는 재야측과 이를 지지하는
정부 여당의 논쟁을 보면서 국민은 어느 쪽의 손을 들어줄 것인가 헷갈리
는 사람이 많을 것으로 짐작된다. 이 문제를 판단하려면 경제사에서의 규
제냐, 방임이냐의 논쟁 배경을 알아야 할 것 같다.

　따라서 오늘은 현대 경제사 이야기를 하면서 철도 민영화 문제와 영리의
료 법인 문제를 생각해 보기로 한다.

　1929년 세계 대공황이 일어나자 KEYNES는 공황의 원인은 과잉 생산때
문이 아니고 유효수요의 부족에 있다고 진단하면서 경제 주체인 정부가 개
입하는 것이 필수적이라고 했다. 그래서 그는 정부가 대대적으로 공공투자
사업을 벌림으로써 유효수요를 창출해야 경제위기에서 탈출할 수 있다고
했다. 2차 대전후 미국은 루즈벨트대통령이 KEYNES이론을 받아들여 경
제 부흥을 이룩했다.

　그러나 1970년대에 오일쇼크가 발생하면서 물가상승과 실업이 동시에 늘
어나는 스테그 플레이션 현상이 나면서 KEYNES 주의도 쇠퇴하게 되었다.

여기에 평생의 숙적이며 동시대의 경제학자였던 오스트리아의 HAYEK [하이에크]가 새로운 경제학의 영웅으로 부상하게 되었다.

HAYEK는 신자유주의 창시자로 알려져 있다. 그러나 하이에크는 신자유주의를 이론적인 체계를 완성한 사람이고 신자유주의는 특정한 경제학자 한사람의 머리속에서 나온게 아니고 경제학자, 관료, 기업가, 언론인 등 복합적인 이론과 주장으로 형성되고 확산된 경제이념이다. HAYEK는 KEYNES경제학에 날카로운 포문을 열면서 논쟁이 시작되었다.

그는 가격체계를 중심으로 정부의 간섭없이 경쟁을 통하여 경제의 효율성과 능률성을 높임으로써 경제를 회복시키고 발전 시킬수 있다고 주장했다. 그는 계획경제에 대해 반감을 가지고 있었으며 결과의 평등을 추구하면 시장은 왜곡되고 자유가 침해된다고 하면서 국가가 시장을 감시해서는 안되고 시장의 감시하에 국가가 있어야 한다고 했다.

또한 사회 정의를 실현하기 위한 국가의 관여를 주장하는 입장도 있으나 하이에크는 사회정의란 무의미 하다고 일축했다.

그래서 그는 국가가 경제를 감시해서는 안되고 시장의 감시 하에 국가가 있어야 한다고 했는데 이것이 신자유주의 경제 이념이다. 쉽게 말해 공산주의가 가장 왼쪽에 있는 경제체제라면 신자유주의는 가장 오른쪽에 있는 경제체제라고 할수 있다.

이러한 신자유주의 경제체제는 영국에서는 대처 수상이 신자유주의를 채택하여 경제를 부흥시킨 실적이 있고 미국도 KEYNES주의의 퇴조이후 레이건이 신자유주의를 선택하여 상당한 경제적 성과를 이루기도 했다.

그러나 2008년 금융위기가 발생하므로써 모든 국가들은 경제를 자유 방임에 맡겨서는 안되고 국가의 관여가 필요하다는 입장으로 바뀌면서 미국의 월가 등에도 정부규제의 손길이 다가오게 되었다 특히 신자유주의가 가져온 빈부격차의 확대를 그냥 두어서는 자본주의의 유지가 어렵다는 비판이 일어나게 되었다.

그래서 자본주의 파수꾼이라 할 수 있는 IMF도 재분배가 자본주의에 부담을 주는 것이 아니고 성장을 촉진한다고 하면서 부유층에 과세를 강화해야 한다고 했고 미국이나 일본은 정부가 기업에 압력을 가하여 근로자의 월급을 올려주도록 하고 있다. 이런 현상은 신자유주의와는 거리를 두는 신자유주의와 반대 방향으로 가는 정책이다.

이런 상황에서 철도 민영화 문제나 영리 의료법인 문제는 신자유주의 반성에서 나온 정책과는 정 반대의 방향이고 규제는 암이라고 하면서 규제를 완화해야 한다는 주장도 신자유주의를 촉진하는 정책이지 신자유주의의 반성에서 나오는 이야기와는 거리가 멀다.

그러나 철도 민영화 반대시위를 보면서 많은 사람들은 민영화로 효율을 높이겠다는데 왜 반대하느냐고 생각할 것 같고 영리 의료법인도 왜 나쁘냐고 반문할 수도 있을 것 같다.

그러나 철도가 민영화 되면 효율을 높이기 위해 적자노선을 폐쇄하여 철도의 이용에서 배제되는 사람들이 생겨날 수도 있을 것이고 노동자에게도 구조조정을 강요 받으면서 오르지 효율화에 매진할 것이며 영리 의료법인이 촉진되면 인간의 병이 대기업의 돈벌이 수단이 되어 의료비는 올라갈 것이고 건강보험의 보상율은 낮아질 것이다. 이미 미국에서도 영리법인의 치료 효과가 더 나쁘고 의료비는 더 비싼 것으로 나타나고 있다.

그래서 경쟁과 성장, 효율성의 가치만을 강조해온 과거의 자본주의 프레임에서 이젠 연대와 분배 그리고 형평성을 중시하는 새로운 경황으로 바뀌는 경제사회에서 철도 민영화와 영리 의료법인에 반대하는 목소리에도 귀를 귀울여야 하는 필요성이 생긴 것이다.

경제 문제가 효율성과 능율만 추구하면 된다고 생각했던 시대보다 연대와 형평성, 분배의 정의 등이 동시에 고려되어할 시대의 경제정책이 훨씬 어렵고 복잡해진 시대에 살고있는 것이다.

지금 한창 시끄러운 세월호 사건도 방임이냐, 규제이냐의 문제와 깊은 관련이 있다. 영업의 효율성과 능율성만 높이면(영업 이익율제고) 가장 자본주의 정신에 충실했다는 천민자본주의 정신이 고쳐져야 할 것이다. 이윤과 효율만 추구하는 사회에서 안전이 제대로 지켜질수 있겠는가? 안전은 효율성과는 관계없기 때문이다. (2014.4.29.)

13
나는 이런 사람이 총리가 되었으면 좋겠다

　요즘 총리가 공석이니까, 총리에 대한 희망 사항이 이야기 되고 있다. 그런데 우연히 총리에 대한 희망 사항을 이야기한 글을 읽고 어떤 사람이 총리가 되어야 한다는지 종잡을 수 없다는 생각이 들었다. 그래서 느낀 대로 한마디 했는데 상대방이 '이건 시비다' 라는 말을 했다. 그래서 내가 시비할 생각이 없었다는 걸 알리기 위해서도 내가 바라는 총리상을 이야기 해야겠다는 생각이 든다.

　먼저 내가 미리 알려야 할 정보는 내가 좀 덕이 있는 사람이 아니라서 하고 싶은 말을 참지 못하고 본대로 느낀대로 내 뱉는 성격이라 공직에 있을 때도 손해를 많이 본 사람이다.

　각설하고, 사실 현재 총리가 내정되었을 때도 대통령이 총리 인사를 잘했다는 생각이 들지 않았다. 왜냐하면 6법전서를 달달외워 사법부에서만 일생을 바친 법관 출신이 총리라는 다양한 업무를 총괄조정 한다는게 너무 힘들거라는 생각 때문이다.

　총리실에서 10년 이상 근무하면서 총리의 일을 옆에서 지켜본 필자로서는 과학기술처 장관이나 보건복지부 장관 등의 업무보고를 제대로 이해할 수 있을까 하는 생각이 든다. 보고를 받으면서 무슨 말인지 잘모르면서 가끔 한번씩 고개를 끄덕끄덕 하면서 알아 들은 체 하면서 넘어 갈 때가 얼마나 많을까 하는 생각이 든다. 한마디로 총리는 Specialist(전문가)보다 Generalist(사통 팔달형)가 적합 하다는 생각이다.

그런데 또 다시 6법전서와 씨름을 하며 살아온 검찰 출신이 내정 되는걸 보고 실망감이 컸는데 전관예우 문제로 스스로 물러 나는걸 보고 오히려 잘되었구나 하는 생각이 들었다.

현대국가에서 해결해야할 가장 중요한 문제가 경제문제이고 특히 우리나라는 금융위기 이후 아직까지 경제가 회복되지 않아 불황에서 허덕이고 있기 때문에 경제에 밝은 총리가 왔으면 하는게 내 희망 사항이다.

또 현재 경제 부총리가 엘리트 출신이긴 하나 추진력이 좀 부족한 것 같아 경제를 잘 아는 총리가 부총리의 추진력을 좀 보완해 주었으면 경제회복에 도움이 될 것 같은데 하는 생각이다.

그러데 박대통령 께서는 "새총리는 국가 개혁의 적임자로 국민들께서 요구하고 있는 분을 총리 후보로 찾고 있다"고 하셨다.

그러나 대통령 중심제 국가에서 총리가 국가개혁을 추진할 주체가 되기는 싶지 않다는 생각이다. 대통령 중심제 국가에서 총리가 국가 개혁을 추진할 그런 파워나 동력이 나올 수 있는 지위에 있지 않다는 생각이다.

그래서 국가 개혁은 총리가 아니라 대통령 자신이 추진해야할 사항이라는 생각이다. 박대통령은 자기가 해야 할 일을 총리한테 시키고 싶은 생각인 것 같은데 그러면서 권한을 총리에게 대폭 위임하는 책임총리와는 반대로 국정 운영을 하고 있어 자기 자신을 뒤돌아봐야 할 것 같다.

그래서 총리는 다양한 경험과 지식을 가진 제네럴 리스트가 와서 부처

간 상충과 모순을 조정통제 할 수 있는 인사 이었으면 한다. 그런 대표적
인 인물로 정운창 전총리와 한덕수 전총리 같은 인물을 들수 있을것 같
다.(2014.6.3.)

14
현대판 빨갱이 피케티의 출현

오늘은 인터넷 상에서 수많은 논쟁을 일으키고 있는 '빨갱이'란 개념에 대해 생각해 보기로 한다.

18세기 영국에서 시작된 자본주의가 독일의 마르크스가 자본론을 발표하면서 도전을 받기 시작했다.

자본론은 생산에 참여한 자본의 수익율은 점점 커지고 생산에 참여한 노동자의 몫은 점점 더 줄어들어 빈익빈 부익부 현상이 나타나 결국 자본주의는 패망한다는 이론이다.

프랑스 경재학자 피케티(Piketty)는 마르크스의 노동자 몫 대신 경제 성장율을 대입하여 경제 성장률보다 자본의 수익율이 훨씬 높다는 연구로『21세기 자본론』을 발표하여 선풍적인 인기를 끌고 있다. 경제성장율은 그 국가의 전체 국민 1인에게 추가로 배분될수있는 비율을 뜻한다.예컨데 생산활동에 참여한 자본의 수익율이 10%인데 그 국가의 경제성장율이 5%라면 국민1인당 배분되는 몫보다 자본가에게 배분되는 몫이 2배가 더 많다는 의미이다.

따라서 자본주의가 발전할수록 소수의 자본가는 더욱 부유해지고 다수의 국민은 더욱 빈곤해 진다는 것이다.

　마르크스의 자본론이나 피케티의 21세기 자본론은 서로 비슷한 내용을 담고 있으나 결론에서는 마르크그는 자본주의가 결국 멸망하는 제도로서 자본주의를 대체할 새로운 제도를 모색해야 한다는 것이고 피케티는 상속세를 강화하고 소득세 최고 세율을 80% 정도로 높여 소득을 재분배 하는 방향으로 수정하면 자본주의가 존속할 수 있다고 했다.

　역사상 소득 불균형이 가장 심각했던 해가 1928년과 2007년이고 각각 1년후인 1929년엔 대공황이, 2008년 에는 금융위기가 왔다는 연구도 있다. 이와같이 소득 불균형이 자본주의 생존에 심각한 타격을 입히고 있다.

　그런데 자본주의 경제이론은 생산관계 이론을 거의 다루지 않고 있는데 자본주의 모순은 생산관계에서 가장 두드러지게 나타나고 있다. 따라서 자본주의 모순을 보완하기 위한 수단을 찾기 위해 생산관계이론을 많이 다루고 있는 마르크스 자본론에 대한 관심이 높아져 공산주의 종주국 소연방이 해체된 후 자본주의 국가에서 마르크스 자본론이 다시 읽혀지고 있는 실정이다.

　이런 현상은 자본주의와 공산주의는 정, 반, 합의 역사발전 단계에서 "합"의 시대가 도래하고 있다고 할 수 있다. 그래서 선진 자본주의 국가에는 소득 불평등 해소에 열을 올리고 있고 북한 같은 나라는 시장경제 제도를 도입하고 있다.

　피케티도 마르크스 자본론의 생산요소(노동, 자본 등)별 수익율의 차이를 그대로 받아들이고 있지만 누구도 피케티를 빨갱이로 취급하지는 않는다.

　만약 피케티가 한국 사람이고 한국에서 활동하고 있다면 아마 보수세력으로 부터 18세기 마르크스 유령이 나타났다고 돌팔매를 맞을 것같고 보수 법관들은 피케티 저놈, 마르크스주의자라고 엄벌에 처하라고 했지 않았을까 하는 생각을 해본다.

지금 우리 사회에도 자본주의 모순을 적극적으로 수정해 나가야 자본주의가 존속할 수 있다는 진보적인 주장을 하는 사람들이 많은데 이런 사람들에게 냉전시대(반의 시대) 잣대로 지금(합의 시대)의 자본주의 수정자를 빨갱이로 몰면 어쩔 수 없이 빨갱이로 몰릴 수밖에 없는 입장이다. 피케티도 냉전시대(반의 시대)에 『21세기 자본론』을 썼다면 선풍적인 인기는 커녕 빨갱이로 매도 당했을 것이다. 그래서 빨갱이란 말 자체가 우리사회에서도 없어져야 한다는 생각이다. 왜냐하면 빨갱이란 말 자체가 반의 시대 유물이며 합의 시대에는 적합하지 않는 용어이기 때문이다.

자본주의를 잘 수정하여 세계가 다 부러워하는 복지를 누리고 있는 노르웨이, 핀란드, 스웨덴 같은 북유럽 국가들이 우리처럼 자본주의 수정논의 자체를 빨갱이로 몰았다면 오늘날 북유럽과 같은 고도의 복지국가가 탄생할 수 있었겠는가?

너무 큰 문제를 논설 하나에 담으려니 두서가 좀 없어진것 같다.

아무튼 아직까지 빨갱이 논쟁을 하면서 다툰 다는게 얼마나 부질없고 시대착오적인가? 다시는 빨갱이 논쟁이 없기를 기대해 본다.(2014.12.24.)

15
복지와 증세문제 논쟁의 대상이 아니다

을미년 새해가 되어, 오고가는 길에 장군보살이란 점쟁이 집이 있어 새해 점괘를 보았더니 말이 많은 곳에 들락거리지 말란다.

말이 많은 곳에 들락거리면 악귀가 따라 붙을 운이 있다고 하면서 을미년 한해는 퇴마방법으로 붉은 옷을 입고 "옴마니 반매음"을 외우면서 다니라고 한다 ,

남자가 붉은 옷을 어떻게 입느냐고 하니 속옷이라도 붉은 옷이면 된단다. 그런데 말이 많은 곳이라?, 어딘가 생각해보니 아무래도 내가 글쓰는카페 뿐인것 같아 여기에 들락거리지 않으려고 했는데 요즘 정치권에서 싸울일이 아닌 걸 가지고 피 터지게 싸우고 있어 답답해서 정치권에 내 생각을 보내려고 하니 본의 아니게 여기에 또 글을 적는다.

지금 복지수준과 증세 문제를 두고 정치권에서 뜨거운 논쟁을 벌리고 있는데 특히 여권내에서도 유승민 원내대표는 우리나라는 저부담 저복지 국가이니 증세를 해서라도 중부담 중복지 수준이 되도록 해야 한다고 하고 김무성 당 대표는 법인세를 올리는 것은 최후에 생각할 문제라고 하고 최경환 부총리는 정치권에서 먼저 복지수준을 결정하면 그기에 따라 증세문제도 생각할 수 있다고 하다가 각자의 말을 조금씩 바꾸면서 뜨거운 논쟁 중이다.

내가 보기엔 이 논쟁은 교과서에 쓰여 있는대로 하면 논쟁이 필요 없지 않나하는 생각이 든다.

즉 최경환 부총리는 정치권에서 복지수준을 먼저 결정하라고 하고 김무성 당대표는 법인세 증세 문제를 최후에 생각할 문제라고 하는데 두분 다 일 처리 순서를 교과서에 있는 내용과 거꾸로 이야기하고 있다.

재정원칙에는 양입제출원칙이 있다. 즉 들어올 세입을 먼저 계량하고 재정지출은 들어올 세입에 맞추어 지출한다는 원칙이다. 세입 계량 방법은 우리나라 조세 부담율을 OECD국가들의 조세 부담율과 비교 평가하여 우리 능력에 맞는 목표 조세 부담율을 정하고 그 증세분을 세목에 배분하면 된다. 그렇게할 경우 우리나라 조세 부담율은 현재 20,3%로 OECD 국가중 하위권수준으로 지금보다 더 올라가야 할 것이다.

그런데 정치권에서는 법인세등 특정 세목에 배분하겠다고 가·불가 논쟁을 하고 있는데 법인세 등 세목을 지정하여 배분할 경우 그 조세가 국민경제에 미치는 영향을 고려 할수 없게 된다. 왜냐하면 조세는 그 세목을 보고 국민경제에 미치는 영향을 측정할 수 없기 때문이다. 따라서 조세가 소비와 투자에 미치는 영향을 보아야 한다.

국민소득=소비+투자+정부지출+순수출(무역흑자) 4개를 더해서 나온다.

위 공식에서 보듯이 저축은 국민소득과 관계없다. 또 소득은 장래 소비할 소득과 저축할 소득으로 나뉘어 지는데 조세가 소비될 소득에 과세하면 소비를 감소시켜 국민소득을 감소시키고 경제성장율을 떨어뜨리기 때문에 저축될 소득에 과세해야 한다.

저축할 소득에 대한 과세는 저축을 감소시켜 국민소득을 감소시킨다고 착각 할 수 있으나 저축은 국민소득증감의 결과물이지 원인물이 아니다. 그리고 저축될 소득에는 법인세만 있는게 아니고 개인소득세에도 있다. 성형외과 의사, 일부변호사의 소득이 그 예다. 이 증세 방법보다 더 나은 방안이 있으면 내놔 보라고 고함을 지르면 아무리 정치논리를 앞세우는 상대방이라도 입을 다물 수밖에 없을 것이다. 법인세라는 특정 세목을 지정하여 올리느냐 마느냐 하니 증세의 대상이 처음부터 특정되어 저항이 일어나고 논쟁이 벌어질수 밖에 없다.

이렇게 세입이 결정되면 이 세입 수준에 맞추어 복지수준을 결정하면 된다. 이렇게 양입제출 원칙에 따라 복지수준을 결정하면 복지수준이 과다하다거나 과소하다는 이야기가 나올 수 없다. 세입에 맞춘 복지수준이기 때문이다.

세입 수준에 따라 복지수준을 맞추는 세부내용에서는 어떤 복지는 무상복지로 또 어떤 복지는 선별 복지로 돌리는 등 우선 순위에 따라 배분하면 된다. 우선 순위에 대한 관점이 다르면 그 부분만 타협하면 된다.

오랫동안 연구해온 결과를 모아 적어 놓은 게 교과서인데 교과서 내용대로 한번 해보라고 정치권에 권고하고 싶은 마음에서, 또 권고하기 위한 한 과정으로 이 글을 여기 올린다. 정치권에서도 정치논리도 좋지만 그보다는 기본에 좀 충실했으면 하는 마음이다.(2015.2.10.)

16
금년 노벨 경제학상 수상자와 우리경제

2015년 노벨경제학상 수상자가 미 프린스톤 대학의 엥거스 디턴 (A,Deaton)교수로 발표 되었다. 디턴 교수는 프랑스의 피게티(Piketty)와 대척점에 있는 성장론자이다. 경제학에는 소득의 불평등이 경제성장에 미치는 영향을 정반대로 설명하는 두가지 이론이 있다. 둘다 맞는 이론이다.

하나는 소득의 불평등이 성장을 촉진한다는 이론이고 또 다른 이론은 소득의 불평등이 오히려 침체를 가속화 한다는 이론이다.

이 두가지 반대되는 이론중 첫번째 견해는 금년 노벨 경제학상을 받은 디턴이 대표하고 있고 두번째 이론은 프랑스의 피게티가 대표하고 있어 디턴과 피게티가 서로 대척점에 있다고 한다.

디턴의 견해는 국민소득이 불평등하면 저소득층은 돈이 없어 소비를 못하게 되어 이 강요된 소비절약 만큼 사회적 저축이 되어 이것이 생산설비 확장에 투자가 되어 생산이 늘어나고 경제가 성장한다는 것이다.

반대로 피게티는 국민소득이 불평등하면 저소득층은 돈이 없어 소비를 못하고 물건이 팔리지 않아 불황이 더욱 깊어진다는 이론이다.

전자가 생산설비가 부족한 후진국 내지는 개발도상국에 적용되는 이론이고 후자는 생산설비가 충분히 갖추어져 있어 공급능력은 얼마든지 있는데 소비가 침체되어 경제가 불황에 빠진 선진국에 적용될 수 있는 이론이다.

일반적으로 소득이 불평등할수록 사회적 저축은 늘어나고 소득이 평등해질수록 소비가 늘어난다고 보면된다.

그런데 "불평등이 성장의 동력"이라고 한 디턴의 주장은 이미 60년 70년대에 우리나라에서 많이 이야기 되고 실제 정책에 많이 활용되어온 세삼스러운 이야기가 아닌데 이제와서 노벨 경제학상을 수상하게된 이유이다.

지금 세계는 피게티의 소득 재분배 강화정책이 자본주의 사회를 휩쓸고 있고 특히 금융위기 이후 신자유주의가 급속히 쇠퇴해 가는 경향이 있어 보수성이 강한 노벨 경제학상 선정 위원회가 이런 경향을 견제하기 위해 의도적으로 보수적인 성장이론에 노벨상을 수여 했다는 이야기도 들린다.

그런데 그게 문제가 아니고 우리나라에서는 한나라당 국회의원을 포함하여 보수층 정치인이 금년도 노벨 경제학상을 탄 디턴도 소득 분배가 불평등해야 경제가 성장하고 발전한다고 했으니 우리나라도 임금수준을 낮추고 복지를 줄여 빈부격차를 크게해야 한다고 주장할 정치인이 나올까 염려스럽다는 점이다. 왜냐하면 우리나라는 현재 국민소득 3만불을 앞둔 선진국 문턱에 와있는 국가로서 생산설비는 충분한데 소비가 안되어 불황을 겪고 있는 경제이기 때문에 소득 재분배정책을 써서 소비를 늘려야 불황을 극복할 수 있는 국가이기 때문이다

만약 어느 보수 정치인이 나와서 금년도 노벨경제학상을 받은 저명한(?) 경제학자도 소득 불평등이 성장의 동력이라고 했다면서 기세 등등하게 우리나라도 소득 격차를 크게 하여 빈부격차를 크게 해야 경제가 성장한다고 큰소리치는 이가 나오면 그 주장은 우리나라 경제 발전 단계를 고려하지

않은 틀린 주장이라는 이야기를 해 줄수 있어야 한다. 틀림없이 금년 노벨 경제학상 수상자를 들먹이며 엉터리소리를 하면서 큰소리칠 보수꼴통이 나올것 같아서 하는 이야기다.

이상 디턴과 피게티의 입장 차이를 선명하게 보여주기 위해서 최대한 단순화하여 기술하였으나 좀더 깊이 들어가기를 원하는 독자들을 위하여 추가적인 설명을 하고자 한다.

소득 불평등이 성장의 동인이 된다는 디턴의 주장을 소득 불평등이 주로 소비와 저축에 미치는 영향을 중심으로 설명했으나 디턴은 성장의 결과 발생한 불평등은 사람들이 더 많은 교육을 받고 더 열심히 일하는 동기를 부여하는 순기능을 한다는 것이며 이러한 동기 부여가 성장의 동인이 된다고 했다. 그러나 디턴은 어느정도의 불평등은 성장의 동인이 되나 심각한 불평등은 여러가지 부정적 영향을 미친다고 했다. 소득의 심각한 불평등은 부자들이 규칙을 만드고 정치적 지배를 강화하여 민주주의를 억누르고 성장에 오히려 악영향을 미치며, 먼저 불평등에서 탈출한 사람이 뒤의 탈출로를 봉쇄하도록 부추긴다고 했다.

결국 어느 정도의 불평등은 도움이 되나 심각한 불평등은 여러가지 부정적인 영향을 미친다고 했다. 이처럼 심각한 불평등을 우려한 점에서 피게티와 크게 다르지 않다고 할 수 있다. 문제는 한국은 지금 어느정도의 소득 불평등 국가인지가 문제다.(2015.10.16.)

17
노년의 지혜

이 글은 얼마전 내가 국회의원 300명에게 돌린 책 중에 있는 글을 여기에 옮긴 글이다.

책 제목이 '정치경제 10년사' 이지만 정치경제 이야기 외에도 우리가 알고 있으면 유익하고 재미있는 글도 들어있어 70대 노인이 보기에 적합한 글을 하나 선택하여 올린다.

"내가 한때 바위였다고 말하지 마라.

현재가 모래알이면 모래알로 사는거다. 과거를 회상하며 "한때"를 자랑해 봤자, 현재를 중시하는 젊은이에게 비웃음만 산다. 왜냐하면 노인은 과거를 중시하고 젊은이는 현재를 중시하기 때문이다.

노인이 과거를 중시하는 것은 과거는 남들이 잘 모른다고 믿기 때문이고 젊은이가 현재를 중시하는 것은 믿을 건 현재 보이는 현재 모습이라고 생각하기 때문이다. 아무리 모래알이라도 흙먼지 보다는 내가 낫다는 당당함이 있어야 되오. 체면이나 자존심을 잃으면 오래사는 의미가 없다오.

먹는 거나 밝히고 양심 없는 쾌락이나 추구 하다간 개망신을 당하고 돈까지 잃을 수 있다오. 그러나 자갈마당 가는 건 쾌락을 추구하는게 아니고 천당가는 봉사 활동이니 많이 가야 하오. 늙으면 착각을 잘 하지요. 젊어서 고생한 마누라한테 잘 해 준다고 기쁘게 해 준다고 마누라 팬티를 자꾸 벗기면 안된다오. 60이 넘은 여자는 팬티를 자꾸 벗기면 엄청 귀찮아 한다는 걸 알아야 하오. 그걸 모르고 늙은 마누라 고생 했다고 위로 한다고 기쁘게 해준다고 올라타지 말고 잠이나 잘 자게 가만 두세요. 그게 마누라를 위하는 길이라오.

나이가 들면 허리띠를 풀어놓고 잡수시면 안되오. 늙은이가 한점 더 먹겠다고 허리띠를 풀어놓고 설쳐도 젊은 때와 달리 에너지가 정력으로 가는 게 아니고 배만 불뚝 나와 똥자루가 된다오. 나이가 들면 설치지 말고 미운소리, 우는소리, 헐뜯는 소리, 그리고 불평일랑 하지를 마소. 어린애가 미운짓 하는 것보다 훨씬 밉게 보인다오. 미움을 받아야 오래 산다는 말도 있으나 반드시 그렇지는 아닐거요.

상대방을 꼭 이기려 하지 마소. 우리들의 시대는 다 지나가고 그대는 뜨는 해 나는 지는 해 그런 마음으로 지내시구려. 그렇게 사는 게 편안 하다오. 누구에게서든지 좋게 뵈는 마음씨 좋은 이로 살으시구. 그리고 아프면 안되오.

아들, 딸, 며느리까지도 괄시를 한다오.

70대 노인이 뽀록뽀록 화를 내는 것은 정말 보기 싫은 꼴불견 노추요, 화의 본질은 솔직함이 아니고 분별력이 없다는 증거가 되오. 화를 내는 근본적인 원인은 나 한테는 잘못이 없다는 무분별이 원인이라오. 70대 노인의 얼굴에는 항상 엷은 미소를 띄어야 하는거요.

또 유난히 남을 비난 하거나 칭찬하는 일이 많은 노인을 주위에서 흔히 볼수 있소. 칭찬과 비난은 스스로의 이익과 연결되어 있거나 스스로가 집착하고 있는 일이 있어서요. 이 세상의 어떤 이익에도 관심이 없거나 어떤 집착에도 관심이 없는 사람은 칭찬도 비난도 하지 않고 무덤덤하게 살아가는 거요. 노인이 되면 이익을 볼일도 없고 집착을 가질 일도 없다는 사실을 깨달아야 하오.

과비난을 받은 사람은 니기미 씨발하고 떠나 가지만 과찬을 받은 사람은 저 사람이 뭘 바라고 저러는지 두고두고 부담감을 갖는다는 사실을 알아야 하오. 결국 칭찬을 한 사람한테도 비난을 한 사람한테도 공정심만 의심 받는다오. 과찬과 과비난은 자식들과 며느리와의 사이를 벌릴 수도 있소.

노인이 되면 쾌락이 없어진다고 한탄해선 안되오. 쾌락은 역병이니 역병인 쾌락이 노인이 되면서 물러간다는건 축복이 아닌가? 쭈글쭈글한 할아버지가 손녀같은 여아에게 욕정을 가지고 덤비는 상황을 상상해 보시오.

얼마나 양심 없는 쾌락을 추구하는 늙은이로 보이겠나? 우아한 노인이 되려면 쾌락이란 역병은 물러가야 하고 정신력을 유지할 수 있을 만큼의 건강은 필수적이요.

즉 다른 사람에게 폐를 끼쳐서는 안되고 혼자 걸어 다닐 수 있어야 하고 혼자서 옷을 갈아 입을 수 있어야 하고 식사도 자기손으로 할 수 있어야 하고 화장실도 혼자서 갈 수 있어야 한다오.

나이가 들면 정신력이 퇴화하여 친구에게 자기와 같은 방식으로 살아야 한다고 강요하는 친구들을 흔히 볼 수 있소. 강요를 당하는 입장에선 너무 어처구니없고 황당할 수 있다오.

너 삶이 뭐 그리 성공적인 삶이였다고 나더러 너처럼 살라는 건가하며 실소를 금치 못할 것이오. 진보적인 입장의 나를 같이 꼴통이 되어야 우리와 같이 어울릴 수 있다며 강요하는 친구를 보면서 허허 하고 실소를 금치 못한 경우가 한 두번이 아니었소. 뇌의 노화로 인해 정상적인 이성에서 벗어나 있기 때문이오. 남의 인생은 내것이 아니라오. 그래서 이래라 저래라 할 수 있는 것이 아니오."

이상이다. 덧붙여 '법정 스님의 행복하게 늙어가는 법'을 노년의 지혜로 소개 할까 한다.

첫째, 말이 좀 적어져야 한다.
둘째, 욕심을 좀 내려 놓아야 한다. 과로 과식 과음을 피해야 한다.
셋째, 모으는 것보다 좀더 베풀어야 한다.
넷째, 유산을 상속할 때 자식에게 다 주면 안된다. - 조금은 가지고 있어
        야 한다. 그래야 병 문안오고, 장례식에도 온다.
다섯째, 거동이 불편 안하면 자식과 같이 살아서는 안된다.

자, 이제 노인의 노래 한곡 듣고 끝내자.
"80세에 저 세상에서 날 데리려 오거든/아직은 쓸만해서 못 간다고 전해라.
90세에 저 세상에서 날 데리려 오거든/알아서 갈테니 제촉말라 전해라.
100세에 저세상에서 날 데리려 오거든/좋은날 좋은시에 가겠다고 전해라."(2015.12.22.)

18
내가 본 미국 경제체제와
유럽경제체제의 차이점

  미국 경제 체제와 유럽경제 체제는 다 같이 자본주의 경제체제이나 역사적 발전과정에서 상대적인 차이점이 발견되며 이러한 차이점은 우리경제가 나아갈 방향을 정하는데 여러가지 시사점이 있기 때문에 오늘 이 문제를 한번 보기로 한다.

  그 외에도 우리 카페가 너무 장난으로 흐르는 것 같아 이런 분위기를 좀 돌려 보려는 의미도 있다.

  한마디로 미국 경제체제는 경쟁에서 승리한 자가 이끌어 오고 만들어낸 경제체제라고 할 수 있고 유럽 경제 체제는 이해관계자들의 타협과 이해조정을 통하여 이룩된 경제체제라 할 수 있을 것 같다.

  미국은 국내경제 뿐만아니라 국제 화폐신용체제에서도 승리자의 위치에서 세계경제를 이끌어 가고 있다.

  1944년 미국 브레턴 우즈에서 44개국 대표가 모여 환율조작에 의한 수출증대책을 막는 논의를 했는데 당시 영국의 대표는 케인즈였고 미국대표는 해리 화이트 였다. 케인즈는 새로운 국제통화를 만들어 내자고 했고 미국대표 화이트는 미국달러를 세계통화로 하자고 맞섰으나 미국대표 화이트가 만약 달러를 세계통화로 하면 미국 달러를 낮은 이자율로 필요로 하는 국가에 차관을 제공하겠다고 하여 당시 영국은 2차대전으로 달러가 바닥이 나 있었기 때문에 미국의 주장을 받아들여 미국달러가 기축통화가 되었다.

결국 돈이 많은 미국이 돈이 없던 영국을 누르고 미국의 달러가 세계화폐인 기축통화가 되어 미국경제는 국제통화 신용제도에서도 날개를 달게되었다. 왜냐하면 만약 100달러짜리 지폐 한 장을 찍어내는데 1달러의 인쇄비가 든다면 99달러의 이익을 붙여 모든 국가들이 이를 100달러에 사주니까, 미국은 어떤 경우에도 부도가 날 수 없는 신용체제를 가진 것이 된다. 물론 화폐발행 그 자체는 국가의 채무성격을 가지나 이를 회수할 때 까지는 타국의 자산을 무료로 사용할 수있는 결과가 된다.

이러한 불공평한 국제통화 체제는 언젠가는 시정되어야 한다.

이렇게 하여 자원이 풍부하고 기축통화를 가진 미국의 경제학자들은 언제나 낙관적 경제전망을 하고 그렇지 못한 유럽 경제학자들은 비관적 경제전망을 하는 경우가 많다.

낙관적인 전망을 하는 사람들은 경제체제의 모순점을 찾아 고치려는 노력을 하지 않는게 일반적이다. 그래서 경제체제의 모순점을 찾아 고치려는 노력은 유럽경제학자들에 의해 이루어져 왔다. 마르크스, 케인즈의 수정자본주의, 하이에크의 신자유주의, 피게티의 21세기 자본 등 유럽경제학자들이 그런 노력을 해온 사람들이다.

경제 발전 과정에서도 유럽은 시장과 정부, 자유와 평등간에 균형이 잘 유지되어온 전통이 있으나 미국은 시장과 자유가 지나치게 강조되고 정부

역할과 평등의 가치가 너무 과소 평가되어 균형추가 오른쪽으로 치우쳐 있다는 느낌이다.

따라서 유럽은 사회복지정책에 있어서도 모든 사회 구성원들이 시장경제에 참여할수 있도록 배려 한다는 원칙하에 다양한 사회정책과 사회보험 제도를 운영하고 있다. 특히 북 유럽의 사회민주주의는 생산과 소비는 시장경제 방식으로 이루어지지만 소득의 분배에 있어서는 형평성이 특히 강조되는 경제체제이다.

우리는 미국 경제체제를 많이 따르고 있어 복지비 지출액이 GDP의 9.3%로 OECD 평균인 21.7%에 훨씬 못 미치고 있다.

특히 최근 자본주의가 경쟁과 성장 그리고 효율성의 가치만을 강조되던 과거의 자본주의 프레임에서 연대와 분배, 형평성이 강조되는 새로운 경향이 나타나면서 우리도 미국만 쳐다볼 것이 아니라 유럽사회를 주의 깊게 보아야 한다. 이러한 변화에 적응력이 떨어지는 미국경제는 2008년 금융위기를 유발하여 세계 경제를 파탄지경으로 몰고 간 전과가 있다. 앞으로도 자본주의를 끝장낼 금융위기 같은 사태가 온다면 미국경제체제에서 오지 유럽경제체제에서 오지는 않을 것으로 본다. 유럽의 합의제 민주주의와 조종 시장경제가 어떻게 그곳 시민들의 삶을 느긋하고 여유 있게 만드는지 자세히 살펴볼 필요가 있다고 하겠다.

필자는 미국과 유럽의 경제체제의 차이점을 보면서 미국 보다 유럽의 경제체제를 많이 참고하여 우리경제가 나아갈 방향을 정했으면 하는 생각을 해 보면서 글을 마친다. 왜냐하면 유럽경제체제는 수많은 이해 당사자들의 충돌과 타협 그리고 이해 조정을 통하여 성립된 경제체제이기 때문에 가장 공정하고 각 경제 주체들 간에 형평성이 유지되어온 체제라고 보기 때문이다.(2016.3.31.)

19
기본소득 보장제에 대한
스위스의 국민투표를 보면서

  몇일전 스위스가 노동을 하지 않더라도 최소한의 인간다운 삶을 영위할 수 있게 18세 이상 성인에게 매월 월 300만원(스위스 프랑 2500)을 그리고 18세 이하 미성년자에겐 월 78만원(스위스 프랑 650)을 기본소득으로 나눠주자는 내용의 기본소득보장제에 대한 국민투표를 실시하였으나 76.7%가 반대하여 부결되었다고 한다. 여기 월 300만원, 2500 스위스 프랑은 스위스의 월 최저 생계비 2219 스위스 프랑을 기준으로 하여 산출한 금액이라 한다.

  그런데 이를 실행하는 데는 2080억 프랑(한화248조원) 이 들것으로 예상되어 비용이 너무 많이 들고 경제를 약화시킨다는 여론이 우세하여 국민투표에서 부결되었다고 한다. 우파 성향의 스위스 국민당은 수많은 외국인이 잠입하여 스위스로 이주해올 것이므로 시행이 불가능하다는 주장을 했다는 것이다. 당장 우리 동기 중에도 고생 안하고 밥먹고 살겠다고 스위스로 도망갈 사람이 몇 사람은 나올 것으로 생각된다.

  지금 스위스 국민소득은 78,000$ 우리는 26,000$로 우리가 1/3수준이다. 그래서 월 300만원은 우리 경제규모로는 월 100만원 정도 된다.

　만약 우리나라에서 월 100만원을 주면 부부와 미성년 아기 2명 있다고 하면 월수 250만원이 되어 절약하면 생계비가 될 수 있다.

　그런데 이 큰 사건을 우리 언론들은 국민투표에서 부결되었다고 간단히 보도만하고 이것이 몰고 올 파장에 대해서는 별다른 언급 없이 일과성 행사처럼 보도하고 끝냈다.

　그러나 알파코를 가진 내가 보기엔 자본주의가 수명을 다해 가는데 자본주의 시대 이후의 시대를 예고하는 대사건이란 생각이다.

　경제 문제에 대해서는 더욱 예민한 알파코라 조금도 과장이 아니라는 생각이다.

　더욱이 인간다운 삶을 유지할 수 있게 배려만 한게 아니고 로봇과 인공지능(AI)이 결합된 4차 산업 혁명에 대한 고려도 있었다고 하니 자본주의 이후시대의 문을 여는 인류역사상 큰 사건의 시발점이 아닌가 하는 생각이다.

　즉 로봇이 인간의 근육을 대체 하는 기계이고 인공지능 컴퓨터가 지식을 가진 인간의 두뇌를 대체해 가고 있다.

　따라서 로봇과 인공지능 컴퓨터가 인간이 할 일을 대신해 주는 세상이 되어 인간의 할일이 대부분 없어지게 되어 일을 하려고 해도 일자리가 없어 일을 할 수 없게 되고 또 일을 할 필요성도 없게 되는 사회가 된다.

　따라서 생계를 유지할 비용을 국가가 지불하지 않을 수 없게 된다.

　이번 스위스 국민투표에서 부결된 이유중 하나가 국가가 부담하기에는 너무 비용이 많이 드는 사업이란 이유였다는 거다.

　그러나 로봇과 인공지능이 결합하는 제4의 혁명이 진행되면 생계비 그자체가 점차 줄어들어 국가가 능히 부담할 수 있는 수준으로 생계비가 줄어든다는 것이다. 왜냐하면 로봇과 인공지능은 임금을 요구하지 않고 퇴직금도 없고 유급휴가를 요구하지도 않기 때문이다. 자동차, TV등 제품의 가격이 내려가고 농산물의 가격도 떨어지기 때문에 국가가 국민의 생계비를 지급하는데 별 어려움을 느끼지 않게 된다는 것이다. 생계비가 생각보다 더 내려가면 정부가 생계비 뿐만 아니라 오입을 할 씹값을 좀주면 안되느냐고 물어볼 수도 있을 것이다.

또 한가지 걱정은 생계비를 국가가 지급하면 일할 사람이 없어진다는 걱정이다. 그러나 스위스와 핀란드의 어느 자치단체에서 미리 시행을 해보니 오히려 자영업자가 더 늘어 났다는 것이다.

따라서 이 제도의 시행이 미래에는 별 어려움이 없다는 것이다.

대체로 2030년이 되면 급속하게 이제도가 시행되기 시작하여 2050년에 가면 이제도가 세계 각국에서 보편적으로 시행될 것이라고 예측하고 있다고 한다.

그런데 우리 정치현실은 복지수준을 저부담 저복지에서 중부담 중복지로 가야 한다고 했다가 배신의 정치를 했다고 집권 여당에서 원내대표가 쫓겨 나는 코메디중 상 코메디가 연출되고 있는 현실이다. 다행히 어제 국회연설에서 새누리당 원내대표 정진석 의원이 이제까지는 분배가 우선순위에서 밀렸으나 앞으로는 제대로 경제가 성장하기 위해서는 분배문제를 고민해야할 시점이 되었다고 했다. 늦게나마 이를 깨달은 의원이 여당에서도 나타나 정진석의원이 여당 내에서는 좀 영리한 것 같다

우리 동기중에도 복지를 확대해야 경제가 제대로 성장할 수 있다고 하면 저게 맞는 말인가 하고 물을 귀공자(그 귀중한 시간에 공부는 안하고 물건만 만진놈) 스타일도 있을 것 같아 여기 국민소득 결정공식을 보고 판단해보기 바란다.

국민소득(Y)=소비+투자+정부지출+ 순수출(무역흑자)에서 복지확대로

소비가 증가하면 국민소득은 올라가겠느냐 내려가겠느냐를 생각해보기 바란다.

인구가 감소하여 경제성장율이 떨어진다고 다출산 정책에 많은 예산을 투입하고 있는데 그 예산을 로봇기술 개발과 인공지능 개발에 투자하면 더 효율적으로 인조 인간을 늘리는 효과가 있지 않을까 하는 생각을 해본다.

그리고 동기중엔 손자손녀 교육문제로 고생하는 사람도 있을 것 같은데 고생할 필요없이 손자 손녀 좋아하는 걸 무엇이든 하도록 하면 될 것이다. 공부 안한다고 야단치지 말고 하고 싶은 것이 피아노면 피아노를 치게 하고 골프면 골프를 치게 내버려 두면 된다. 교육문제도 아주 쉽게 해결된다. 지상낙원이 바로 코앞에 와 있는데 살날이 얼마 안 남았으니 오호 통재라.

참, 마지막 부탁하나, 포퓰리즘 조장했다고 검찰에 고발하는 일이 없기를 두손 모아 빕니다.(2016.6.21.)

20
경제깡패 트럼프 대통령을 굴복시키는 방법

미국이 중국, 독일, 일본 등 미국의 주요무역 상대국을 환율 조작국이라 며 이들 국가로부터 환율 착취를 당하고 있다고 했다.

달러를 멋대로 찍어내는 기축 통화국이 환율 착취를 당하고 있다고 어처 구니 없는 발언을 트럼프가 했다.

무역적자를 줄이고 고용을 늘이면 경기회복 속도를 낮추기 위해 금리를 올리게 되고 금리를 올리면 달러 가치가 올라가, 이런 강 달러현상이 미국 수출기업에 치명상이 되는 것은 당연하다.

트럼프 대통령은 이런 강 달러 현상을 막기 위해 무역상대국에게 화폐가 치를 올려 미국달러가 상대적으로 가치가 떨어지게 무역상대국에게 압력을 가하고 있다.

즉 무역적자를 줄이고 고용을 늘리면서 거기에 따르는 강 달러 현상은 무 역 상대국에게 책임을 뒤집어 씌어 환율전쟁을 하겠다는 거다.

그러나 미국 달러화가 기축통화라는 국제 통화체제 자체에 근본적인 불 공평이 있고, 그 불공평으로 미국이 터무니없는 특권을 누리고 있다는 사실을 간과하고 있다.

즉, 미국은 미국통화인 달러가 기축통화 이어서 종이 조각에 불과한 달러를 찍어 이 달러로 세계 다른 나라의 자동차, 전자제품, 식료품 등 실물을 가져가고 있다.

또 2008년 금융위기 이후 미국은 약 4조달러라는 어마어마한 달러를 찍어내어 금융위기라는 큰 사고를 치고도 무난히 경제를 회복시킬 수 있었다.

예컨데 100달러 짜리 1장을 찍어 내는데 종이비, 인쇄비가 1달러 든다면 99달러의 순이익이 생긴다.

이런 이익은 100달러짜리 미국돈을 세계가 사주기 때문에 생기는 이익이다.

이런 불공정한 국제 금융질서는 1930년대 대공황의 여파로 금 본위제가 붕괴하고 격렬한 환율전쟁이 발생하면서, 이에 대한 반성으로 브레튼 우즈(Bretten ,woods system)협정이 체결 되었다.

1944년 미국 브레튼 우즈에서 44개국 대표가 모여 환율 조작에 의한 수출증대 피해를 막기 위해 모인 회의에서 영국의 대표는 유명한 경제학자 케인즈였고 미국의 대표는 해리 화이트였다. 케인즈는 새로운 국제통화를 만들자고 했고 화이트는 미국통화 달러를 국제통화로 하자고 했다.

미국대표는 만약 세계가 달러를 국제통화로 인정한다면 미국달러를 낮은 이자율로 필요로 하는 나라에 차관을 제공하겠다고 제안을 하여 당시 영국은 2차 대전으로 국고가 바닥나 있었기 때문에 미국의 주장을 받아들여 달러가 국제통화 즉 기축통화가 되었다.

돈이 많은 미국이 돈이 없는 영국을 누르고 달러가 기축통화가 되어 국제통화체제 자체가 불공정한 체제가 되어 지금까지 내려오면서 미국은 터무니없는 달러 특혜를 누려 왔다.

그래서 미국 트럼프가 기축 통화국이란 부당한 특권을 누리면서 무역 상대국에게 환율 착취를 당한다는 주장을 한다면 이런 기회를 이용하여 미국 무역 상대국들이 단결하여 미국통화 달러가 왜 국제화폐가 되어야 하나 문제제기를 해야 한다.

그래서 달러의 기축통화 시대를 끝내고 새로운 국제통화를 창설 하자고 강하게 항의 하면서 국제회의를 소집하여 금, 은, 철, 곡물 등 지구상에 골고루 분포해 있는 상품을 기초로 하는 새로운 금본위제도를 만들자고 해야 한다.

즉 새로운 실물본위 화폐 제도를 만들자고 해야 한다.

그렇게 되면 미국 트럼프 대통령이 이 국제회의에 뛰어와서 달러를 계속 기축통화로 그대로 두자고 큰절을 하면서 환율시비를 안하겠다고 두손을 비빌 것으로 확신한다.

참고로 1944년 브레튼 우즈협정시 영국 케인즈는 30개 상품을 기초로 하는 국제통화를 만들어 뱅코(bancor)라고 명명하자고 했다.

미국 경제 깡패 트럼프 대통령 길들이는 이 방법은 실로 세계적인 발명품(아이디어)이 될 것으로 믿어 의심치 않는다.(2017.2.7.)

21
사드배치를 주저하는 지도자에게
함부로 욕질하지 마라

요즘 우리정치권과 국민들 사이에서 수없이 많은 논쟁이 벌어지고 있는 몇가지 문제들에 대한 나의 견해를 밝히고자 한다.

사실 나의 견해라고 했지만 정확히는 전문가들의 견해 중에서 내가 적극적으로 수용한 견해라는 사실임을 먼저 밝힌다.

요즘 미국과 북한이 말 폭탄이 한창 벌어지고 있는데 이 말폭탄의 결과로 한국은 핵추진 잠수함을 비롯한 미국의 첨단무기 도입이 현실화 되고 있다.

트럼프가 북한을 향해 말 폭탄을 터뜨리는 이유가 북한을 향해서는 핵무기 폐기를 위한 압박을 하는 것 같고 남한에 대해서는 미국의 최신 무기를 구매하게 하기 위해 말폭탄을 하는 것 같아 트럼프의 북한에 대한 말 폭탄을 좀 자제해 달라고 하고 싶다. 말 폭탄이 핵 폐기가 아니라 핵무장을 가속화하는 촉진제가 되는 것 같아 하는 말이다. 또 말 폭탄으로 전쟁이 유발될까봐 겁도 난다.

또 사드를 보더라도 박근혜가 결정한 사드를 문재인이 대내외 압력에 굴복하여 수용한 것 같은 느낌이 든다.

이것 또한 값비싼 대가를 지불해야할 미국의 MD계획에 우리가 말려 들어 간 느낌이 든다.

사드배치 문제는 미국의 MD계획 한국과 일본의 군사정보 협정 (GSOMIA)과 연결된 한·미·일 군사협력체제의 일환이기 때문이다.

사드 배치는 MD계획에 편입되어 발생하는 비용문제 뿐만 아니라 한반도 를 전장[戰場]으로 보고 그 전쟁의 결정을 대통령이 내리는 것이 아니고 '시 스템'이 전쟁을 결정하는 치명적인 문제가 발생한다.

즉 MD는 자동화되어 있기 때문에 상대의 미사일 발사가 확인되는 순간 곧 바로 군사작전에 돌입하게 된다.

발사된 미사일이 전쟁용인지 군사 훈련용 발사인지를 가리지 않는다. 즉 문재인 대통령도 모르게 전쟁이 시작될 수도 있는 위험한 국면에 들어갈 수 도 있게 된다. 또 많은 전문가들도 사드는 과거형 무기라고 한다.

왜냐하면 사드는 일부 미사일을 막을 수는 있겠지만 다양한 방법으로 교 란할 경우 미사일을 막을 수 없기 때문이다.

사드 배치에 소극적인 문재인 대통령이 박근혜의 뒤를 이어 이를 수용한 이유도 사드배치에 소극적인 문재인 대통령을 강하게 비판하고 몰아친 극 우세력들이 큰 원인이 아닌가 하는 생각이다. 사드 문제는 근본적으로 미 국이 요구하지도 않았는데 이를 전격적으로 발표해버린 박근혜정부의 잘못 된 결정이 문제를 야기했다는 생각이다.

문재인도 사드배치를 끝까지 반대 하겠다는게 아니고 북핵에 대한 압박 과 핵폐기 대화가 실패한 것이 확인된 후 사드배치를 하겠다는 건데 공연히 일찍 사드배치를 결정하여, 그간 중국으로부터 안받을 경제보복을 실컷 당 하고 북핵 폐기를 위한 북한의 제재에도 충분한 협조를 얻을 수 없게 만들 은 결과가 되었다.

이런 상황에서 사드배치에 소극적이었던 문재인 대통령을 비난한다는게 타당한 이야기란 말인가? 오히려 필요 이상으로 섣불리 사드 배치를 일찍이 결정해버린 박근혜 전 대통령을 비난 하는게 옳은 일이 아닌가?

또 촛불을 부추겨 국민을 선동하여 정권을 탈취했다고 한다면 국민을 욕보이고 촛불을 비하하는 용서할 수 없는 망발이라 생각된다.

우리 국민과 촛불이 그렇게 어리석은 국민이고 촛불이란 말인가?

그렇다면 지금 수 없이 밝혀지고 있는 과거정부의 부정부패와 적폐들은 뭐란 말인가?

세계 모든 민주국민이 우리의 질서정연한 촛불을 찬양하고 우리국민의 민주의식을 찬양하고 있지 않은가?

또 지금 핵배치나 핵무장을 주장하는 극우세력도 있으나, 우리가 핵을 보유한 상태에서 북한의 비핵화를 어떻게 주장한다는건지 이해가 되지 않는다. 북한의 비핵화를 위한 제재와 대화가 무위로 끝난 사실이 확인된 후에 우리도 핵 재배치나 핵무장을 할 일이지 지금은 아니다.

끝으로 자기도 대안을 내놓을 수 없는 사실에 대해 정부를 비난하거나 비판하는 것은 논리에도 맞지 않고 경우에도 맞지 않다는 말을 하면서 글을 끝맺는다.(2017.9.24.)

22
자본주의의 변화를 읽는 방법

오늘 날이 무척 춥다. 감기 안들게 밖에 나가서는 안되겠다.

우리 경목 카페에서 친구들이 경제에 갖는 인식을 생각하며 입만 열면 색깔론을 내 뱉는 친구들을 보면서 자본주의가 어떻게 변화고 있는가를 감지할 수 있는 방법에 대해 이야기를 해 보기로 한다.

오늘 글은 좀 진지한 마음으로 경제의 큰 흐름을 이해하는데 도움이 되는 글을 써 보려고 한다.

우선 좌파 성향과 우파 성향의 구별 방법부터 이야기 해보고 우리 경제가 가야할 길을 보기로 한다.

흔히 하는 말로 우파는 자유를 중시하고 좌파는 평등을 중시하는 경향이 있다고 한다. 또 정서적인 면에서 좌파와 우파를 보면 우파는 원래 악하고 폭력적이고 쾌락을 추구하여 악행을 저지르는 성향으로 묘사되어 왔고 좌파는 원래 인간은 선량하고 정의로운 본성을 지녔다는 말로도 전해진다.

그러나 이런 좀 추상적인 견해를 떠나, 경제활동에서 실제 나타나는 좌파, 우파의 실체들을 보면 우파는 경쟁과 성장, 효율성의 가치를 중시하고 경제활동에서 이런 가치를 최고의 선으로 보아왔다. 그러나 자본주의가 고도화 하면서 경쟁과 성장, 효율성의 추구만으로는 자본주의가 제대로 돌아갈 수 없는 상황에 부딪혀 자본주의의 전통적인 프레임에서 벗어나 수정된 가치가 존중되는 자본주의로 바뀌게 되었다.

즉 경쟁과 성장, 효율성의 추구대신 연대와 분배, 그리고 형평성이 중시되는 자본주의로 바뀌게 되었다.

즉 미국식 자본주의적 가치가 유럽식 자본주의의 가치로 옮겨가 유럽의 합의제 민주주의와 조정 시장 경제가 어떻게 그곳 시민들의 삶을 그토록 각박하지 않은 삶으로 만들었는지, 주시하는 사람들이 많아졌다.

이런 자본주의의 변화 속에서 우리 경제가 나아갈 길을 찾아보기로 한다.

1922년부터 1929년 까지 미국 제조업의 시간당 생산량은 30%가 늘어났는데 근로자의 시간당 임금은 8% 증가에 그쳐 경제성장의 성과가 노동자보다 자본가에게 훨씬 많이 분배되어 1929년 대공황으로 이어졌다.

결국 소비가 생산증가를 따라가지 못해 소비부족으로 대공황이 일어났다.

이러한 상황에 대해 Keynes는 유효수요의 이론으로 수요가 부족하면 재정지출을 늘려서 이를 마중물 삼아 수요를 불러와야 한다고 했다.

문재인 정부도 Keynes이론에 따라 2018년에 정부의 재정지출을 429조라는 예산을 투입하여 수요 확충에 전력을 질주한 팽창예산을 편성했다.

그러나 필자의 견해로는 이런 팽창예산만으로는 좀 부족하다는 느낌이다.

Keynes와 달리 슘페터(Schumpter)는 혁신적 아이디어를 살리기 위해 규제를 과감히 풀고 창업자금을 퍼부어 혁신을 통한 질적 성장을 도모해야 한다고 했다. 우리 경제도 Keynes의 양적성장을 위한 팽창 예산을 편성했으니 여기에 슘페터의 질적성장 정책을 추가하여 정부가 더 혁신적인 제품을 구매해 주고 혁신적 문화 콘텐츠를 도입하고 혁신을 촉진하기 위한 규제를 과감하게 타파하여 케인즈와 슘페터를 결합시키는 경제 운용을 제안하고 싶다.

그래야만 양적 성장과 질적 성장을 동시에 이끌어 내는 지속 가능한 균형 성장의 바탕을 마련할 수 있을 것으로 생각된다.(2018.1.25.)

23
한국 부동산가격의 문제점과 해결책

한국의 부동산 가격이 최근 급등하여 이를 해결하기 위한 대책을 문재인 정부가 강구하고 있다. 이런 정부의 대책강구에 대해 비판적인 견해도 만만 찮아 이 고찰쟁이가 한국 부동산 문제에 대해 고찰해 보기로 한다.

먼저 우리나라의 부동산 가격에 대해 알아보면 정부대책에 대한 비판적인 생각이 잘못이라는 생각이 들 거다.

남한의 이 좁은 국토를 팔면 그 넓은 카나다 국토를 2개 살 수 있고 독일도 남한 면적 보다 3배나 넓은 국토지만 독일 국토의 1.3배를 살 수 있는 가액이다. 또 KB국민은행 자료에 의하면 년 소득 대비 집값이 뉴욕은 5,7배 도쿄는 4,8배 서울은 약 12배로 소득대비 집값은 뉴욕이나 도쿄보다 훨씬 비싼 편이다. 2015년 기준 일본의 토지 재산 가액은 GDP의 2.5배인데 한국은 GDP의 약 4배이다.

집값뿐만 아니라 땅값 비싸기로 유명한 일본보다 국민소득에 비해 훨씬 비싼 편이다.

한국의 토지나 집값이 이런 상황에서 문재인 대통령은 대선 후보 경선과정에서 부동산 보유세를 OECD 수준으로 올려 과세 형평성과 경제적 불평등을 해소하기 위해 부동산 보유세를 대폭 강화 하겠다고 했다.

마르크스는 자본론에서 자본주의가 고도화 할수록 자본가의 수익율은 올라가는데 노동의 보상율은 점점 더 떨어져 자본가와 노동자의 소득 격차는 점점 더 벌어져 자본주의는 결국 멸망 한다고 했는데 우리나라는 이것이 원인이 아니라 토지 등 부동산 가격이 천정부지로 올라 부동산을 보유한 사람과 보유하지 못한 사람의 소득 격차가 커져 한국의 자본주의가 멸망할 지경이 되어 있다. 이런 현실에도 우리나라 부동산의 특수성과 중요성을 이해하는 개혁적인 인사는 그리 흔하지 않고 당연시 하는 사람들이 많다.

주변을 살피면 부동산 문제의 심각성을 제대로 이해 못하는 경우가 많다.

보유세 과세 현황을 보더라도 최근 우리나라 부동산 보유세의 실효세율이 0.16% 인데 프랑스는 0.57% 영국은 0.78% 이웃 일본은 0.54% 등으로 우리나라가 훨씬 낮은 수준에 머물러 있어 문재인 후보의 보유세 인상 공약은 너무나 당연하고 타당한 공약이라 하지 않을 수 없다.

부동산 투기를 막는 근본적인 대책은 부동산 보유세 강화 밖에 없는데 이번에 이를 위해 토지 공시가격과 주택의 기준시가를 대폭 올려 투기를 억제하고 불로소득을 조세로 흡수 하겠다는 것은 꼭 필요한 조치라고 생각 하는데 이를 비판적으로 보는 국민이 많은 것 같아 비판을 하는 사람은 비판을 하더라도 꼭 실현 되었으면 하는 생각이다.

필자 저 사람은 재산이 없으니까 나불나불 제멋대로 공산주의 같은 소리를 하는구나 생각하는 사람도 있을 것이라 생각된다. 그러나 나는 지속 가능한 자본주의를 갈구하는 사람이지 한국의 자본주의가 종말을 고하기를 바라는 사람은 아니라는 생각엔 변함이 없다.

끝으로 왜 보유세를 인상하여 과세의 형평성과 부의 불평등을 해소해야 하느냐 그 이유들을 생각 나는대로 적어보고자 한다.

보유세의 강화는 투기로 인한 토지가액의 상승을 막고 토지의 효율적 이용을 유도하고 보유세 강화로 투기가 멈춰지면 토지 이용료가 떨어지고 경제에 활력이 생긴다. 보유세를 강화하면 부동산 가격 급등으로 인한 불로소득을 세금으로 환수할 수 있다.

부동산에서 발생하는 불로소득은 다른 사람이 만들어낸 가치를 빼앗아 오는 소득이다. 즉 부동산 투기로 돈을 번 사람이 있으면 누군가가 그만큼 손해를 본 사람이 있는 제로섬 게임이다. 따라서 부동산 투기로 소득을 증가시킨 사람이 있어도 GDP는 1%도 올라가지 않고 경제 성장율에도 영향을 미치지 못하면서 바람직 하지 않는 소득 격차만 확대시킨다.

그래서 부동산 투기 소득은 반드시 조세로 흡수하여 이런 불합리성을 개선하고 근로의욕을 고취시켜 건전한 경제활동을 하도록 유도 해야 하는데 그 첫번째 조치가 토지의 공시가격과 주택의 기준 시가를 현실화 시키는 방안이다. 물론 이런조치로 인해 기초소득 수급자의 숫적 감소나 의료보험료 등에 미치는 부작용은 최소화 시키면서 소기의 성과를 거두기를 간절히 기원해 본다.(2019.1.26.)

24
대한 항공 회장의 부인과 딸들을
꼭 저렇게까지 해야 하나?

요즘 주변 사람들과 이야기를 하다 보면 이 정부 참 이상하다. 조양호 회장 부인과 딸들을 대수롭지 않은 조그만 탈선과 비행에 대해 꼭 그렇게 압박해야 하는지 모르겠다는 소리를 자주 듣는다.

또, 이 정부는 할일이 태산같이 많은데 꼭 적폐 청산에만 열을 내야 하나? 등의 이야기를 많이 듣는다.

이들 의문에 대한 답이 될 만한 글을 하나 써보아야겠다는 생각이 들어 컴퓨터 책상에 앉았다. 시작 하려니 무슨 말부터 해야 될지 생각이 안떠오른다.

그래서 한 국가가 사람이 살만한 선진국으로 가는 단계부터 이야기 해야겠다.

그 첫번째 단계에서 "힘이 지배하는 사회 구조"가 나타난다. 갑·을 관계의 사회구조로 강자가 약자를 지배하는 사회구조다.

따라서 갑질하는 놈이 반드시 나타난다는게 힘이 지배하는 사회구조의 특징이 된다. 과거 박정희가 쿠데타를 해서 갑질하는 군인들이 득실거린게 힘이 지배하는 사회구조의 전형적인 예이다.

그러다가 문민정부라는 김영삼 정부가 들어서서 군부세력의 갑인 하나회를 무너뜨린 것이 김영삼이 내세우는 자랑거리였다. 하나회 출신에겐 미안한 이야기지만 김영삼의 자랑거리가 맞다. 그건 우연이 아니고 역사의 필연이다.

김영삼은 이제 힘이 지배하는 사회는 끝났다고 생각 했을 거다. 그러나 그게 아니었다.재벌이 다시 갑질을 하기 시작했다.

지금 진보정부가 재벌을 조진다고 야단인데 재벌을 조지는게 아니고 갑질하는 재벌을 조진다. 왜냐하면 갑질하는 놈을 조져야 다음 단계인 "법이 지배하는 사회"로 나아갈 수 있기 때문이다.

두번째 단계인 "법이 지배하는 사회"는 정의와 평등이 중시되는 사회다.

정의의 실현과 법 앞의 평등이 법의 정신이 아닌가 ?

지금 진보 정부는 법이 지배하는 사회를 앞당기기 위한 정의의 실현을 위해 적폐청산에 올인 하며 평등의 가치 실현을 위해 최저임금을 올리고 복지정책에 힘을 쏟고 있다.

이런 사정을 인식 못하는 꼴통들은 왜 적폐청산에 매달리고 능력도 안되면서 복지확대에 매 달리느냐며 불평을 늘어놓고 있다.

필자는 적폐청산이 왜 나쁘며 복지 확대가 왜 안된다는 건지 이해를 할 수 없다.

필자는 적폐의 원조격인 이명박이 구속되는 날 혼자 만세를 불렀고 세계 10대 경제대국인 대한민국이 GDP에서 차지하는 복지비 지출액이 OECD에서 최하위 수준이란 통계에서 복지비 확대가 맞다고 소리치고 싶은 심정이다. 그렇다고 내가 복지확대에 따른 수혜자가 되겠다는 것이 아니고 그게 정의이고 평등으로 가는 길이기 때문이다.

법이 지배하는 시대가 앞당겨지기를 열망한다. 다음 법이 지배하는 사회, 다음에 올 사회는 인간다운 삶을 위한 질서를 존중히 여기는 사회이다.

더 많은 사람들이 인간다운 삶을 누리는 사람존중 사회이다. 여기 질서는 외부에서 제약을 받지 않는 자생적인 삶의 정신적 가치를 창출해 내는 책임을 의미한다.

따라서 이런 사회는 정신적 지도층에 속하는 종교계와 교육계가 감당해야 하는 사회이다.

그러나 우리 종교계와 교육계의 현실을 보면 제3단계의 사회는 너무 요원해서 갑질하는 놈들을 잡아 족치고 적폐청산을 철저히 하여 법이 지배하는 사회만이라도 빨리 정착 시켰으면 하는 바람이다.

25
내가 생각하는 미·중 경제 전쟁

우선 미·중이 경제전쟁을 하면 어떤 방법이 있는가 부터 보기로 한다.

전통적으로 경제학에서 경제 전쟁을 하는 방법은 환율로 경제전쟁을 하는 방법과 수입관세로 하는 방법 2가지가 있다.

이외에도 국가간 경제적 이해 관계가 같은 국가 끼리 뭉쳐서 특정 국가를 경제적으로 고립시키는 방법들도 있다.

그러나 그건 경제적 방법이라기보다 정치적 방법에 더 가깝다.

그래서 여기서는 경제학에서 하는 전쟁 방법인 환율을 올려 수출을 장려하고 수입을 억제하는 방법과 수입 관세를 올려서 수입을 막는 2가지 방법에 대해 보기로 한다.

환율부터 보면 미국이 100달러짜리 지폐를 찍어낼 때 종이값 인쇄비를 합쳐 1달러의 비용이 든다고 하면 이 100달러 짜리 지폐를 찍어 팔면 99달러의 주조 차익을 얻을 수 있다. 이와같이 미국이 돈을 찍어 세계에 뿌리면 엄청난 주조 차익을 얻으면서 달러 가치가 떨어져 [환율이 올라] 수출은 늘어나고 수입은 줄어 주조차익 외에 무역수지 흑자까지 얻을 수 있다.

이건 미국 통화가 국제적으로 통용되는 기축 통화이기 때문에 가능하다. 중국도 그렇게 하려고 해도 기축 통화가 아니기 때문에 중국화폐를 미국 등 다른 나라가 사주지 않기 때문에 중국통화를 찍어 팔 곳이 없어 못한다.

미국이 이렇게 돈을 막 찍어내어 세계에 팔면 미국의 수출 경쟁력은 상승하고 중국을 비롯한 세계 각국은 이를 막기 위해 환율을 일정 수준으로 안정 시키기 위해 미국과 같은 비율로 화폐를 발행해야 하고 그렇게 되면 부동산 등 자산가치에 거품이 생기게 된다.

거품을 키울대로 키운 후 미국이 금리를 올리면서 달러를 회수하면 중국 등 금융기관은 담보로 제공된 부동산의 자산가치가 폭락하면서 채권을 회수할 수 없게 되어 금융기관이 파산하고 금융위기에 경제 파탄에 빠지게 된다.

말하자면 미국이 중국 뿐만 아니라 세계를 향하여 경제 전쟁을 벌려도 백전백승 하게 되어 있다.

그러나 미국은 지금 이런 쉬운 방법을 하지 않고 수입관세를 올려 중국과 전쟁을 하고 있다.

미국은 1차로 중국에서 수입하는 500억 달러 어치에 관세를 부과하고 2차로 2,000억 달러 어치의 수입품에 높은 관세를 부과하여 모두 2,500억 달러에 높은 관세를 부과하고 있고 중국도 여기에 대항하여 1,100억 달러의 미국 수입품에 보복 관세를 부과하고 있다.

미국이 중국으로 부터 수입하는 수입액은 지난해 약 5,000억 달러이고 중국이 미국으로 수입하는 수입액은 약 1,300억 달러 밖에 안 되니 서로 보복관세를 확대해 가면 중국은 금방 보복 관세를 부과할 대상이 동이나 버리고 미국은 아직 많이 남아있게 된다.

그래서 관세 면에서 미·중이 전쟁을 해도 미국은 중국에 백전백승 하게 되어 있다.

이런 사실을 알면 미·중이 경제전쟁을 하면 우리는 미국 쪽에 붙어야 하나 중국 쪽에 붙어야 하나 불문가지다. 극우세력들이 문재인 정부가 미국을 버리고 중국 쪽에 붙을까 걱정하는 바보들이 있던데 기우중 기우다.

또 문재인 정부가 추진하고 있는 북한이 핵 폐기를 할 건가 안할건가도 걱정하는 극우 바보들이 있던데 미국이 북한 핵을 꼭 폐기 시키려면 중국을 압박하여 북한에 스리쿳션을 넣으면 중국은 미국에 굴복할 수밖에 없다.

이와같이 미중 경제전쟁의 결과를 확실히 알면 정치, 경제, 외교 등 여러 정책에서 판단의 근거를 찾을 수 있다.

내가 먼저 경제 깡패 트럼프를 굴복 시키는 방법이란 글을 쓴 이유도 특정 국가의 통화가 기축 통화가 되어서는 안되고 공정한 국제통화를 새로 창출해야 한다는 이미에서 쓴 글이지, 반미를 하기 위한 것이 아니라는 사실을 이해해 주시기 바란다.(2019.1.7.)

26
현 한반도 정세의 경제사적 고찰

   우리 카페에서 문재인 정부가 자본주의를 해체하고 사회주의 체제로 가려고 한다는 등 터무니없는 수구 냉전 잔재들이 설치고 있고 또 나를 종북 좌파 빨갱이 라고 떠드는 분도 있어 자본주의와 공산주의가 첨예하게 대립해온 한반도의 현 정세를 경제사적 측면에서 고찰을 해보기로 한다.

   더욱이 요즘 문재인의 인기가 좀 떨어지는 틈을 노려 50~60년대의 냉전적 사고에서 한 발짝도 나아가지 못한 수구 냉전 잔재들이 발호를 하고 있어 이들을 순화시킬 필요성이 느껴진다.

   문재인 정부의 출발이후 한반도에서 수구 냉전체제를 과감하게 허물고 있는데 이런 작업은 1993년 소연방이 해체되었을 때 시작되었어야 할 작업인데 그간 꼴통 정부들의 집권으로 해체작업이 늦어졌다. 자본주의와 공산주의도 소연방이 해체됨으로써 양 체제가 성립하여 다투던 正反(정반)의 시대를 끝내고 合(합)의 시대로 진입 하였다.

   그런데 여기서 패배한 공산주의가 소멸해 버리지 않고 자본주의와 합쳐지는 이유는 극우세력들이 인정하고 싶지 않겠지만 공산 체제 자체에도 어떤 장점이 있기 때문이다. 바로 인류 보편적 가치중 하나인 평등의 가치가 공산주의에 내재 되어 있기 때문이다.

소연방의 해체로 공산주의가 멸망 하였고 자본주의도 자유 경쟁에 의한 경제 운용이 정의이고 공정 인줄 알았는데 자유와 정의는 커녕 빈부격차 확대로 자본주의 자체가 멸망할 처지에 놓이게 되었다.

금융위기 이후 신자유주의가 급속히 쇠퇴하는 현상만 보아도 자유 경쟁과 승자독식만 정의라고 주장할 일이 아니라는 사실이다.

이런 상황에서 문재인 정부가 집권하면서 소득 주도 성장과 이를 보완할 혁신성장 정책이 주장되고 공정 경제가 가미되어 함께 잘 사는 혁신적 포용 국가가 주장되기에 이르렀다.

북한도 김정은 등장이후 사회주의 기업 책임 관리제를 실시하여 기업의 독자성과 자율성을 크게 확대하여 왔다.

상업은행도 생겨 기업의 자본조달 방법이 달라지고 장마당도 북한경제의 90% 이상를 차지할 만큼 그 비중이 크게 확대되었다.

예를 들면 내가 장사를 하려면 내 명의로는 안되니까 기관 명의로 상점을 내어 수익을 내면 내가 3, 기관이 5의 비율로 나누어 갖게 하고 있다.

북한 협동 농장도 생산 목표량이 없어지고 무조건 생산량의 30%를 주민이 자유롭게 처분할 수 있게 하여 집단 농장의 효율을 높이고 있다.

문재인 정부가 죄향좌 하는 것보다 더 크게 김정은 정부가 우향우 하고 있는 상황이다.

이와같이 한반도가 세계 어느 지역보다. 자본주의와 공산주의가 합쳐지고 있는 전형적인 지역이 되고 있다.

이러한 시대적 변화를 긴 안목으로 바라보면서 이제까지 자본주의 시장 경제 만큼 인류의 삶을 단기간에 비약적으로 개선시킨 체제가 없었으나, 이제는 자본주의 이후의 시대를 준비하고 구상해야할 상황에 직면하여 시장 만능주의에서 좀 벗어나 시장 역할과 정부 역할의 적절한 균형점을 찾아 나가야 한다.(2019.1.11.)

27
문재인 정부 경제 청문회

　자유 한국당이 국회에 들어가는 조건으로 문재인 정부의 2년 동안 경제 운용을 잘못하여 경제가 이렇게 피폐해졌으니 경제 청문회부터 하고 국회에 들어가겠다고 버티고 있다.

　사실 필자의 견해로도 국민생활이 어려워진 것은 맞는 것 같다.

　그러나 그 원인은 소득 주도 성장 등 문재인 정부의 경제정책이 원인이 아니고 그전에 이미 그렇게 될 조건들이 만들어 진게 아닌가 하는 생각이 든다.

　이명박은 자원 개발 한다고 26조원을 해외에 갖다 버렸다.

　이는 우리 경제 순환 과정에서 떨어져 나가버린 돈으로 국내에서 버려진 돈과는 다르다.

　국내에서 버려진 돈은 정책이 실패했더라도 국내 순환과정에서 계속 순환되지만 해외에 갖다 버린 돈은 우리경제 순환과정에서 완전히 떠나가 우리 경제 순환과 관계없는 돈이 된다.

　박근혜도 미국이 사드 배치를 요구한 상태도 아닌데 느닷없이 사드 배치를 일방적으로 결정 발표하여 중국의 경제 보복을 불러왔다. 이 때문에 중국에서 들어와 우리경제 순환 규모를 키워줄 무역 흑자를 그만큼 줄여 국내 경제규모를 키울 기회를 없애 버렸다.

위 2가지 사실은 국내에 순환되는 경제 규모를 그 만큼 축소시켜 전 국민이 빈곤을 느끼게 만들었다. 그런데 이명박이 해외에 갔다 버린 돈은 26조라고 명확히 규명되나 박근혜의 사드배치 결정으로 한한령이 내려져 자국내 중국인들에게 대한민국에서 제작한 콘텐츠 또는 한국 연예인이 제작한 광고 등 송출금지를 시작으로 롯데그룹은 중국에서 유통업 사업을 접을 만큼 수조원의 피해를 입었고 베이징 현대 자동차는 한한령 직후인 2017년부터 점유율이 급락하면서 위기가 왔다. 2000년대 후반한 해도 30% 안팎을 기록하던 중국의 삼성전자 휴대폰 점유율이 1% 미만으로 떨어졌고 배터리에서도 한국업체가 세계에서 가장 좋은 기술력을 보유하고 있음에도 중국 정부가 주는 보조금 대상에서 탈락함으로써 막대한 피해를 입었으며 화장품 업계도 한한령으로 2017년부터 거의 사장되는 추세이다. 또 우리를 먹여 살렸던 국내 자영업과 관광업에서도 엄청난 피해를 입었다. 이런 여러 방면의 피해를 집계해 봤으면 하는 생각이 드나 입은 피해가 엄청나 얼마라고 단정할 수는 없다.

야당인 자유한국당은 이런 경제적 침체가 주로 소득주도 성장론에 책임을 돌리고 있으나 소득주도 성장을 최악으로 시행하는 방법을 상정해 보자. 소득주도 성장을 최악으로 시행하는 방법으로 광화문 길바닥에 돈을 뿌렸다면 국민들이 그 돈을 주워 갈 것이다. 그렇게 했더라도 경제는 더 나빠지는게 아니라는 것이다.

그 증거로 케인즈의 설명을 보자, 케인즈는 불경기가 심각할 때는 운동장에 큰 바위를 갖다놓고 많은 인부를 고용하여 이리 굴렸다 저리 굴렸다 하게 한후 임금을 후하게 줘도 안한것 보다는 경제가 나아진다고 했다.

이야기를 하다보니 문재인 정부는 잘 했는데 이명박, 박근혜가 잘못하여 경제가 이렇게 되었다고 한것 같다.

그러나 그게 아니고 소득주도 성장은 단기적인 대책이고 혁신성장과 조화를 이뤄야 장기적인 성장과 조화를 이룰 수 있다. 그런데 문재인 정부는 혁신성장에 노력을 덜 기울여 단기적인 성장과 장기적인 성장이 균형과 조화를 이루지 못한 면이 있다.

우리 기술이 세계 최고인 산업 수소자동차, 원전건설, 조선업, 자율 주행차 등 그런 산업들에 투자와 지원을 강화했더라면 지금보다 훨씬 나은 성장이 될수 있었을 텐데 하는 아쉬움이 남는다. 최저임금도 전체에서 차지하는 비중은 큰게 아니지만 너무 한꺼번에 올리지 않았으면 하는 아쉬움이 남는다.

경제 청문회를 해서 서로 남의 탓만 하면서 시간을 낭비하지 말고 어서 국회에 들어가 추경을 빨리 통과시켜 경제회복에 최선을 다했으면 하는 바람이다.(2019.6.21.)

28
아베의 교활함을 바로 보자

요즘 아베가 한국에 대해 핵심적인 소재와 부품에 대해 수출 규제를 가하겠다 하여 우리 경제계가 어수선하다. 딱하고 안타까운 마음 금할 수 없다. 이렇게 된 데에는 문재인 정부의 책임도 어느 정도 있다는 생각도 든다.

왜냐하면 최근에 와서 문재인 정부가 보인 일본에 대한 비 우호적인 정책을 부인할 수 없기 때문이다.

그러나 문재인 정부가 그런 노선을 취한데도 이유가 있다.

미국 트럼프가 북한핵을 어떻게 하는게 미국 국익을 극대화 할수 있는가를 생각하는 과정에서 북한의 ICBM만 폐기하고 북핵을 폐기하지 않고 북핵을 그대로 둔채 한미일이 똘똘 뭉쳐 중국 북한 등 적대세력과 냉전체제를 구축하면 북한 핵 때문에 한국과 일본은 북한의 핵과 미사일에 대항하기 위해 미국의 값비싼 최신 미사일 방어 무기를 사지 않을 수 없게 하고 또 한미일이 똘똘 뭉쳐 중국을 견제하면 미국은 비용을 최소화 하면서 한국과 일본 돈으로 중국을 견제할 수 있다. 이게 가장 미국국익을 극대화 하는 방안이라는 생각을 하니까 문재인이 생각한 우리 국익은 북한의 핵을 폐기

시켜 한반도에 평화를 정착시키는 정책과는 배치되니 한미일이 똘똘 뭉치는 것을 막는 방법은 미국과는 적대 관계를 만들 수는 없고 일본과의 관계를 좀 나쁘게 하여 한미일이 똘똘 뭉치지 못하게 하는 방법을 취할 수밖에 없었을 것이란 생각이 든다. 그런데 미국 국익을 극대화하는 방법은 한미일이 뭉쳐 냉전체제를 만드는 건데 이는 트럼프의 재선승리에는 북한핵 폐기보다 훨씬 불리하니까 미국이 냉전체제 구축과 북핵완전 폐기를 두고 왔다 갔다 하는 느낌이 든다. 냉전체제 구축이 국익에도 최고고, 자기의 재선에도 최고면 왔다 갔다 할것 없이 냉전체제 형성으로 돌진하면 되는데 냉전체제 구축은 트럼프에 뚜렷한 실적이 안되고 북한핵을 폐기해야 미국 역대 대통령이 누구도 못한 일을 내가 해냈다고 자랑을 하며 재선에 성공할 수 있는데 이런 장단점 때문에 갈피를 잡지 못하고 있는 것 같다.

북핵처리를 미루다 트럼프가 재선이 되고 나면 미국 국익을 최대로 하는 냉전체제 형성으로 바로 달려갈 것이다.

따라서 우리로서는 북핵 처리 방침을 빨리 확정해야 유리한 상황이다.

아베 이야기를 하다가 이야기가 좀 옆길로 갔는데 이런 상황에서 미국에 고분 고분 해온 아베가 북핵을 완전히 폐기하여 한반도에 평화를 정착시켜야 한다는 문재인과는 입장이 다를수 밖에 없어 미국 하자는대로 무조건 따라갈 수 있는 입장이 아니다.

트럼프가 문재인을 그렇게 좋아하지 않는다는걸 알고 이런 기회에 한국을 완전히 굴복시켜 일본 우익 국민의 적극적 지지를 받으면서 참의원 선거를 승리로 이끌어 헌법을 고쳐서 전쟁할 수 있는 국가로 만들어 꿩 먹고 알 먹고 하겠다는 야심을 가지게 되었다.

사실 문재인 대통령은 일본과의 공조를 좀 깨더라도 일본이 수출규제를 할지는 예상 못한 것 같다.

본인이 국무조정실에 있을 때 강봉균 실장이 기회가 있을 때마다 우리 경제구조가 큰일이다 우리가 수출을 해도 그 수출대금이 모두 일본 소재업체와 부품업체에 다 갖다 바치니 일본 장사를 우리가 해준다고 크게 걱정해서 나도 소재 부품 산업 육성방안을 수 없이 검토한 적이 있는데 강봉균 실장이 걱정하던 일이 수십년이 지난 지금에 일이 터져 착잡한 마음 금할 길이 없다.

강봉균 실장은 군산 출신인데 나보다 행시 2년 선배로 키는 나보다 더 작으나 명석한 상사였는데 하도 머리가 잘 돌아가 꾀돌이라는 별명을 가진 분이었다. 워낙 똑똑 하니 나중에 경제기획원 장관까지 하셨다.

어쨌든 이런 복잡한 상황을 모르고 함부로 자기나라 지도자를 욕하고 비하하고 비웃으면 누가 좋아하겠는가?

아베가 제일 좋아할 것이다. 아베는 자기의 정당성을 이야기 하면서 한국 보수 언론이 이야기 하듯이 문재인 정권이 미국이니 일본보다 북한과 더 가까운 정권이라 일본에서 수입한 물품을 북한에 보내줘 북한의 핵무장을 도와주는데 어떻게 그런 물품을 한국에 수출할 수 있나 하며 한국보수 언론에서 가짜뉴스를 찾아 그걸로 한국 공격에 이용한다 하니 기가 막힌다.

한국 보수언론의 가짜뉴스로 한국을 공격하니 한국은 아야 소리도 못한다. 한국뉴스로 한국을 공격하니….

그리고 문재인 정부가 북한과 더 가까운 정권이란 말은 자기가 한 말이 아니고 한국 언론이 한 말이라며 우긴다는 거다.(2019.7.10.)

29

일본은 왜 한국에 대해
경제적 보복을 하려고 하나?

일본이 한국에 대해 수출규제 조치를 하려는 이유는 크게 2가지 이유가 있다.

첫째는 일제 강제 징용에 대한 배상 판결이고 두번째 이유는 한국의 IT 산업을 견제하려는 것이다.

첫번째 이유인 강제징용에 대한 배상문제는 일본은 65년 한일 협정에서 이미 반영되었다고 하고, 한국은 반영된 적이 없다고 주장하고 있다. 65년 한일 협정 당시에는 강제 징용의 피해 내용이 거의 밝혀진게 없다가 협정 보상의 결과 피해자들이 소송을 제기하면서 피해 상황이 밝혀졌기 때문에 당시에는 피해 내용도 모르는데 어떻게 협정에 반영될 수 있느냐는 거다. 65년 협정에 이미 반영되었다는 것은 어불성설이라 논외로 하고 두 번째 이유의 관점에서 일본의 경제보복 이유를 자세히 보기로 한다.

토착왜구들도 이제 이 글을 자세히 읽어보고 다시는 토착왜구 같은 소리를 하는 분이 없기를 바라면서 이글을 올린다.

한국의 반도체, 디스플레이 산업에 타격을 줘 인공지능(AI) 5G(5세대 이

동통신)자율 주행차등 4차 산업 혁명에서 한국의 약진을 꺾어버리겠다는 것이다.

이런 미래 산업의 핵심 부품 가운데 하나인 메모리 반도체에서 올 2분기에 삼성전자의 점유율이 45,7% SK하이닉스 점유율이 28,7%로 한국의 점유율이 74,4%로 압도적인 우위에 있다.

미국 마이크론은 간신이 20%를 유지하고 있다. 또 낸드플레시, OLED 시장에서도 한국은 세계 제 1위다. 1980년대 까지만 해도 일본의 NEC,히타치, 도시바가 세계 메모리 반도체 1~3위를 독식하고 있었다. 이후 삼성전자 등 한국업체가 추격을 하기 시작하여 메모리 반도체는 한국이 세계1위 자리를 차지했다.

이런 과정에서 일본은 자신들로부터 기술을 전수 받아 한국이 일본산 소재를 싸게 가져와 비싼 반도체를 만들어 이익을 크게 남긴다고 보았다. 여기에 한국을 견제하여 과거의 영광을 되찾고, IT산업의 주도권을 되찾아 오겠다는 거다.

또 미국은 중국 견제를 위해 한일간 경제 싸움에 적극적으로 나서지 않는다는 견해도 있다. 왜냐하면 일본의 한국에 대한 반도체 소재 부품에 대한 규제는 화웨이 등 중국 IT업체에 단기적인 타격을 줄 수 있기 때문이다.

중국에 있는 삼성전자 낸드플레시 공장이나 SK하이닉스 D램 공장이 중국이 쓰는 메모리 반도체의 최대 공급처인데 중국이 한국업체로부터 메모리 반도체를 충분히 공급 받을 수 없다는 것이다.

반면 미국의 반도체 기업인 마이크론, 인텔 등은 영향력 확대를 노릴수 있다는 것이다.

또 한국이 생산 못한 반도체를 미국 업체가 공급할 수 있다는 것이다.

즉 일본이 한국에 반도체 소재 부품을 공급 안하면 미국의 반도체 기업

마이크론과 인텔이 공급량을 늘릴 수 있고 중국에도 단기간 타격을 줄 수 있다는 계산이다.

올해 개최한 세계경제 포럼에서도 한국, 독일 ,일본을 제조업의 3대 선도 국가로 뽑았다니 일본 놈들 특히 아베의 시셈이 얼마나 컸겠는가?

이와 같이 한국이 과거 경제 종속관계에서 벗어나 일본을 위협하는 수준으로 추격하자 아베정권이 수출규제라는 무리수까지 내놓았다는게 경제 전문가들의 공통된 분석이다.(2019.8.11.)

30
소연방 해체의 역사적 의의를 잘 살펴보자

　소연방 해체의 역사적 의의를 크게 2가지 측면에서 보고자 한다.

　하나는 소연방 해체로 냉전 체제가 청산 되었다는 것이고 두 번째는 소연방 해체로 역사 발전의 과정인 정·반·합의시대에서 반의 시대에 종말을 고하고, 합의 시대에 진입 했다는 점이다.

　우선 냉전 시대의 청산부터 보기로 한다. 미국과 소련이 자본주의와 공산주의의 이데올로기로 양극화 되어 1947년부터 시작하여 1989년 자본주의가 공산주의에 완승함으로써 냉전이 종식되고 1990년 11.21일 유럽　지도자들이 파리에 모여 냉전 종식을 선언하게 된다. 냉전기간중 전쟁으로 인한 사상자 만 4,000만 정도 된다고 한다. 이중 우리 한반도가 냉전의 가장 큰 희생자를 냈다.

　이렇게 큰 희생자를 낸 한반도가, 냉전 해체의 선언과 함께 냉전의 잔재를 씻어내고 냉전체제에서 재빨리 탈출하는 자세를 가져야 하는데, 그렇지 않고 냉전 체재를 유지하고 구 냉전 체재로 되돌아가려는 퇴행적 태도를 가진 극보수들이 주류인체 하는 세상이 되어 오히려 냉전 체재에서 벗어나려는 선각자들을 빨갱이니 뭐니 하면서 궁지로 모는 정말 이해할 수 없는 세상이 지속돼 오다가 드디어 문재인 정부 탄생으로 탈 냉전 시대를 맞고 있다. 그러나 아직까지도 수구 꼴통들이 문재인 대통령 마저 빨갱이로 모는 웃지 않을 수 없는 세력들이 설치고 있는 세상이다.

그중에서도 우리 사회의 엘리트 계층이라 할 수 있는 주류들이 이런 퇴영적 사조에 앞장서고 있어 어안이 벙벙하다. 우리 스스로 냉전체재 청산에 앞장서지 않고 남북한 교류와 협력을 반대하고 북한을 대화와 협상의 대상이 아니라, 전쟁의 대상으로만 이해하려는 집단이 있어, 정말 한심한 생각이 든다. 이런 무리들은 앞으로도 더 많은 패배와 실패를 맛보아야 그게 아니구나 하는 자성이 생길 것 같아 더 많은 시간이 소요될 것으로 생각된다.

다음 두 번째로 살펴볼 사항은 소연방 해체로 역사적 발전 단계가 "반"의 시대에서 "합"의 시대로 뛰어 넘었다는 사실이다.

즉 자본주의와 공산주의가 서로 싸움을 하고 투쟁을 하던 시대에 종말을 고하고 합의 시대에 진입하여 서로의 단점을 시정하고 장점만 따서 역사 발전을 한단계 업 그레이드 시켜야 하는 시대적 과제로 넘어왔다. 자본주의에 패배하여 사라진 공산주의에 어떤 장점이 있었나 따져 보고 장점을 자본주의에 첨가하여 자본주의의 질을 한단계 끌어 올리는 작업이다.

이런 역사적 과제를 이해 못하고 공산주의에 무슨 장점이 있다는 것인가? 반문하는 꼴통 들이다. 그러나 빈부 격차가 자본주의의 최고 단점이면 공산주의는 그게 장점이 아닌가?

사회주의 국가를 만들려는 정부라고 비판을 하는 꼴통들이 와글와글하는 하는 현 시국이다. 그들은 미국식 신자유주의에 가려져 노와 사가 견재와 균형으로 잘 조화된 발전을 하여온 유럽식 자본주의를 보지 못하는 에꾸눈 들이다. 고도의 자본주의 사회에 신자유주의를 적용하면 자본주의가 무너지고 공황이 온다는 사실을 모른다. 미국이 금융위기 이후 신자유주의 색체를 많이 탈피한 이유를 보지 못하고 질적으로 개선된 자본주의를 하려는 노력을 사회주의 국가로 만들려 한다고 비판하고 있다.

그들은 앞으로도 지방선거 등 심판의 고비마다 더 많은 패배와 실패를 경험하고 난 후 스스로를 보기 마련이다. 태극기가 촛불에게 참패한 것을 본 것은 시작에 불과하다 할 것이다,

더 많은 실패와 패배가 기다리고 있다는 사실을 알아야 한다. 그들의 실패는 선택이 시대 상황에 맞지 아니하여 일어나는 필연인지도 모르고 있다. 진보 정권의 승리는 시대 상황에 맞춘 정책이라는 점에서 필연이라는 귀결이다. 이런 상황을 좀더 깨닫고 느낄 수 있어야 한다.(2019.12.3.)